万纬冷链是万科物流发展的核心业务，也是万科集团践行城乡建设与生活服务的重要平台，依托全国性、多层次的供应链智能网络布局，实现商品的多渠道一盘货管理，简化供应链环节，库存共享共配，构建信息化平台，引领冷链智能化发展，实现全程可追溯，为人民提供田间到餐桌的新鲜美好生活。

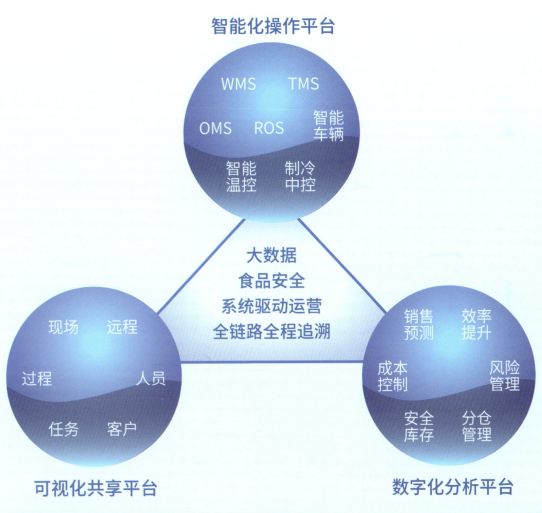

智能化操作平台

WMS　TMS

OMS　ROS　智能车辆

智能温控　制冷中控

大数据
食品安全
系统驱动运营
全链路全程追溯

现场　远程

过程　人员

任务　客户

销售预测　效率提升

成本控制　风险管理

安全库存　分仓管理

可视化共享平台　　　**数字化分析平台**

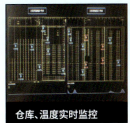

仓库、温度实时监控

车辆、温度在途实时管理

运输KPI实时管理

仓库操作动态管理

致力于成为最值得客户信赖、最具品牌美誉度的物流服务提供商

🎖 中国农业500强　🎖 中国农产品品牌100强　🎖 中国农业电商10强

冀康控股集团 ｜ 现代农业运营专家

冀康控股集团隶属于中能昊龙投资控股集团旗下，以冀康现代农业园项目，滦平冀康物流园项目，隆化黄牛加工产业园项目为主要板块，总持有土地开发面积约14万亩，2018年，冀康控股加快产业布局，立足京津冀、面向全国，公司规模日益壮大，并致力于打造中国现代农业运营商，中国生态农业运营专家以及中国功能农业行业领导者。

JK 冀康国际物流总部基地
JI KANG INTERNATIONAL LOGISTICS HEADQUARTERS BASE

物流总部基地+农贸物流全产业链+生态度假旅游

　　中国·承德冀康国际物流总部基地是由中能昊龙集团与承德市政府联手打造"1+3战略合作"的样板项目，集团投资50亿元打造，项目总占地面积约1250亩，总建筑面积约100万平方米。秉承绿色、健康、生态、环保的运营理念。全力打造中国北方最大的农副产品新型生态物流产业园区。

　　项目园区以农副产品为主线，以电商为平台、以物流为载体，打造总部办公基地，引入社会资本与相关企业入驻，全面整合集团旗下基金公司、酒店餐饮公司、电商公司、冀康农业、冀康商贸、传媒公司等资源，提前站位和布局以及整合上下游资源，全面完善园区经营体系，打造以"产业总部基地+物流交易平台+农贸电商平台+创客孵化+金融投资平台+新业态旅游示范园区"的全新特色小镇模式。

项目总鸟瞰图

S2B（Servers to Business）运营模式

Servers to Business 线上+实体服务系统

冀康农业产业物联网平台

冀康现代休闲农庄

农业 / 旅游 / 养老 / 电商 / 配送

冀康现代农业休闲农庄是冀康系列园区的重要样板示范园区，采用从田间到餐桌的现代农业新型运营模式，园区占地面积12000亩，建筑面积807822平方米，是农业+旅游+互联网+金融的全新农业4.0种养结合一体化农业园区。真正实现三产联动，其中包括园区里的现代化功能农业、农产品加工、展示贸易、农业超市、会议培训、餐饮接待、仓储物流、科研推广、休闲旅游为一体的现代高科技综合性农业示范园区。

冀康现代休闲农庄立足京津冀，扎根农业，顺应历史发展潮流，迎合现代农业发展方向，紧抓时代机遇，逐渐形成自身的品牌影响力。冀康现代休闲农庄培育、生产出一系列品牌产品，在市场上受到广大消费者的欢迎，并成为"北京菜篮子工程"高碑店种植基地。2016年作为京津冀首届蔬菜产销对接大会分会场，迎来全国各省、市农业相关领导及专家莅临学习考察，2017年作为农业旅游示范项目，亮相首届"保定市旅游产业发展大会"，引领休闲旅游农业新趋势。

冀康农业，以打造全国知名品牌为目标，匠心经营，砥砺奋进，是党中央提倡的供给侧结构性改革在农业的真正落脚点。

隆化冀康商贸有限公司

冀康商贸有限公司成立于2016年，是冀康控股产业集团与承德市政府为打造10万头肉牛加工项目而诞生的专业化运营公司。

该项目位于承德隆化经济开发区，占地110亩，总投资5.2亿元。10万头肉牛深加工项目的成功运营，将进一步带动该县肉牛产业的发展，并对华北、东北、内蒙区域产业结构优化升级、产业链条完善提升，通过产业精准扶贫促进农业增效、农民增收起到积极的推动作用。冀康商贸有限公司将借助承德优越的自然环境、用科学的养殖方式和健全的服务体系，大力地推动肉牛产业快速发展。

品质流程保障，打造大自然的好味道

冀康肉牛繁育基地、散户牛源 → 瘦肉精、药残检测 → 胴体检测 → 屠宰加工 → 剔骨分割 → 称重包装 → 冷链物流 → 扫码入库 → 线上销售、餐饮、直营店、商场超市

中能昊龙集团　　冀康现代农业园　　冀康国际物流总部基地

冀康物流电话：0314-8985588
隆化商贸电话：0314-7552628
现代休闲农庄电话：0312-8489696

公司网址：www.znhljt.com
公司地址：北京市丰台区科技园总部国际

领鲜物流

新鲜、品质、迅捷、准确、亲切！

跨越多温度带的食品仓储运输专家，领鲜专注于为客户提供高品质物流服务！

 上海领鲜物流有限公司成立于 2003 年，是光明乳业股份有限公司的全资子公司，是专业供应链解决方案提供商。

 65 座综合物流中心，覆盖除华东及沈阳、北京、天津、石家庄、德州、济南、青岛、太原、西安、咸阳、郑州、武汉、长沙、南昌、成都、重庆、广州、深圳、东莞、南宁、海口、厦门、福州等全国各大城市。

 仓库总面积由 5.2 万平方米上升至 17.3 万平方米，其中冷藏库 42289 平方米、冷冻库 9917 平方米、常温库120682平方米。

 上海领鲜物流在华东地区拥有车辆多达 1008 台，其中自有冷藏车辆 296 台，协作冷藏车辆 520 台，常温车辆 192 台。华东以外地区拥有冷藏车辆 322 台、常温车辆 712 台。

 日配送终端网点多达 50000 余家，由上海及全国各物流中心始发的每日干线线路多达 100 余条，形成高效送达的全国物流网络。

 领鲜物流注重信息化建设，对物流运作和管理提供有效的支持，物流信息系统又将全面实施升级以满足未来发展需要，为各企业用户制定冷链运作方案。

新鲜、品质、迅捷、准确、亲切！

中原冷链谷
中国温控产业航母

中原冷链谷是由河南鲜易供应链有限公司建设，位于河南省郑州市国际物流园区，占地面积400亩，建筑面积33万平方米，总投资16亿元。

该项目致力于打造产业集聚、功能集成、运营集约、国际先进的温控供应链集成服务平台，重点锁定工业、餐饮团膳、KA商超、生鲜电商、商贸批发等B2B大客户，为其提供多温带仓储、冷链运输、流通加工、城市配送、综合服务等多样化、一体化服务需求。

全国冷链物流集散分拨中心

生鲜食品流通加工中心

中部区域集采共配交易中心

功能定位

生鲜产业金融服务平台

进口食品一体化服务平台

生鲜产业中小企业"双创"平台

核心功能区

温控产业公共服务平台

低温仓储区

国际贸易区

恒温仓储区

加工分拨配送区

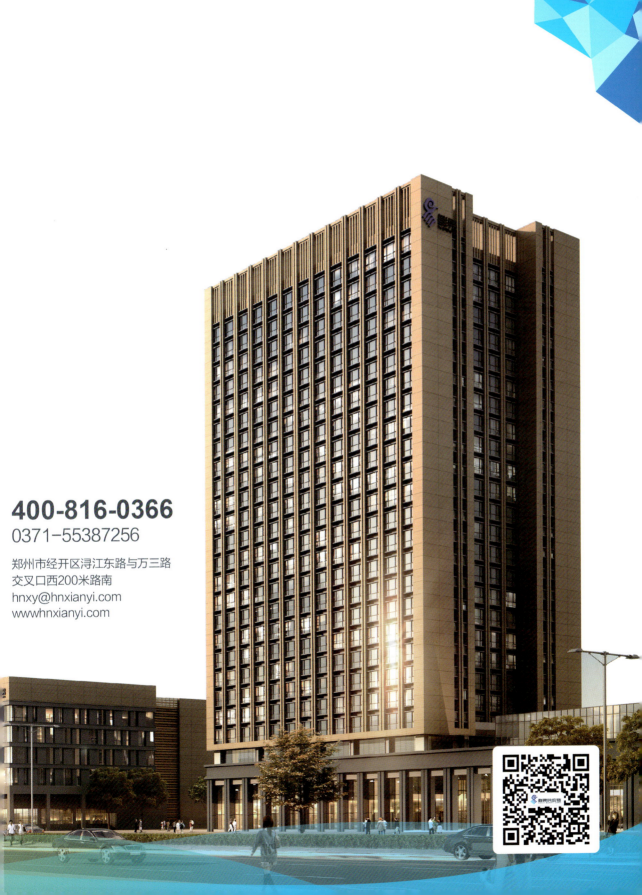

400-816-0366
0371-55387256

郑州市经开区浔江东路与万三路
交叉口西200米路南
hnxy@hnxianyi.com
wwwhnxianyi.com

Guangzhou Public Transport 广州公交

长运冷链依托2016年投产的高端冷库以及与之相匹配的冷藏车队、现代化物流设备、先进物流信息系统和高效进取业务团队，为客户提供多温仓储、冷链配送、产品加工和包装、供应链金融等形式多样的冷链物流服务，致力于打造立足广州、服务珠三角、辐射华南地区的全程冷链物流服务体系。

冷链仓储基地

优越的地理位置

- 距离广州CBD仅8千米；
- 紧邻3个高速路出入口；
- 便捷连通华南快速、环城高速、广深高速和广河高速，通达珠三角及华南区域。

强大的仓储能力

- 一期储量40000吨；
- 温度涵盖−25℃～15℃；
- 20个独立库房；
- 54个装卸平台；
- 7000平方米低温封闭穿堂。

全程温度控制

- 采用美国约克制冷机组，性能高效稳定；
- 全自动远程温度监控系统；
- 用双回路供电系统，降低冷库断电风险。

便捷的物流操作

- 穿堂宽15米，采用超平地坪，实现无尘操作；
- 双深度货架，设置多个通道；
- 使用原装进口高位叉车及电动托盘车；
- 库内照明参照美国标准达300Lux；
- 拥有2万平方米停车作业场地。

信息管理全覆盖

- 库内已实现无线Wi-Fi全覆盖；
- 数据系统可精准管理到每个库房和每板货物；
- 操作指令通过PDA、车载电脑等载体，下达到仓管员、叉车司机等操作人员；
- 系统可满足客户直接下单、库存共享及全程可追溯管理等需求。

冷链运输服务

干线运输： 为客户提供国内主要城市间的冷链干线运输及终端配送服务。

城市配送： 公司有着10多年的城市配送经验，拥有完善的业务管理流程；拥有24小时广州城市配送通行资质，满足客户全天候的城市配送需求。

全程温控： 冷库采用变频制冷机组和智能温度控制系统，冷藏车辆配备带温度监控的GPS设备，实现货物仓储配送全程温控。

运输可视化： 客户可通过网页、手机终端与冷链物流信息管理系统进行实时数据对接，实现货物流转可追溯管理、运输全程可视化。

冷链物流一体化信息管理系统

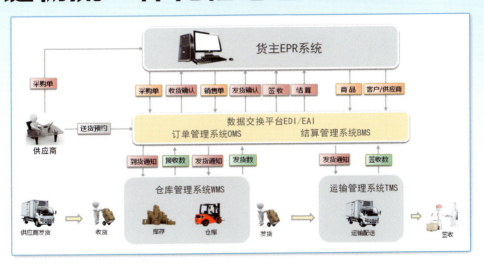

冷库地址：广州市天河区天源路933-939号
公司网址：http://www.cytl.net
业务电话：**4008-933-939**

全程100%保证cool品质

气调保鲜
领先技术服务品牌

● 技术先进 ● 设计完美 ● 设备精良 ● 施工严密

业务范围

5 速冻库 Instant freezing storageroom

1 冷藏保鲜库 Cold fresh-keeping storageroom

4 低温库 Low temperature storageroom

2 气调保鲜库 CA fresh-keeping storageroom

3 动态气调库 Dynamic CA fresh-keeping storageroom

我们的客户 >

阳味光道 Sunny Taste

鑫荣懋 JOY WING MAU —— 新鲜水果专家 ——

北京大学 PEKING UNIVERSITY

华朴农业 HUAPU

昭果盛道 ZHAOGUO APPLE

北纬18度 NORTH LATITUDE 18° ORCHARD

華蒙通

HASHENG

德和资，未来在中国很有可能就是气调库的代名词！

部分案例 >

综合库部分案例 Some of the integrated storageroom cases

吉林省东北亚农产品批发市场有限公司 10000t 综合库

蒲江水果现代农业物流中心一期项目 A 冻库制冷工艺工程

兴国县瑞兴农业综合开发有限公司万吨综合冷库工程

华蒙通物流（呼和浩特）有限公司和林格尔县 5000t 综合保鲜库

气调库保鲜库部分案例 Some cases of CA fresh-keeping storagerooms

中新农业复兴冻库（二期）建设项目（联想佳沃控股农业）

四川华泰亿红生物科技有限公司 5000t 气调保鲜库工程

西安周至北吉果蔬合作社气调保鲜库

北纬十八度火龙果深加工项目

陕西现代果业有限公司海升集团宁县气调库项目

昭通高原生物产业开发有限责任公司万吨气调库项目

阳谷苹安耶果农业科技有限公司 15000t 气调库工程

海升集团威宁气调库项目

海升集团洛宁气调库项目

微信公众号　　官网二维码

全国免费咨询电话：**400-678-6619**

网站：http://www.dehezichina.com

上海莱奥制冷设备有限公司

上海莱奥制冷设备有限公司是致力于制冷工艺设计、技术支持、设备产销、系统安装的专业制冷企业。

公司业务涵盖了各类高低温冷藏、冷链物流、气调保鲜、医药化工、香蕉催熟、中央厨房降温、净化车间等各类冷库的制冷工艺设计、安装，项目均采用全球知名品牌制冷设备(美国西克、通用富士、德国比泽尔、丹麦丹佛斯等)，严格按照国际、国内先进的制冷工艺以及相关的国家规范来控制，以一流的质量和精湛的技术服务赢得相关企业的一致好评。

公司拥有专业的设计、营销和施工团队，并与国内知名院校长期合作，构建了包括产品设计、技术支持、市场推广、质量跟踪、零部件供应和售后服务的完整体系，可以完全解除客户对项目整体运营的后顾之忧。

合作企业：3M中国、中外运、康师傅、强生制药、勃林格殷格翰、华朴农业、鑫荣懋、郑明物流、日立物流等（以上排名不分先后）。

网址：www. shlaiao.com

联系方式：021-69170599 69171035

中国冷链物流发展报告 (2018)

China Cold Chain Logistics Development Report (2018)

中国物流与采购联合会冷链物流专业委员会
Cold Chain Logistics Committee of CFLP
国家农产品现代物流工程技术研究中心
National Engineering Research Center for Agricultural Products Logistics

中国财富出版社

图书在版编目（CIP）数据

中国冷链物流发展报告.2018／中国物流与采购联合会冷链物流专业委员会，国家农产品现代物流工程技术研究中心编.—北京：中国财富出版社，2018.6（2018.7重印）

ISBN 978－7－5047－6703－5

Ⅰ.①中…　Ⅱ.①中…②国…　Ⅲ.①冷冻食品—物流管理—研究报告—中国—2018　Ⅳ.①F252.8

中国版本图书馆 CIP 数据核字（2018）第 117747 号

策划编辑　惠　婳	责任编辑　惠　婳		
责任印制　尚立业	责任校对　杨小静	责任发行　敬　东	

出版发行　中国财富出版社

社　　址　北京市丰台区南四环西路 188 号 5 区 20 楼　　　邮政编码　100070

电　　话　010－52227588 转 2048/2028（发行部）　　010－52227588 转 321（总编室）

　　　　　010－68589540（读者服务部）　　　　　　　　010－52227588 转 305（质检部）

网　　址　http://www.cfpress.com.cn

经　　销　新华书店

印　　刷　中国农业出版社印刷厂

书　　号　ISBN 978－7－5047－6703－5/F·2890

开　　本　787mm×1092mm　1/16　　　　　　　　　　版　　次　2018 年 6 月第 1 版

印　　张　21.75　彩插　1.25　　　　　　　　　　　　　印　　次　2018 年 7 月第 2 次印刷

字　　数　389 千字　　　　　　　　　　　　　　　　　定　　价　280.00 元

《中国冷链物流发展报告》
(2018)

编 委 会

编委会主任

崔忠付　中国物流与采购联合会　副会长兼秘书长

编委会副主任（按姓氏笔画排序）

王　杰　海航冷链控股股份有限公司　董事长

王希人　太古冷藏仓库有限公司　董事总经理

王国利　国家农产品现代物流工程技术研究中心　副主任

王建志　河南鲜易供应链有限公司　董事副总经理

邢金蛟　漯河双汇物流投资有限公司　总经理

危　平　顺丰速运有限公司　冷运事业部总裁

庄伟元　正大集团物流事业（中国区）　首席营运官

李　旺　冀康控股集团　总裁

陈君城　上海万纬供应链有限公司　总经理

陈海照　招商美冷（香港）控股有限公司　首席执行官（CEO）

范端炜　中国外运长航集团有限公司　副总经理

林乐杰　夏晖物流有限公司　中国区副总裁

秦玉鸣　中物联冷链物流专业委员会　秘书长

高　戈　开利运输冷冻（中国）　总经理

黄田化　中集集团　副总裁

曹勇伟　上海领鲜物流有限公司　总经理

韩天舒　百胜中国控股有限公司　中国物流总经理

舒建国　冰轮环境技术股份有限公司　副总裁

熊星明　希杰荣庆物流供应链有限公司　执行总裁

编委会委员（按姓氏笔画排序）

于　江　镇江恒伟供应链管理股份有限公司　董事长

王　东　厦门市标准化研究院　院长

文　琛　开利运输冷冻（中国）　业务开发总监和全球产品项目经理

孔德磊　中物联冷链物流专业委员会研究院　副院长

冉　旭　平安银行现代物流金融事业部　总裁

付　建　中国重汽集团　销售部总经理助理

白慧涛　大连铁越集团有限公司　党委书记、董事长

冯仁君　郑州凯雪冷链股份有限公司　董事长

曲　伟　大连港毅都冷链有限公司　董事长

刘　斌　中铁第四勘察设计院集团有限公司　副所长

刘　翼　东风商用车有限公司　行业客户开发部部长

刘全胜　绝味食品股份有限公司　副总经理

刘培军　北京快行线冷链物流有限公司　董事长

江　滨　通用磨坊（中国）有限公司　中国物流及酸奶供应链总监

孙永军　好当家集团有限公司　常务副总裁

孙国庆　上海莱奥制冷设备有限公司　董事长

李　胜　中物联冷链物流专业委员会　执行副秘书长

李小红　湖南惠农物流有限责任公司　董事长

李文明　北京中能昊龙投资控股集团有限公司　董事长

杨迎芳　青岛海尔开利冷冻设备有限公司　董事总经理

辛　明　中铁铁龙集装箱物流股份有限公司　总经理

宋一新　广东劲达制冷集团有限公司　物流事业部总经理

沈伟波　麦当劳　中国供应链副总裁

张　瑜　上海安鲜达物流科技有限公司　董事长兼 CEO

张金梅　冷链物流分技术委员会两岸食品冷链物流标准化工作组

张建新　增益冷链（武汉）有限公司　总经理

陆鑑青　河南冰熊冷藏汽车有限公司　董事长

周　亮　华润万家有限公司　物流管理部供应链总监

房鼎容　沃尔玛（中国）投资有限公司　供应链部高级总监

胡淮滨　中机十院国际工程有限公司　党委书记、副总经理

胡媛媛　中远海运集装箱运输有限公司　全球销售部副总经理

姜　旭　北京物资学院　物流学院副院长、教授

《中国冷链物流发展报告》
（2018）

编 辑 部

主　　　编：秦玉鸣

副 主 编：李　胜　　孔德磊　　李彦丽　　于凤龙
　　　　　　张长峰　　于怀智　　薛金林

编辑人员：刘　飞　　杨春光　　张　烨　　肖银妮
　　　　　　周丽平　　王　臻　　纪桂英　　邓志奇
　　　　　　刘丽娜　　秦　桐　　赵一宁　　陈　飞
　　　　　　田高鹏　　郭　月　　郭风军　　杨　雪
　　　　　　李维维　　王　冬　　王　松　　薛伯慧

联 系 方 式：

中国物流与采购联合会冷链物流专业委员会

中国冷链产业网：www. lenglian. org. cn

电　　　话：010 – 52433528

传　　　真：010 – 88139979

邮　　　箱：llw@ lenglian. org. cn

地　　　址：北京市海淀区阜成路58号新洲商务大厦612室

智慧支持：中物联冷链物流专业委员会研究院
　　　　　　链库——冷库大数据物联网服务平台
　　　　　　中物联冷链委车辆认证中心（真冷平台）

前　言

2018 年是我们编写并出版发行《中国冷链物流发展报告》的第八个年头。这八年，也是我国冷链产业艰辛与成就交融的八年。在这八年的风雨历程中，在国务院和各级政府的大力支持下，在冷链人的共同努力下，中国的冷链产业一步一个脚印阔步向前，必将迎来更大的发展。记录这段辉煌成就并对成功经验进行总结，便是我们编写您此刻手中这本蓝皮书的目的。

《中国冷链物流发展报告（2018）》主要是对 2017—2018 年我国冷链物流的发展现状、特点、问题、趋势以及新现象新事物进行梳理、总结与分析。2017 年，我国冷链市场依然继续呈现出平稳较快增长的态势。政府对冷链领域的关注上升到前所未有的高度，接连推出有力度的扶植政策，因此 2017 年被行业称为"政策年"。冷链行业的竞争愈演愈烈，跨行业大鳄加入战局与业内抱团合作，强强联合成为行业热点。新零售的发展驱动着线上线下进一步融合，带来冷链市场增量……读者可以从中捕捉到冷链行业的最新发展潮流。

在结构方面共分为九章：第一章为 2017 年中国冷链物流行业环境分析，分别从宏观经济环境、物流行业发展现状以及冷链物流政策与标准环境三个方面来进行分析；第二章为 2017 年中国冷链物流行业发展分析，分三节介绍了 2017—2018 年我国冷链物流行业的发展情况、特点以及发展趋势，并用一节分区介绍山东、河南、重庆、新疆、河北、广东几个重点省市区的冷链物流现状；第三章是 2017 年细分领域发展需求分析，分别从生鲜农产品，速冻食品，乳制品，零售、电商，餐饮市场，食品进出口六个细分领域来对冷链物流市场发展需求进行分析；第四章有关 2017 年中国冷链仓储情况，分析了我国冷库现状、特点以及发展趋势；第五章是 2017 年中国冷链运输情况分析，对公路、铁路、航空、港口以及物流园的情况予以分析性介绍；第六章有关2017年公路冷藏车辆情况分析，对冷藏车辆的现状以及新能源冷藏车的发展做出分析；第七章是2017—2018年冷链物流领域企业案例，总共收集来自不同领域有关企业共十二个案例；第八章的内容为2017年中国冷链物流企业人力资源情况，介绍了2017年我国冷链物流百强相关企业人力资源状况；第九章为日本冷链物流概述，向读者重点介绍了作为冷链先进国家日本冷链发展历史、现状以及特点。

从上述结构介绍，读者可以发现，2018年的发展报告较往年内容更加充实丰富，更加侧重于细分领域，特别是人力资源应用等方面弥补了过去的研究空白。我们试图从"广度"与"多维"两个方面来立体地呈现我国冷链物流行业的现状，让从业者能够从中把握发展趋势。为达成这一目的，广大读者的鞭策便是我们最大的动力，故匆忙编写之中存在的疏漏与不足之处恳请批评指教，让我们携手共同完善。

中国物流与采购联合会副会长兼秘书长

崔忠付

2018 年 5 月 30 日

目 录

第一章 2017 年中国冷链物流行业环境分析

本章从宏观经济环境、物流行业发展现状、冷链物流政策与标准环境 3 个方面对 2017 年全年及 2018 年第一季度中国冷链物流行业发展的总体环境进行分析。

分析发现，在宏观经济环境方面，2017 年中国经济保持了稳中有进、稳中向好的发展态势，经济总量首次突破 80 万亿元，第三产业表现抢眼，固定资产投资、居民收入、社会消费品零售均保持增长。从物流环境看，全国物流运行整体向好，物流发展质量和效益稳步提升，社会物流总额增长稳中有升，且需求结构优化，物流运行环境进一步改善。具体到冷链物流行业，因顺应供给侧结构性改革潮流，近年来冷链物流行业受到前所未有的高度关注，中央和地方政府因势利导地出台了多项政策，支持行业健康发展。由此可见，我国政策、经济、市场环境持续向好，加上技术的不断成熟，都将助推冷链行业加速发展。

第一节 宏观经济环境分析

一、经济运行稳中有进

2017 年，中国国内生产总值约 82.71 万亿元，比上年增加约 8.35 万亿元；按可比价格计算，同比增长 6.9%，增速比上年提高 0.2 个百分点，如图 1 - 1 所示。这是中国经济总量历史性地突破 80 万亿元，同时也是七年来经济增长首次提速，实现企稳回升。分季度看，四个季度国内生产总值增速分别为 6.9%、6.9%、6.8% 和 6.8%，增长平稳，反映出我国经济运行稳中有进、稳中向好的发展趋势。

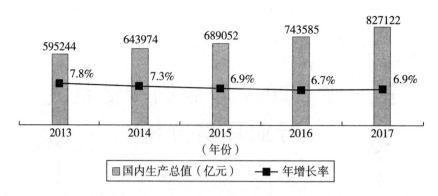

图1-1 2013—2017年国内生产总值及年增长率
资料来源：国家统计局。

2018年第一季度国内生产总值19.88万亿元，按可比价格计算，同比增长6.8%，增速超过全年目标0.3个百分点，实现了开门红。

二、第三产业表现突出

2017年，第一产业增加值6.55万亿元，同比增长3.9%，总体运行保持平稳；第二产业在供给侧结构性改革作用下有所改善，增加值33.46万亿元，同比增长6.1%；第三产业增加值42.70万亿元，同比增长8.0%。五年来，我国三次产业结构不断优化，与2013年相比，第一产业和第二产业增加值占GDP（国内生产总值）比重分别下降1.4个和3.5个百分点，第三产业增加值占GDP比重提高4.9个百分点，第三产业占比有了较明显的提升。如图1-2所示。

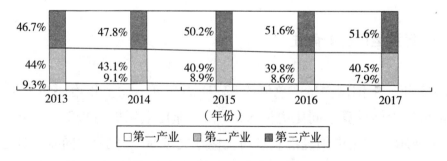

图1-2 2013—2017年三次产业增加值占国内生产总值比重
资料来源：国家统计局。

从对经济增长的贡献率来看，2017年三次产业的贡献率分别为4.9%、

36.3%和58.8%，三次产业分别拉动经济增长0.4个、2.5个和4.0个百分点。其中，第三产业对经济增长的贡献率比第二产业高22.5个百分点，比上年提高1.3个百分点。对比2013年，第三产业对经济增长的贡献率提高了11.6个百分点。说明第三产业增长态势明显，对经济增长的贡献更加突出，引领作用正在增强。如图1-3所示。

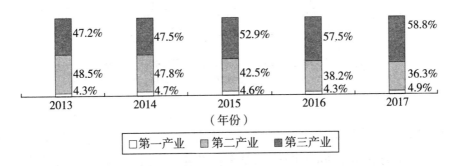

图1-3 2013—2017年三次产业对经济增长的贡献率

资料来源：国家统计局。

据统计局数据，2018年第一季度，第一产业增加值8904亿元，同比增长3.2%；第二产业增加值7.75万亿元，增长6.3%；第三产业增加值11.24万亿元，增长7.5%。

三、固定资产投资保持增长

2017年，全社会固定资产投资约64.12万亿元，如图1-4所示。同比增长7.0%。其中固定资产投资（不含农户）63.17万亿元，增长7.2%。在固定资产投资（不含农户）中，第一产业投资2.09万亿元，比上年增长11.8%；第二产业投资23.58万亿元，增长3.2%；第三产业投资37.50万亿元，增长9.5%。其中，民间固定资产投资38.15万亿元，比上年增长6.0%，占全国固定资产投资（不含农户）的比重为60.4%。

据统计局数据，2018年第一季度，全国固定资产投资（不含农户）10.08万亿元，同比增长7.5%，增速比1—2月回落0.4个百分点，比上年同期回落1.7个百分点。其中，民间投资6.24万亿元，增长8.9%，比1—2月加快0.8个百分点，比上年同期加快1.2个百分点，反映出民间投资增速加快。

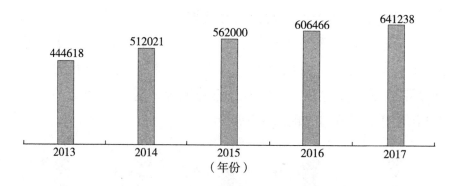

图1-4 2013—2017年社会固定资产投资额（亿元）

注：根据第三次农业普查结果对2016年固定资产投资基数进行调整，2017年增长率按可比口径计算。

资料来源：国家统计局。

分区域看，东部地区投资约26.58万亿元，同比增长8.3%；中部地区投资约16.34万亿元，同比增长6.9%；西部地区投资约16.66万亿元，同比增长8.5%；东北地区投资约3.07万亿元，同比增长2.8%。如图1-5所示。对比发现，随着"一带一路"倡议的持续推进，西部地区仍是固定资产投资的热点区域，投资增速全国居首，且投资额已超过中部地区，跃居全国第二。

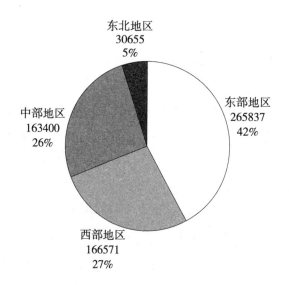

图1-5 2017年四大区域社会固定资产投资额及占比（不含农户，亿元）

资料来源：国家统计局。

分领域看，第二产业中，工业投资23.26万亿元，同比增长3.6%；其中，采矿业投资9209亿元，比上年下降10%；制造业投资19.36万亿元，同比增长 4.8%；电力、热力、燃气及水生产和供应业投资 3.00 万亿元，同比增长 0.8%。第三产业中，基础设施投资（不含电力、热力、燃气及水生产和供应业）约 14.00 万亿元（如图 1-6 所示），同比增长 19%。其中，水利管理业投资增长 16.4%；公共设施管理业投资增长 21.8%；道路运输业投资增长 23.1%；铁路运输业投资同比下降 0.1%。

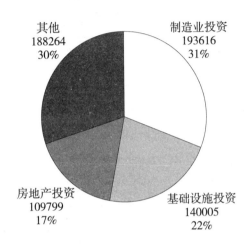

图 1-6 2017 年按领域分固定资产投资额及占比（不含农户，亿元）

资料来源：国家统计局。

按行业进一步分析发现，2017 年我国交通运输、仓储和邮政业固定资产投资额约达 6.12 万亿元，比上年增长 14.8%，占固定资产总值的 9.6%，占第三产业的 16.3%。说明各级政府对现代物流发展的重视度持续提升，政府和企业层面对行业的投资加大。如表 1-1 所示。

表 1-1　　　　　**2017 年分行业固定资产投资额及其增长速度（不含农户）**

行业	投资额（亿元）	同比增长（%）
固定资产投资总额	631684	7.2
分行业		
农、林、牧、渔业	24638	9.1
采矿业	9209	-10.0
制造业	193616	4.8
电力、热力、燃气及水生产和供应业	29794	0.8
建筑业	3648	-19.0

续　表

行业	投资额（亿元）	同比增长（%）
批发和零售业	16542	－6.3
住宿和餐饮业	6107	3.9
交通运输、仓储和邮政业	61186	14.8
其中：铁路运输业	8006	－0.1
道路运输业	40304	23.1
信息传输、软件和信息技术服务业	6987	12.8
金融业	1121	－13.3
房地产业	139734	3.6
租赁和商务服务业	13304	14.4
科学研究和技术服务业	5932	9.4
居民服务、修理和其他服务业	2686	2.4
水利、环境和公共设施管理业	82105	21.2
教育	11084	20.2
卫生和社会工作	7327	18.1
文化、体育和娱乐业	8732	12.9
公共管理、社会保障和社会组织	7931	－2.0

资料来源：国家统计局。

从 2017 年固定资产投资新增主要生产与运营能力指标来看，与物流相关的各个指标均保持增长，但除民用运输机场数量、高速铁路里程、高速公路里程外，其他指标增幅均有所收窄。且可以看到，同比增长的 3 个指标中，新增民用运输机场和新增高速铁路的增幅比较大，说明中国交通运输重心正向高速化发展。如表 1－2 所示。

表 1－2　　　　2017 年固定资产投资新增主要生产与运营能力

指标	单位	绝对数	同比增长（%）
新建铁路投产里程	公里	3038	－7.4
其中：高速铁路里程	公里	2182	14.7
增、新建铁路复线投产里程	公里	3223	－10.8
电气化铁路投产里程	公里	4583	－22.3
新改建公路里程	公里	313607	－3.5

指标	单位	绝对数	同比增长（%）
其中：高速公路里程	公里	6796	0.8
港口万吨级码头泊位新增吞吐能力	万吨	24858	−23.4
新增民用运输机场数量	个	11	37.5

资料来源：国家统计局。

四、进出口增长止降回升

2017 年，我国货物贸易进出口总额约 27.79 万亿元，同比增长 14.2%，扭转了此前连续两年下降的局面。其中，出口约 15.33 万亿元，增长 10.8%；进口约 12.46 万亿元，增长 18.7%；贸易顺差约 2.87 万亿元，收窄 14.2%。如图 1–7 所示。

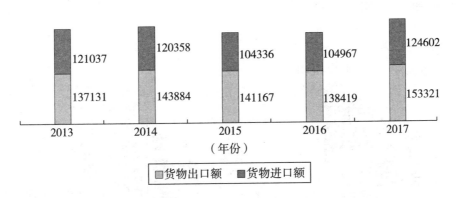

图 1–7 2013—2017 年货物进出口额（亿元）

资料来源：国家统计局。

分类别看，一般贸易进出口增长较快，比重上升。2017 年，我国一般贸易进出口 15.66 万亿元，增长 16.8%，占我国进出口总值的 56.4%，比 2016 年提升 1.3 个百分点，说明贸易方式结构有所优化。

分地区看，我国对"一带一路"沿线国家进出口总额 7.37 万亿元，占我国外贸总值的 26.5%，比上年增长 17.8%，高于我国整体外贸增速 3.6 个百分点，增势较好。其中，出口 4.30 万亿元，增长 12.1%；进口 3.07 万亿元，增长 26.8%。

2018 年第一季度，我国货物进出口总额 6.75 万亿元，同比增长 9.4%。其中，出口 3.54 万亿元，增长 7.4%；进口 3.21 万亿元，增长 11.7%。进出口相抵，顺差 3262 亿元，比上年同期收窄 21.8%。但在贸易顺差大幅收窄的情况下，贸易方式结构进一步优化，一般贸易进出口增长 13.2%，占进出口总额的 58.3%，比上年同期提高 2.0 个百分点。

中国作为全球冷链发展最具潜力的新兴市场，引起国际食品与冷链各界的广泛关注。食品安全、消费升级以及自贸协定，这"三驾马车"极大拉动中国冷链的市场需求。截至 2017 年 12 月，中国已签署 16 个自贸区协定，涉及 24 个国家或地区，利好政策激发中外进出口贸易及跨境生鲜电商的活力。同时，在国家"一带一路"倡议驱动下，冷链市场空间潜力巨大，跨境班列以及冷链多式联运发展将迎来新的机遇。

2017 年，我国食品进出口总额为 1160 亿美元，同比增长 6.2%。从进口来源国来看，主要集中在印度尼西亚、马来西亚、荷兰、美国、新西兰、澳大利亚、巴西、德国等国家。其中，排名前 20 的进口食品来源国合计份额达到了 86%。如图 1-8 所示。

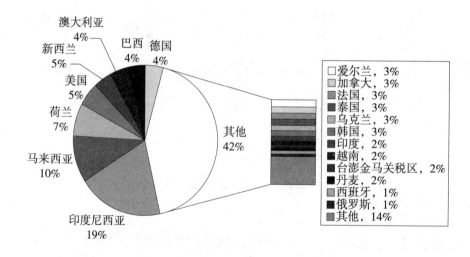

图 1-8　2017 年食品进口来源国分布

资料来源：国家统计局。

五、社会消费品零售保持较快增长

2017 年全年，中国社会消费品零售总额约 36.63 万亿元，同比增长 10.2%。其中，限额以上单位消费品零售额 16.06 万亿元，增长 8.1%。如图 1-9 所示。

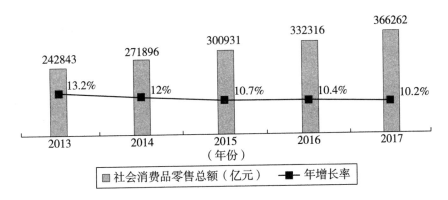

图 1 - 9 2013—2017 年社会消费品零售总额及年增长率

资料来源：国家统计局。

按经营单位所在地分，2017 年城镇消费品零售额 31.43 万亿元，同比增长 10.0%；乡村消费品零售额 5.20 万亿元，同比增长 11.8%；按消费类型分，2017 年餐饮收入 3.96 万亿元，同比增长 10.7%；商品零售 32.66 万亿元，同比增长 10.2%。

在商品零售中，限额以上单位商品零售 15.09 万亿元，同比增长 8.2%；其中，限额以上零售业单位中的超市、百货店、专业店和专卖店零售额比上年分别增长 7.3%、6.7%、9.1% 和 8.0%。

尤为关注的是，2017 年全国网上零售额 7.18 万亿元，比上年增长 32.2%，说明中国消费者消费习惯转变，电子商务在国内发展风头正劲。其中，实物商品网上零售额 5.48 万亿元，增长 28.0%，占社会消费品零售总额的比重为 15.0%；在实物商品网上零售额中，吃、穿和用类商品分别增长 28.6%、20.3% 和 30.8%。

六、居民人均消费支出保持增长

2017 年，全国居民人均可支配收入约 2.60 万元，同比增长 9.0%，扣除价格因素，实际增长 7.3%，如图 1 - 10 所示。其中，城镇居民人均可支配收入 3.64 万元，增长 8.3%，扣除价格因素，实际增长 6.5%；农村居民人均可支配收入 1.34 万元，增长 8.6%，扣除价格因素，实际增长 7.3%。

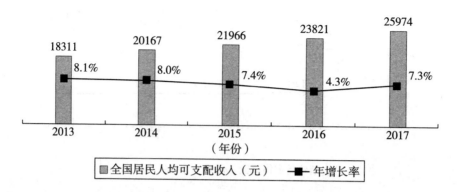

图 1－10　2013—2017 年全国居民人均可支配收入及年增长率
资料来源：国家统计局。

按收入来源分，2017 年全国居民人均工资性收入 1.46 万元，增长 8.7%，占可支配收入的比重为 56.3%；人均经营净收入 4502 元，增长 6.7%，占可支配收入的比重为 17.3%；人均财产净收入 2107 元，增长 11.6%，占可支配收入的比重为 8.1%；人均转移净收入 4744 元，增长 11.4%，占可支配收入的比重为 18.3%。

2017 年，全国居民人均消费支出约 1.83 万元，同比增长 7.1%，扣除价格因素，实际增长 5.4%。其中，城镇居民人均消费支出 2.44 万元，增长 5.9%，扣除价格因素，实际增长 4.1%；农村居民人均消费支出 1.10 万元，增长 8.1%，扣除价格因素，实际增长 6.8%。恩格尔系数为 29.3%，比上年下降 0.8 个百分点，其中城镇为 28.6%，农村为 31.2%。如图 1－11 所示。

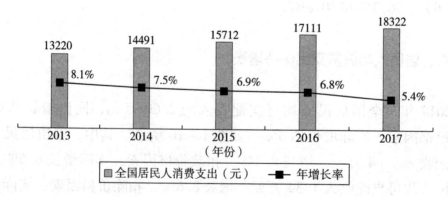

图 1－11　2013—2017 年全国居民人均消费支出及年增长率
资料来源：国家统计局。

全年全国居民人均食品烟酒消费支出 5374 元，增长 4.3%，占人均消费支出的比重为 29.3%；人均衣着消费支出 1238 元，增长 2.9%，占人均消费支出的比重为 6.8%；人均居住消费支出 4107 元，增长 9.6%，占人均消费支出的比重为 22.4%；人均生活用品及服务消费支出 1121 元，增长 7.4%，占人均消费支出的比重为 6.1%；人均交通通信消费支出 2499 元，增长 6.9%，占人均消费支出的比重为 13.6%；人均教育文化娱乐消费支出 2086 元，增长 8.9%，占人均消费支出的比重为 11.4%；人均医疗保健消费支出 1451 元，增长 11.0%，占人均消费支出的比重为 7.9%；人均其他用品及服务消费支出 447 元，增长 10.0%，占人均消费支出的比重为 2.4%。

第二节　物流行业发展现状分析

一、社会物流总额增长稳中有升

2017 年，全国社会物流总额 252.8 万亿元，按可比价格计算，同比增长 6.7%，增速比上年同期提高 0.6 个百分点，如图 1－12 所示。分季看，一季度 56.7 万亿元，增长 7.1%，提高 1.1 个百分点；上半年 118.9 万亿元，增长 7.1%，提高 0.9 个百分点；前三季度 184.8 万亿元，增长 6.9%，提高 0.8 个百分点。全年社会物流总需求呈现稳中有升的发展态势。

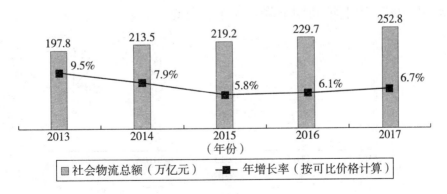

图 1－12　2013—2017 年社会物流总额及年增长率

资料来源：中国物流信息中心。

2018 年 1—2 月，全社会物流总额为 36.8 万亿元，按可比价格计算，同比增长 7.7%，增速比上年同期提高 0.8 个百分点。

从构成看，工业品物流总额 234.5 万亿元，按可比价格计算，同比增长 6.6%，增速比上年同期提高 0.6 个百分点；进口货物物流总额 12.5 万亿元，增长 8.7%，提高 1.3 个百分点；农产品物流总额 3.7 万亿元，增长 3.9%，提高 0.8 个百分点；再生资源物流总额 1.1 万亿元，下降 1.9%；单位与居民物品物流总额 1.0 万亿元，增长 29.9%。如图 1-13 所示。

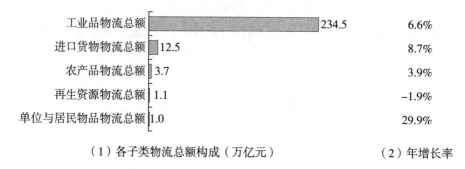

（1）各子类物流总额构成（万亿元）　　　　　（2）年增长率

图 1-13　2017 年各子类物流总额构成及各子类年增长率
资料来源：中国物流信息中心。

二、社会物流总费用与 GDP 的比率有所回落

2017 年，社会物流总费用 12.1 万亿元如图 1-14 所示，同比增长约 9%，增速低于社会物流总额、GDP 现价增长，且社会物流总费用与 GDP 的比率为 14.6%，比上年同期下降 0.3 个百分点。

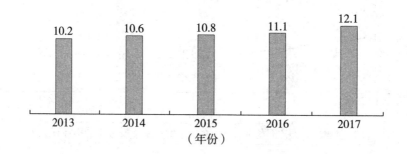

图 1-14　2013—2017 年社会物流总费用（万亿元）
资料来源：中国物流信息中心。

其中，运输费用 6.6 万亿元，占 54.7%，增长 10.9%，增速比上年同期提高 7.6 个百分点；保管费用 3.9 万亿元，占 32.4%，增长 6.7%，提高 5.4 个百分点；管理费用 1.6 万亿元，占 12.9%，增长 8.3%，提高 2.7 个百分点。从构成变化看，运输费用份额同比提高 0.9%，保管费用和管理费用份额同比分别下降 0.8% 和 0.1%。如图 1－15 所示。

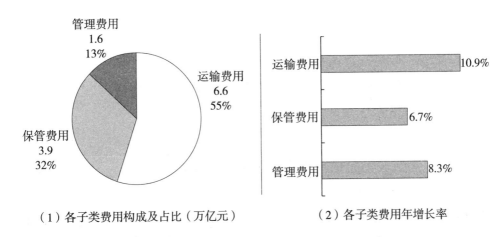

（1）各子类费用构成及占比（万亿元）　　（2）各子类费用年增长率

图 1－15　2017 年社会物流总费用构成及各子类年增长率

资料来源：中国物流信息中心。

三、物流业景气指数维持在较高水平

2017 年，我国社会物流业景气指数均值 55.3%，比 2016 年均值高出 0.1 个百分点，始终活跃在 50% 以上，维持了较高水平。从全年来看，指数峰值出现在 4 月及 11 月，分别达到了 58% 和 59%；指数谷值出现在 1 月，主要是受春节假期影响正常回落，如图 1－16 所示。其中，2017 年物流业景气指数中反映企业效益的主营业务利润指数平均为 51.6%，同比提高 1.7 个百分点。说明随着物流市场需求和物流设备利用不断改善，企业效益稳中有升，物流业已适应"新常态"的经济背景，保持着较快的增长。

2018 年第一季度，中国物流业景气指数分别为 54.2%、50.0% 和 53.4%。3 月，物流业景气指数及各主要分项指数均保持回升态势，显示出生产建设步入常态运行轨道，供应链上下游企业生产经营活动复苏，物流业务活动趋于活跃。

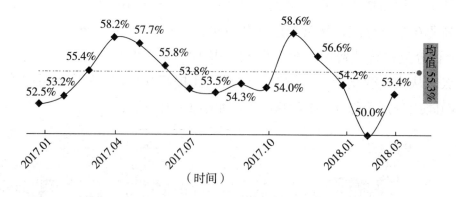

图 1－16　2017 年 1 月—2018 年 3 月社会物流业景气指数
资料来源：中国物流信息中心。

四、仓储指数较物流指数略低，整体保持平稳

2017 年，我国仓储指数走势与物流指数基本一致，指数均值 52.4%，高于 2016 年 1.1 个百分点，整体保持较高水平。其中，除 7 月跌至 49.6%，是全年唯一的一次落至收缩区间外，其他各月均保持在扩张区间。7 月出现谷值的主要原因，一方面是大宗商品供需两旺，进出库加快，库存处于低位水平；另一方面受夏收季节性影响，劳动力成本上涨、供应紧张，导致企业员工数量有所减少，影响了指数整体水平。如图 1－17 所示。

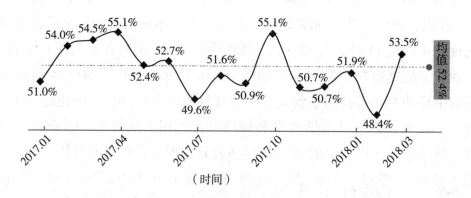

图 1－17　2017 年 1 月—2018 年 3 月仓储指数
资料来源：中国物流信息中心。

结合物流业景气指数和仓储需求来看市场仍有支撑，仓储行业整体保

持平稳，后市预期继续向好。具体分析：从新订单指数看，2017 年新订单指数一直保持在 51% 以上较高的水平，3 月高达 60.5%，为自数据调查以来的第二高点。全年该指数均值达到 55.1% 的较高水平，高于 2016 年同期 3.0 个百分点，显示 2017 年仓储行业订单良好，客户需求充足；从业务量指数看，2017 年业务量指数平均水平为 53.5%，较 2016 年同期增长 3.2 个百分点，显示全年仓储行业业务总量继续保持稳中有涨的态势；受其提振，设施利用较为充分，全年设施利用率指数均值为 53.8%，高于 2016 年同期 3.5 个百分点；从企业效益看，得益于供给侧结构性改革加快推进和市场营商环境改善，企业效益明显转好。2017 年，中国仓储指数业务利润指数平均水平为 51.6%，较 2016 年同期回升 3.5 个百分点，显示经济的回升切实带来了企业效益的回升；从社会效益来看，行业大环境持续转好，有效地带动了企业就业。2017 年中国仓储指数从业人员指数全年各月均保持在 47% 以上，处在近年来的较高水平，平均为 50.4%，高于上年 0.3 个百分点，创出近三年历史同期均值的新高。

2018 年第一季度，中国仓储指数分别为 51.9%、48.4%、53.5%。除 2 月因受春节因素影响落入收缩区间外，1 月及 3 月均在扩张区间。尤其是 3 月，较上月回升 5.1 个百分点，增幅较大，新订单、业务量、企业利润和周转效率等主要指数均有不同程度回升。表明随着生产建设旺季的到来，仓储需求有所增长，行业保持良好运行态势。

五、公路物流运价指数震荡波动、整体回落

2017 年，我国公路物流市场需求增势稳定，运力更新升级不断加快，价格总体小幅回升。其中，公路物流运价指数均值为 106.7 点，比 2016 年均值回升 3%，总体平稳。分季度来看，上半年指数延续了 2016 年三、四季度冲高后的回升走势，下半年则有所趋缓。分析其原因，一方面，受到经济整体回暖、大宗产品价格回升等因素影响，相关物流需求增势良好；另一方面，在相关政策及企业转型升级等多方因素推动下，公路物流领域淘汰过剩运能、更新升级运力的步伐不断加快。综合来看，物流市场供需增长更趋平衡，服务价格水平稳中有升。如图 1-18 所示。

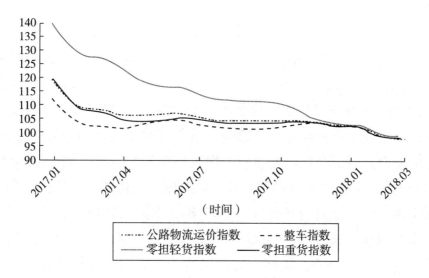

（时间）

...... 公路物流运价指数   --- 整车指数

...... 零担轻货指数   —— 零担重货指数

图 1 - 18   2017 年 1 月—2018 年 3 月公路物流运价指数

资料来源：中国物流信息中心。

从分车型指数看，以大宗商品及区域间运输为主的整车指数全年均值为 103.4 点，比上年回升 7.7%，而零担指数年内总体呈回落走势。其中，零担轻货指数均值为 117.2 点，比上年回升 0.26%；零担重货指数均值为 105.7 点，比上年回落 6.0%。

2018 年第一季度，中国公路物流运价指数分别为 102.5%、99.6% 和 98.0%，年内连续三个月小幅回调。但从宏观层面，一季度经济形势开局良好，为后期走势奠定了一个良好基础。在此背景下，公路物流市场运行环境更趋改善，相关物流需求有望保持小幅回升态势。

六、2017 年交通运输业发展整体向好

1. 交通基础设施加速成网，运输能力显著增强

至 2017 年年底，全国铁路营业里程五年增长 2.7 万公里，高铁覆盖 65% 以上的百万人口城市；公路总里程五年增长约 53.4 万公里，高速公路覆盖 97% 的 20 万人口城市及地级行政中心，二级及以上公路通达 96.7% 的县；内河航道条件持续改善，通江达海干支衔接的航道网络进一步完善；民航运输机场达 229 个，服务覆盖全国 88.5% 的地市、76.5% 的县；邮政乡乡设所、村村通邮总体实现；快递公共投递服务站近 2.9 万个，快递乡镇

网点覆盖率达到87.3%。高铁、高速公路、城市轨道交通运营里程和港口深水泊位数量均居世界第一。各种运输方式一体化衔接日趋顺畅，支持建设了106个综合客运枢纽和186个综合货运枢纽（物流园区），港口集疏运铁路公路系统建设积极推进。

在客运服务水平持续提升外，货运服务效率也大幅提高。铁路货物发送量持续高位运行，港口货物和集装箱吞吐量连续10多年保持世界第一；航空货邮运量比2012年增加23%；邮政业市场规模超过全球份额1/5，年服务用户超过1000亿人次，年支撑国内网购交易额突破5万亿元；快递业务量年均增长50%以上，稳居世界第一；多式联运、甩挂运输、冷链物流、江海直达运输等加快发展。

2. 国家战略项目进展显著

"一带一路"互联互通实现重大突破。沿线陆上联通取得突破性进展，海上支点港口建设运营成效显著。中欧陆海快线运量快速增长，空中大通道日益畅通，与沿线43个国家实现空中直航。国际运输便利化水平大幅提升，中欧班列累计开行近7000列，国际道路客货运输线路达到356条，海运服务覆盖沿线所有国家。交通基础设施"走出去"步伐不断加快，中美《适航实施程序》正式签署，国际影响力、话语权进一步提升。

京津冀交通一体化实现率先突破。北京冬奥会交通保障重点项目加速推进，一批重大项目启动实施。京津冀省域道路客运联网售票系统基本建成，70个客运站完成联网；区域客运班线公交化改造加速推进；交通"一卡通"互联互通加速推行。交通行政执法、联合治超、海事统一监管等机制初步形成，津冀港口、民航协同发展加快推进。雄安新区综合交通运输体系规划建设有序推进。

长江经济带综合立体交通走廊加快形成。沪昆高铁全线通车，区域铁路营业里程近3.7万公里。沪蓉、沪渝、沪昆3条主骨架高速公路全线贯通。长江南京以下12.5米深水航道基本建成，区域高等级航道达标里程达8600公里。武汉天河机场三期、成都新机场等项目顺利实施，区域民用机场数已达83座，沿江机场布局进一步完善。

交通扶贫脱贫攻坚取得重大成果。深入开展"四好农村路"建设，五年新改建农村公路127.5万公里，"溜索改桥""百项交通扶贫骨干通道工程""百万公里农村公路"等有序实施，全国约99.2%的乡镇和98.3%的建制村通上了沥青路、水泥路；统筹推进交通定点扶贫、对口支援、片区扶贫，交通扶贫精准化水平不断提高；城乡交通运输基本公共服务均等化加快推进，乡镇和建制村通客车率分别达到99.1%和96.5%以上，城乡运输一体化水平接近80%，县乡村三级物流体系不断健全；一些边远、贫困地区的通勤航空、基本航空服务试点工作稳步实施；有条件地区的无人机物流配送工作试点已经启动，农村交通与产业融合发展加速推进，特色种植养殖业、电商、乡村旅游等产业与交通运输的关联融合日趋紧密，贫困地区脱贫致富道路越走越宽。

交通运输促进区域协调发展的基础不断夯实。东部地区综合交通网骨架已经形成，中部地区干线网络基本建成，西部地区综合交通运输网覆盖面不断扩大，联通东中部的运输通道基本形成，东北地区综合交通运输网络主骨架初步形成。

3. 物流运行环境进一步改善

一是物流政策环境持续改善。国务院办公厅发布《关于进一步推进物流降本增效，促进实体经济发展的意见》（国办发〔2017〕73号），提出27条具体政策措施。国务院办公厅《关于积极推进供应链创新与应用的指导意见》对发展现代供应链做出总体部署。国家发展和改革委员会（以下简称国家发展改革委）等20个部门签署对严重违法失信主体联合惩戒备忘录，首批270家"黑名单"公布。工业和信息化部开展服务型制造试点，提升工业物流发展水平。国家税务总局、交通运输部连续发文，破解道路运输企业"营改增"后税负增加问题。国家质检总局联合11部门出台《关于推动物流服务质量提升工作的指导意见》，扩大高质量物流服务供给等。随着"放管服"改革深入推进，制约行业发展的制度环境逐步好转。

二是物流资金环境良好。从宏观看，2017年金融领域去杠杆进一步深化，实体经济融资规模保持平稳增长，物流产业所处的资金环境良好。物流业景气中反映运作效率的资金利用率指数2017年平均为53.6%，比2016年提高2.3个百分点；1—11月重点调查物流企业资产负债率50.8%，比上年下降1.4个百分点；流动资产周转率2.8，比上年提高0.5个百分点。综合来看，物流领域资金环境进一步改善，企业资金流动性增强，融资压力有所缓解，偿债能力有所提高，企业经营发展态势良好。

4. 物流运行质量提升，降本增效取得成果

物流领域"降成本"取得实效。随着供给侧结构性改革的深入推进，为进一步推进物流降本增效，国务院连续两年出台推进物流业降本增效的文件，物流领域"降成本"取得成效。2017 年社会物流总费用与 GDP 的比率为 14.6%，比上年下降 0.3 个百分点。即每万元 GDP 所消耗的社会物流总费用为 1460 元，比上年下降 2.0%，社会物流总费用占 GDP 的比率进入连续回落阶段。

从构成看，物流降本增效、货畅其流取得初步成效，物流各环节的协同性不断增强。在社会物流总费用中，运输费用占 54.7%，同比提高 0.9 个百分点；保管费用占 32.4%，下降 0.8 个百分点；管理费用占 12.9%，下降 0.1 个百分点。从社会物流总费用构成比重的变化看，运输环节在社会物流总费用中的比重持续提高，保管环节则连续下降，表明当前物流流转速度提升，库存、资金占用时间及成本有所下降。

运输物流效率稳中有升。一是运输物流协调性增强。2017 年，各种运输方式互联互通取得进展，运输费用占 GDP 的比率为 7.99%，比上年下降 0.02 个百分点。其中，铁路运输持续高位运行，航空货邮运量增速提高，水运及港口货物和集装箱吞吐量保持平稳增长，多式联运、甩挂运输、江海直达运输等加快发展，主要港口集装箱铁水联运量增长超过 10%，装卸搬运费用占比连续两年小幅回落，比上年下降 0.1 个百分点。二是运输物流时效持续提升。简政放权、信息化应用、交通运输基础设施建等多举措带动下，运输环节时效持续提升。特别是电商物流等重点领域持续高效运行，2017 年物流时效指数平均为 121.2 点，比上年提高 6.4 点。

库存周转效率保持较高水平。在去产能的大背景下，社会库存整体保持较低水平，库存周转效率保持高位。2017 年中国仓储指数中的平均库存周转次数指数平均为 52.1 点，全年均处在扩张区间，表明仓储物流企业周转效率持续保持较快增长。

5. 物流需求稳中向好，结构进一步改善

物流需求稳中向好。2017 年，全国社会物流总额 252.8 万亿元，按可比价格计算比上年增长 6.7%，全年社会物流总额呈现稳中向好的发展态势。

物流需求结构性改革取得重要进展。一是物流需求新旧动能的转换加

快。从不同产业来看，新兴产业继续保持强劲增长趋势，传统产业转型升级。从结构看，1—12月高新技术产业PMI（采购经理指数）均值水平达53%以上，消费品行业和装备制造业均值接近53%，较去年同期均有提升；同时，基础原材料等高耗能行业均值仍在50%以下，物流需求低于工业平均水平。

二是消费与民生领域物流需求成为物流需求增长的重要驱动力。从结构看，消费与民生领域高速增长对物流需求的贡献率持续提高。全年单位与居民物品物流总额同比增长29.9%，高于社会物流总额增长23.2个百分点，成为物流需求增长的重要驱动力。其中，网络消费驱动的物流需求在上年高增速的基础上继续快速增长，全年实物商品网上零售额规模超过5万亿元，增长28%，带动快递及电商物流需求高速增长。2017年电商物流行业整体向好，总业务量指数平均达到143.4点，反映出全年电商物流业务量同比增速超过40%，以2015年1月为基期的定比来看，2017年总业务量指数达到354.1点，3年间电商业务量达到基期的3.5倍以上。

三是进口物流需求形势较好。在全球经济温和复苏，内需稳中向好，彻底扭转了2016年同期大幅下降的局面。全球制造业PMI均值达到54.7%的较高水平。在内外需求总体向好的带动下，进口物流需求保持较快增长，全年增长8.7%，比上年提高1.6个百分点。

6. 物流产业转型升级态势明显

一是物流专业化提升，市场规模持续扩大。2017年物流专业化水平持续提升，物流市场规模加速扩张。全年物流业总收入为8.8万亿元，比上年增长11.5%，增速提高6.9个百分点。从细分市场来看，与产业升级相关的物流细分行业增势良好，冷链市场规模经初步测算将超过20%，快递服务企业业务收入比上年增长24.7%，增速均高于物流业平均水平。

二是物流业景气状况良好，企业经营状况改善。物流企业业务需求旺盛，运营效率稳中提升，物流业整体呈现活跃态势，物流业景气状况处于近年来较高水平。2017年中国物流景气指数平均为55.3%，比2016年均值高出0.1个百分点，11月回升至58.6%，为2017年最高水平，12月为56.6%，指数有所回落但仍处于55%的高景气区间。

随着物流市场需求和物流设备利用不断改善，企业效益稳中有升。2017年物流业景气指数中反映企业效益的主营业务利润指数平均为51.6%，同

比提高 1.7 个百分点。其中，中国仓储指数业务利润指数平均水平为
51.6%，较 2016 年同期回升 3.5 个百分点，显示在物流需求回升的同时，
企业效益趋于改善。

7. 物流供需平衡性增强，价格回升

物流市场价格稳中有升。2017 年，一方面，受到经济整体回暖、大宗
产品价格回升等因素影响，相关物流需求增势良好；另一方面，在相关政
策及企业转型升级等多方因素推动下，公路和水运等领域淘汰过剩运能、
更新升级运力的步伐不断加快。综合来看，物流市场供需增长更趋平衡，
服务价格水平稳中有升。

一是公路物流价格总体平稳，较上年略有回升。2017 年，中国公路物
流价格指数全年呈现出趋缓态势，从年初的 118.8 点降至 12 月的 103.1 点。
但从全年来看，中国公路物流价格指数年平均值为 106.5 点，比 2016 年均
值回升 3%，总体平稳。

二是水运价格连续上涨，显著回升。2017 年，海运运力供给过剩情况
有所改善，大宗商品需求不断上升，市场运行态势良好，价格显著回升。
其中，上半年价格震荡波动，进入下半年则显著回升，价格指数连续 5 个月
上涨，回升幅度不断扩大，12 月中国沿海散货运价指数升至 1500.83 点，
为近五年来的最高水平。全年平均为 1148 点，比 2016 年回升 25.1%。

第三节　冷链物流政策与标准环境分析

物流业作为支撑国民经济的战略性、基础性产业，近年来发展取得重
大成就。而冷链物流作为消费升级的代表性行业，更是备受关注。我国政
府在十九大报告中指出："要在中高端消费、现代供应链等领域培育新的增
长点，形成新动能，加强物流基础设施网络建设。"

2017 年，中央各部门以及各地方政府对冷链物流保持高度重视，为规
范和促进冷链物流发展，各级政府先后出台了多项政策。本节将重点从国
家部委冷链政策、区域冷链政策和冷链物流标准三方面展开分析，列举
2017 年中央和各地方政府出台的关于促进冷链物流发展的主要政策和标准
情况，并对农产品冷链流通标准化试点城市名单、试点企业名单，餐饮冷
链物流服务规范试点企业名单，以及其他领域试点名单予以公示。

一、国家部委冷链政策分析

2017 年被称为是冷链政策年，国务院以及商务部、国家发展改革委、农业部、交通部、财政部等多部委陆续出台政策，从不同层面以最高级别的指导部署推动冷链物流行业健康发展。在国家层面，全年共出台冷链相关政策、规划超过 20 项，从鼓励开展多式联运、构建全链条交通物流体系、建设现代农业产业园、建立食品安全追溯体系、完善冷链物流标准体系和监控体系、推动区域协同发展等多方面促进冷链产业全面发展，明确了"十三五"期间冷链产业的重点发展方向。

在 2017 年发布的相关政策中，《国务院办公厅关于加快发展冷链物流保障食品安全促进消费升级的意见》以及《交通运输部关于加快发展冷链物流保障食品安全促进消费升级的实施意见》对促进冷链物流的发展最具针对性。其中前者提出八方面措施，从基础设施建设、信息化建设、标准化建设等方面着力构建"全链条、网络化、严标准、可追溯、新模式、高效率"的现代化冷链物流体系。而后者在前者的基础上进一步细化，提出 16 项具体措施，如严格冷藏保温车辆的市场准入和退出制度、严格冷藏保温车辆使用过程管理制度、构建全程温度监控系统、优化城市配送冷藏保温车辆通行管理等，从而推动物流业供给侧结构性改革，加快促进冷链物流健康规范发展，保障鲜活农产品和食品流通安全。

2017 年国家层面冷链物流相关政策汇总，如表 1－3 所示。

表 1－3　　　　　　　　2017 年国家层面冷链物流相关政策汇总

序号	发布时间	部门	政策名称	概要
1	2017－01－04	交通运输部 国家发展改革委 财政部 工信部	《交通运输部等十八个部门关于进一步鼓励开展多式联运工作的通知》	优化市场监管，加快公路货运市场治理，加强市场运行监管。同时完善基础设施网络，依托物流大通道，加快形成贯通内外的国家多式联运网络主骨架，优化多式联运分层、分类节点布局。强化多式联运枢纽与关联产业的联动发展，积极拓展市场交易、仓储配送、流通加工、金融结算等配套服务功能。推广先进运输组织形式，大力发展集装箱多式联运，加快推进铁路货物集装化、零散货物快运化运输。深化铁路和货运价格改革。推广标准化运载单元

序号	发布时间	部门	政策名称	概要
2	2017－01－13	工业和信息化部办公厅公安部办公厅交通运输部办公厅工商总局办公厅质检总局办公厅	《关于开展货车非法改装专项整治行动的通知》	通过开展专项整治行动，健全货车非法改装联合监管工作机制，强化货车违法超限超载源头监管，严厉打击货车非法生产、改装、销售等违法违规行为，严肃处理违法违规企业，坚决杜绝非法改装货车出厂上路，同时加快完善相关管理制度，推动形成健康合法的货车生产、销售和道路运输新秩序，有效改善道路运输安全状况
3	2017－01－17	交通运输部办公厅	《关于界定严重违法失信超限超载运输行为和相关责任主体有关事项的通》	有关部门应依法依规加强对失信当事人名单结果的应用，将其作为实施联合惩戒的重要依据。失信当事人名单自公布之日起满2年的，从"信用交通"网站公布栏中撤出，相关信息记录在后台予以保存。对于失信当事人名单中的货运车辆，在联合惩戒期间，不享受"绿色通道"免收车辆通行费的优惠政策
4	2017－01－19	商务部国家发展改革委国土资源部交通运输部国家邮政局	《商务部等5部门关于印发〈商贸物流发展"十三五"规划〉的通知》	构建多层次商贸物流网络，加强商贸物流基础设施、标准化、信息化建设，提出七大重点工程：城乡物流网路建设工程，商贸物流标准化工程，商贸物流平台建设工程，商贸物流园区功能提升工程，电子商务物流工程，商贸物流创新发展工程，商贸物流绿色发展工程。同时提出五项保障措施：完善管理机制，优化发展环境，加大政策支持，加强人才培养以及强化规划引领
5	2017－02－03	国务院	《国务院关于印发"十三五"现代综合交通运输体系发展规划的通知》	打通衔接一体的全链条交通物流体系，以互联网为纽带，构筑资源共享的交通物流平台，创新发展模式，实现资源高效利用，推动交通与物流一体化、集装化、网络化、社会化、智能化发展。推进"平台＋"物流交易、供应链、跨境电商等合作模式，鼓励"互联网＋城乡配送""物联网＋供应链管理"等业态模式的创新发展。推进公路港等枢纽新业态发展，积极发展无车承运人等互联网平台型企业，整合公路货运资源，鼓励企业开发"卡车航班"等运输服务产品

序号	发布时间	部门	政策名称	概要
6	2017－02－05	中共中央国务院	《中共中央、国务院关于深入推进农业供给侧结构性改革加快培育农业农村发展新动能的若干意见》（中央一号文件）	建设现代农业产业园，统筹布局物流功能板块。以"一带一路"沿线及周边国家和地区为重点，支持农业企业开展跨国经营，建立境外生产基地和加工、仓储物流设施。推进农村电商发展。鼓励地方规范发展电商产业园，聚集品牌推广、物流集散、人才培养、技术支持、质量安全等功能服务。完善全国农产品流通骨干网络，加快构建公益性农产品市场体系，加强农产品产地预冷等冷链物流基础设施网络建设，完善鲜活农产品直供直销体系，推进"互联网＋"现代农业行动
7	2017－02－13	国务院安委会办公室	《关于开展涉氨制冷企业液氨使用专项治理验收工作的通知》	对全国涉氨制冷企业液氨使用专项治理情况开展全面验收，彻底消除作业场所采用氨直接蒸发制冷的空调系统和快速冻结装置未设置在单独作业间内的两类重大事故隐患（以下简称两类重大事故隐患），全面提升企业液氨使用本质安全水平，有效遏制重特大事故发生
8	2017－03－29	农业部财政部	《关于开展国家现代农业产业园创建工作的通知》	建设国家现代农业产业园，为引领农业供给侧结构性改革搭建新平台。在更高标准上促进农业生产、加工、物流、研发、示范、服务等相互融合。推进产加销、贸工农一体化发展，构建种养有机结合，生产、加工、收储、物流、销售于一体的农业全产业链
9	2017－04－06	国务院办公厅	《国务院办公厅关于印发2017年食品安全重点工作安排的通知》	推动企业建立食品安全追溯体系。开展放心菜、放心肉超市创建活动，督促食用农产品批发市场、网络第三方平台开办者落实食品安全管理责任。研究制定加快发展冷链物流保障食品安全促进消费升级的意见，完善食品冷链物流标准体系，鼓励社会力量和市场主体加强食品冷链物流基础设施建设

序号	发布时间	部门	政策名称	概要
10	2017－04－13	国务院办公厅	《国务院办公厅关于加快发展冷链物流保障食品安全促进消费升级的意见》	要求健全冷链物流标准和服务规范体系，完善冷链物流基础设施网络，鼓励冷链物流企业经营创新，提升冷链物流信息化水平，加快冷链物流技术装备创新和应用。在加大行业监管力度的同时做到管理体制机制的创新，自上完善政策支持的体制，加强各级机关的组织领导作用
11	2017－04－24	交通运输部办公厅　公安部办公厅　工业和信息化部办公厅	《关于做好车辆运输车第二阶段治理工作的通知》	2018年6月30日前，全面完成所有不合规车辆运输车的更新改造。其中，2017年6月30日前完成总数的20%，9月30日前完成40%，12月31日前完成60%，2018年3月31日前完成80%。2018年7月1日起，全面禁止不合规车辆运输车通行，符合《汽车、挂车及汽车列车外廓尺寸、轴荷及质量限值》（GB 1589—2016）要求的标准化车辆运输车比重达到100%，中置轴车辆运输列车等先进车型得到广泛应用
12	2017－04－21	商务部　中国农业发展银行	《关于共同推进农产品和农村市场体系建设的通知》	主要支持方向：紧密结合国家"一带一路"倡议与京津冀协同发展、长江经济带、中部崛起、西部大开发等区域发展战略，按照"政府引导、市场运作、协调配合、统筹兼顾"的原则，充分发挥商务部组织协调优势和中国农业发展银行政策性金融优势，合力推进农产品和农村市场体系建设，加快构建全国农产品流通骨干网络，发展农产品和农村流通新业态，在保障市场供应、促进食品安全、助力扶贫攻坚、服务"三农"发展等方面发挥积极作用
13	2017－04－26	财政部　国家税务总局	《关于继续实施物流企业大宗商品仓储设施用地城镇土地使用税优惠政策的通知》	对物流企业自有的（包括自用和出租）大宗商品仓储设施用地，减按所属土地等级适用税额标准的50%计征城镇土地使用税

序号	发布时间	部门	政策名称	概要
14	2017－06－08	农业部 财政部	《关于做好2017年中央财政农业生产发展等项目实施工作的通知》	2017年中央财政安排农业生产发展资金、农业资源及生态保护补助资金，支持农业生产发展、农业资源生态保护等工作。其中，《农业生产发展资金项目实施方案》提出继续实施农产品初加工补助政策
15	2017－06－15	农业部办公厅 国家农业综合开发办公室	《关于推进农业全产业链开发创新示范工作的通知》	着眼于打通农产品流通"最初一公里"，支持龙头企业、农民合作社等新型经营主体建设田头收贮设施，购置收贮及处理设备，升级改造一批已建成的田头贮藏设施，提升产后农产品贮藏保鲜能力，实现农产品"存得住、运得出、卖得掉、赚得到"。发展农社对接、农超对接、直销直供等现代流通新业态，探索创新服务农业生产营销新方式。支持流通企业拓展产业链条，建设产地农产品营销公共服务平台，推广农社、农企等形式的产销对接。发展"互联网＋农业"，培育农业电子商务市场主体，建设电子商务平台，创新农产品电子商务模式和运营机制
16	2017－07－05	交通运输部办公厅天津市人民政府办公厅河北省人民政府办公厅	《关于印发〈加快推进津冀港口协同发展工作方案（2017—2020年）〉的通知》	深入贯彻《京津冀协同发展规划纲要》《京津冀协同发展交通一体化规划》，加快完善津冀港口功能布局，优化港口资源配置，推进区域港口协同发展。依托港口开展冷链等专业物流业务
17	2017－08－07	国务院办公厅	《国务院办公厅关于进一步推进物流降本增效促进实体经济发展的意见》（27条）	深化"放管服"改革，激发物流运营主体活力。加强重点领域和薄弱环节建设，提升物流综合服务能力。加快推进物流仓储信息化标准化智能化，提高运行效率。深化联动融合，促进产业协同发展

续　表

序号	发布时间	部门	政策名称	概要
18	2017 - 08 - 11	商务部办公厅 财政部办公厅	《关于开展供应链体系建设工作的通知》	供应链体系建设的首批重点城市应积极发挥辐射带动周边的作用,形成城市间联动互动局面,提高区域供应链标准化、信息化、协同化水平,促进提质增效降本。主要内容围绕以下三个方面,推广物流标准化,促进供应链上下游相衔接;建设和完善各类供应链平台,提高供应链协同效率;建设重要产品追溯体系,提高供应链产品质量保障能力
19	2017 - 08 - 22	交通运输部	《交通运输部关于加快发展冷链物流保障食品安全促进消费升级的实施意见》	贯彻落实《国务院办公厅关于加快发展冷链物流保障食品安全促进消费升级的意见》(国办发〔2017〕29 号)相关要求,推动物流业供给侧结构性改革,加快促进冷链物流健康规范发展,保障鲜活农产品和食品流通安全,支撑产业转型发展和居民消费升级
20	2017 - 09 - 01	国务院办公厅	《国务院办公厅关于加快推进农业供给侧结构性改革大力发展粮食产业经济的意见》	完善现代粮食物流体系。加强粮食物流基础设施和应急供应体系建设,优化物流节点布局,完善物流通道。支持铁路班列运输,降低全产业链物流成本。鼓励产销区企业通过合资、重组等方式组成联合体,提高粮食物流组织化水平。加快粮食物流与信息化融合发展,促进粮食物流信息共享,提高物流效率。推动粮食物流标准化建设,推广原粮物流"四散化"(散储、散运、散装、散卸)、集装化、标准化,推动成品粮物流托盘等标准化装载单元器具的循环共用,带动粮食物流上下游设施设备及包装标准化水平提升。支持进口粮食指定口岸及港口防疫能力建设

序号	发布时间	部门	政策名称	概要
21	2017 – 09 – 21	国务院食品安全办 农业部 商务部 食品药品监管总局	《国务院食品安全办等14部门关于提升餐饮业质量安全水平的意见》	严格落实超市食品安全主体责任，对肉品、蔬菜、蛋品、水产品、水果等食用农产品实行基地采购或供应商供货，加强食用农产品贮存、运输和销售管理，加强监督检查和抽检监督。鼓励大型和连锁餐饮企业、中央厨房和集体用餐配送单位采用先进管理方式，实施危害分析与关键控制点体系（HACCP），提高食品安全管理水平。鼓励餐饮服务提供者建设冷链配送系统，推行"中央厨房＋冷链配送＋餐饮门店"的配送模式，提高配送食材的防腐保鲜水平
22	2017 – 09 – 30	中共中央办公厅 国务院办公厅	《关于创新体制机制推进农业绿色发展的意见》	推进农业绿色发展，要求建立绿色农业标准体系，其中包括制定修订农兽药残留、畜禽屠宰、饲料卫生安全、冷链物流、畜禽粪污资源化利用、水产养殖尾水排放等国家标准和行业标准
23	2017 – 10 – 05	国务院办公厅	《关于积极推进供应链创新与应用的指导意见》	到2020年，形成一批适合我国国情的供应链发展新技术和新模式，基本形成覆盖我国重点产业的智慧供应链体系。供应链在促进降本增效、供需匹配和产业升级中的作用显著增强，成为供给侧结构性改革的重要支撑。培育100家左右的全球供应链领先企业，重点产业的供应链竞争力进入世界前列，中国成为全球供应链创新与应用的重要中心
24	2017 – 10 – 13	国务院办公厅	《关于积极推进供应链创新与应用的指导意见》	为加快供应链创新与应用，促进产业组织方式、商业模式和政府治理方式创新，推进供给侧结构性改革。其中，对于推进农村一、二、三产业融合发展，要求提高质量安全追溯能力，加强农产品和食品冷链设施及标准化建设，降低流通成本和损耗

续　表

序号	发布时间	部门	政策名称	概要
25	2017 - 12 - 29	商务部等 10 部门	《关于推广标准托盘发展单元化物流的意见》	托盘作为物流集装单元器具，广泛应用于生产和流通领域，推广应用标准托盘（以下均指 1200 毫米 × 1000 毫米平面尺寸）、发展单元化物流，是降低物流成本、提高流通效率的有效措施。到 2020 年，物流标准化水平明显提升。标准托盘占全国托盘保有量比例由目前的 27% 提高到 32% 以上，适用领域占比由目前的 65% 提高到 70% 以上。物流降本增效取得明显进展。企业装卸成本大幅降低，货损率显著下降，装卸货效率、车辆周转率明显提高

资料来源：公开信息整理。

二、区域冷链政策分析

从区域冷链政策角度分析，2017 年多个省市发布了冷链物流相关政策，其政策基调与中央政府及各部委一致，对地方政府影响最大的是《国务院办公厅关于加快发展冷链物流保障食品安全促进消费升级的意见》，大多区域冷链政策以此为蓝本制订实施方案。其中，冷链物流信息化体系建设、冷链标准制定和推广应用、冷链基础设施建设、冷链专业技术技能培训是最常见的政策支持方向。尤其是 2016 年获得中央财政支持的 10 个地区，针对各地冷链发展特点提出了具体的鼓励政策或项目，如山东省支持冷链物流发展示范城市建设，而河南省则提出支持物流园区建设。如表 1 - 4 所示。

此外，2017 年区域联动政策也取得了进一步地发展。如 2017 年 5 月 22 日，北京市商务委员会、天津市商务委员会、河北省商务厅联合印发《环首都 1 小时鲜活农产品流通圈规划》，明确以区域协同促进供给侧改革，着力构建与满足城乡居民鲜活农产品需求相配套的环首都 1 小时鲜活农产品流通圈。再如 2017 年 12 月 2 日，上海、江苏、浙江、安徽、江西四省一市共同签署了《2017 年深化长三角区域市场一体化发展合作机制备忘录》（以下简称《备忘录》），提出将在供应链区域平台建设、现代物流体系共建、农产品市场一体化等九方面深化务实合作。其中，对于冷链物流，《备忘录》提出要加强农产品冷链物流和公益性建设，提高冷链流通标准化、信息化水平，创建公益性农产品示范市场。

表1-4 2017年部分省市出台的冷链物流相关政策

序号	发布时间	部门	冷链物流相关政策
1	2017-01-09	泉州市人民政府办公室	《泉州市人民政府办公室关于促进冷链物流加快发展的实施意见》
2	2017-03-08	中共安徽省委 安徽省人民政府	《关于深入推进农业供给侧结构性改革加快培育农业农村发展新动能的实施意见》
3	2017-04-11	北京市商务委员会北	《关于2016年—2017年北京市物流标准化试点工作有关事项的通知》
4	2017-04-13	福建省人民政府办公厅	《省政府办公厅关于调整高速公路通行费支持物流业发展的意见》
5	2017-04-28	广东省商务厅	《关于印发〈广东省冷链物流发展"十三五"规划〉的通知》
6	2017-05-24	重庆市商务委员会 重庆市财政局	《关于做好中央财政支持冷链物流发展项目（2016年）验收工作的通知》
7	2017-07-03	新疆发展和改革委员会 新疆商务厅 新疆经济和信息化委员会 新疆交通运输厅	《自治区物流业"十三五"发展规划任务分工方案》
8	2017-07-14	山东省人民政府办公厅	《关于促进内贸流通供给侧结构性改革的意见》
9	2017-07-19	大连市港口与口岸局 大连市财政局	《大连市物流业发展专项资金暂行管理办法》
10	2017-07-25	深圳市经济贸易和信息化委员会	《关于征集商贸流通领域建设项目的通知》
11	2017-08-18	天津市商务委员会	《关于加快发展冷链物流保障食品安全促进消费升级工作方案的通知》

序号	发布时间	部门	冷链物流相关政策
12	2017 - 10 - 23	陕西省人民政府办公厅	《关于加快发展冷链物流保障食品安全促进消费升级的实施意见》
13	2017 - 10 - 26	河南省商务厅 河南省财政厅	《关于开展2017年电子商务进社区试点工作的通知》
14	2017 - 10 - 30	上海市食品药品监管局	《关于印发〈上海市食品贮存、运输服务经营者备案管理办法（试行）〉的通知》
15	2017 - 11 - 08	济南市人民政府	《济南市人民政府关于调整补充济南市加快物流业发展若干政策的通知》

资料来源：公开信息整理。

三、冷链物流标准情况分析

标准化对于引导行业健康发展，促进企业良性竞争具有重要意义。我国冷链物流标准化应用推广主要包括确定冷链物流标准化示范城市和企业、制订实施冷链物流行业标准、推动冷藏车生产企业认证、开展温度达标冷库认证、推广标准托盘发展单元化物流等方面，即从硬件和软件两个方面对整个冷链行业的发展进行规范和引导。

第一，确定冷链流通标准化示范城市和企业。自《商务部办公厅国家标准化管理委员会办公室关于开展农产品冷链流通标准化示范工作的通知》（商办建函〔2016〕699号）发布以来，我国冷链物流标准化工作持续推进，并取得明显进展。2017年8月17日，商务部办公厅、国家标准化管理委员会办公室发布《关于做好农产品冷链流通标准化示范城市及企业评估工作的通知》（商办建函〔2017〕300号），要求对天津等31个试点城市和海航冷链控股股份有限公司等285家试点企业开展评估，评估内容主要包括推动冷链物流发展、建立健全冷链流通标准体系、推动标准化冷链设施设备应用、强化标准化冷链操作管理和创新冷链流通监管体系等方面。

2018年1月4日，商务部对农产品冷链流通标准化评估结果予以公示，发布了首批《农产品冷链流通标准化示范城市和企业建议名单》，包括 4 个示范城市及 9 家示范企业。如表 1 - 5 所示。

表 1 - 5　　　　　　　　　农产品冷链流通标准化示范城市和企业建议名单

类别	名单
示范城市（4 个）	厦门市
	成都市
	潍坊市
	烟台市
示范企业（9 家）	山东中凯兴业贸易广场有限公司
	山东喜地实业有限公司
	家家悦集团股份有限公司
	希杰荣庆物流供应链有限公司
	山东宏大生姜市场有限公司
	神州姜窖农业集团有限公司（原名：潍坊艺德龙生态农业发展有限公司）
	青海省三江集团商品储备有限责任公司
	青海绿草源食品有限公司
	新疆海联三邦投资有限公司

资料来源：商务部。

第二，制定实施冷链物流行业标准。中国物流与采购联合会冷链物流专业委员会（以下简称中物联冷链委）一直积极投身冷链物流标准化的推动工作，与全国物流标准化技术委员会冷链物流分技术委员会组织编写了多项冷链物流行业标准。2017 年，中物联冷链委参与实施的标准包括《道路运输食品冷藏车功能选用技术规范》《肉与肉制品冷链物流作业规范》《冷链物流从业人员能力要求》。现阶段，《冷库能效设施等级评估指标》《冷链货物陆空联运通用要求》等标准正在研讨中。

第三，推动冷藏车生产企业认证。现阶段，冷藏车是我国冷链运输的主力，但由于非法改装车辆大量存在，直接影响了冷藏车市场的规范发展乃至冷链物流市场的良性竞争。为此，2017 年 7 月 13 日，在第九届全球冷链峰会上，中物联冷链委 CCLC（北京中轻联认证中心）冷藏车认证平台正式启动。该平台依据《道路运输易腐食品与生物制品冷藏车安全要求及试验方法》《道路运输食品冷藏车功能选用技术规范》两项标准，制定了严格的认证细则和评审流程，并将线下认证与线上平台建设同步推进。截至 2017 年 11 月，CCLC 冷藏车认证平台认证车辆近 8000 台，共有 12 家冷藏车生产企业通过评审。通过认证的企业名单如下：

1. 中集车辆（山东）有限公司
2. 镇江飞驰汽车集团有限责任公司
3. 镇江康飞汽车制造股份有限公司
4. 河南冰熊专用车辆制造有限公司
5. 河南新飞专用汽车有限责任公司
6. 华晨专用车装备科技（大连）有限公司
7. 重庆庆铃专用汽车有限公司
8. 北京北铃专用汽车有限公司
9. 青岛中集冷藏运输设备有限公司
10. 青岛雅凯汽车工贸有限公司
11. 宁波凯福莱特种汽车有限公司
12. 沈阳华晨专用车有限公司

第四，开展温度达标冷库认证。长期以来，由于缺乏有效监管、冷库用电成本高等原因，冷库运营企业往往在库温控制方面达不到标准，这对于规范冷库市场发展，保障货主权益非常不利。为此，国务院办公厅《关于加快冷链物流发展保障食品安全促进消费升级的意见》中明确指出，鼓励第三方认证机构从运行状况、能效水平、绿色环保等方面对冷链物流设施设备开展认证。在全国范围内开展温度达标冷库的认证，正是中物联冷链委认真贯彻国办文件精神的一项重要工作。由中物联冷链委牵头开展全国温度达标冷库的认证，并指定专业第三方平台安装监测，既有公信力，同时对于提升冷链物流信息化、共享化水平有很大帮助。2017 年 5 月 17 日，中物联冷链委发布了全国首批温度达标冷库。以下列举部分名单，如表 1-6 所示。

表 1-6　　　　　　　　　　温度达标冷库名单（部分）

序号	企业名称	达标冷库
1	京五环顺通物流中心	二层 1~3 号库 一层冷藏库

序号	企业名称	达标冷库
2	北京众惠供应链有限公司	1 号冷冻库、3 号冷冻库、4 号冷冻库；2 号冷藏库
3	大连铁越集团有限公司 大连城市物流共同配送中心	3 号低温库
4	江苏极地熊冷链有限公司	2 号冷冻库
5	杭州汉农供应链管理有限公司	1 号冷冻库、2 号冷冻库、冷冻库、冷藏库
6	广州长运全程物流有限公司	A5、B1
7	宁波兴港冷链物流有限公司	冷库 A
8	南京宏华物流有限公司	3 号冷冻库
9	南京美务物流有限公司	1 号冷冻库
10	苏州嘉鲜冷链物流有限公司	1~7 号冷库

资料来源：中物联冷链委，更多名单详见附录。

第五，推广标准托盘发展单元化物流。托盘作为物流集装单元器具，广泛应用于生产和流通领域，推广应用标准托盘、发展单元化物流，是降低物流成本、提高流通效率的有效措施。2017 年 12 月 29 日，商务部等 10 部门联合《发布关于推广标准托盘发展单元化物流的意见》，提出加快标准托盘（1200 毫米×1000 毫米平面尺寸）推广应用，推动单元化物流载具应用并与标准托盘衔接配套，鼓励产品制造环节采用符合 600 毫米×400 毫米模数系列的包装箱，鼓励商品流通环节采用 600 毫米×400 毫米模数系列的周转箱（筐），鼓励物流运输环节推广外廓尺寸为 2550 毫米（冷藏货运车辆外廓 2600 毫米）的货运车辆。目标到 2020 年，标准托盘占全国托盘保有量比例由目前的 27% 提高到 32% 以上，适用领域占比由目前的 65% 提高到 70% 以上。

第二章 2017 年中国冷链物流
行业发展分析

本章重点梳理了国内冷链物流行业基本情况、冷链物流服务模式与发展特点，以及受中央财政支持重点省市的冷链物流现状及发展经验。分析发现，我国冷链物流行业发展较快，但由于起步较晚、基础薄弱，还依然存在基础设施配比不完善、分布不均衡，专业化水平不高，行业集中度低、竞争较激烈等问题。2018 年，政府将加强监管，冷链行业竞争将走向规范化，而冷链的模式创新和新业态正不断涌现，技术将驱动冷链服务快速升级。总之，现阶段我国冷链物流的成长性和创新性空间与冷链物流的短板和问题依旧相伴而行，但行业发展环境整体稳中向好，正迎来新的机遇。

第一节 2017 年中国冷链物流行业基本情况概述

一、2013—2017 年冷链物流需求总量

随着人们对健康需求的增长和生活方式的转变，以生鲜、速冻、乳制品为代表的冷链物流产品炙手可热，冷链物流行业随着市场需求的增加正快速发展。

2017 年，我国冷链物流需求总量达到 14750 万吨，比上年增加 2250 万吨，同比增长 18%，如图 2 - 1 所示。随着市场需求进一步扩大，以及基础设施不断完善，加上政策和标准环境的持续推动，预计未来 5 年冷链物流需求仍将保持快速增长，有机构预测至 2021 年需求规模将达到 47672 万吨，年均复合增长率约为 25%。

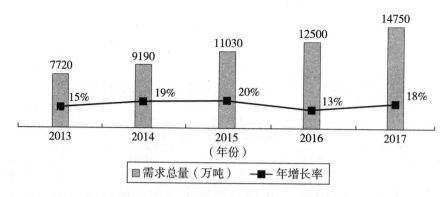

图 2 - 1　2013—2017 年中国冷链物流需求总量及年增长率
资料来源：中物联冷链委。

二、2013—2017 年冷链物流总额

2017 年，我国通过冷链物流流通的货品总值达到 4 万亿元，同比增长 18%，如图 2 - 2 所示。中国物流与采购联合会发布的数据显示，2017 年全国社会物流总额为 252.8 万亿元，冷链物流总额占社会物流总额不足 2%，未来还有很大的发展空间。预计未来五年我国冷链物流总额年均保持 15% 的增长率，2020 年冷链物流总额将达到 6 万亿元。

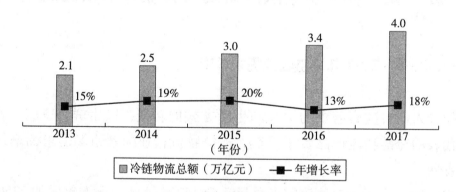

图 2 - 2　2013—2017 年中国冷链物流总额及年增长率
资料来源：中物联冷链委。

三、2013—2017 年冷链物流业总收入

2017 年，我国冷链物流业总收入 2550 亿元，同比增长 13.3%，增速较上

年有所回落，如图 2 - 3 所示。同期，我国物流业总收入达到 8.8 万亿元，比 2016 年增长 11.5%，增速同比提高 6.9 个百分点。由此可以看出，2017 年我国物流业总收入保持平稳增长，冷链物流收入增速继续保持两位数增长。

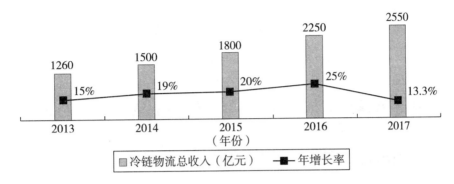

图 2 - 3　2013—2017 年中国冷链物流业总收入及年增长率

资料来源：中物联冷链委。

第二节　2017 年冷链物流发展现状与特点

"十三五"规划是中国经济进入"新常态"后的第一个五年规划，根据规划提出了加快推进"一带一路"建设，大力发展现代服务业，着力加强供给侧结构性改革的总方针，国家对冷链物流产业从政策上给予了针对性的扶持。而随着我国经济稳步发展，人民生活水平逐渐提高，居民对食品新鲜程度的要求越来越高，市场需求的扩大也促进了冷链物流业的发展。与 2016 年相比，2017 年中国冷链物流业发展主要呈现以下几个特点。

一、政府的关注上升到前所未有的高度

2017 年，中央和地方政府因势利导的出台了多项冷链政策。4 月 21 日，国务院办公厅印发《国务院办公厅关于加快发展冷链物流保障食品安全促进消费升级的意见》（国办 29 号文），立足于推动冷链物流发展，着眼于保障民生和促进消费升级，着力于带动上下游产业协同发展，聚焦于发掘和培育经济增长新动能这一系统性目标，体现了鲜明的供给侧结构性改革发展思路。8 月 24 日，交通运输部印发的《关于加快发展冷链物流保障食品

安全促进消费升级的实施意见》，重点围绕设施设备、运输组织、信息化、行业监管、配套政策等核心要素，明确了交通运输促进冷链物流发展的主要任务。10 月 13 日，国务院办公厅印发的《关于积极推进供应链创新与应用的指导意见》立足振兴实体经济，提出了六项重点任务，其中之一是构建农业供应链体系，提高农业生产组织化和科学化水平，建立基于供应链的重要产品质量安全追溯机制，推进农村一、二、三产业融合发展。商务部、财政部 2017 年继续支持十个省市冷链物流发展，广东、福建、河南等省市发布地方冷链物流发展规划，带动冷链产业投资、加速产业升级。

二、冷链市场继续保持平稳较快增长

2017 年，我国经济运行延续了稳中向好的发展态势。在此背景下，物流运行延续了良好发展的势头。物流需求增长总体平稳，需求结构持续优化，物流市场规模呈现较快扩展势头，物流企业经营总体向好，物流运行质量进一步提高，单位物流成本稳中趋降。2017 年，全国社会物流总额为 252.8 万亿元，同比增长 6.7%。物流总费用与 GDP 的比率为 14.6%，比上年下降 0.3 个百分点。物流市场规模稳步扩大，物流业总收入 8.8 万亿元，同比增长 11.5%，增速比上年同期提高 6.9 个百分点。从重点领域看，2017 年全国冷库总容量达到 4775 万吨，折合 11937 万立方米，同比增长 13.7%；全国冷藏车总量达到 14 万辆，全年增加 2.5 万辆。

随着生活水平的提高，人们对生鲜食品的消费量正日益增加，对冷链物流的需求也越来越大。据中国电子商务研究中心发布数据，2017 年中国生鲜电商市场交易规模约为 1391.3 亿元，同比增长 59.7%。在这背后，是我国冷链物流行业的快速发展，带动了第三方冷链物流企业供应链服务的不断完善和提高。随着供给侧结构性改革的积极效应进一步显现，居民收入增长和社会就业情况维持在较好水平，预计后期居民消费潜力将会进一步释放，消费市场将保持平稳较快增长。

三、冷链行业竞争将愈演愈烈，"大鳄入局"与"抱团合作"成为行业热点

2017 年，中国冷链物流百强企业营业总收入 259 亿元，同比增长

27.6%，百强企业市场份额增加不明显，仍只占整个冷链市场份额的10%左右，说明我国冷链物流行业竞争还处在小组赛阶段。2017年，随着资本的大量进入，传统物流大鳄纷纷布局冷链物流网络，加快了冷链行业的整合。4月，京东物流子集团成立，发力冷链物流；7月，万科参与收购普洛斯；10月，万纬沈阳浑南冷链物流园开业，标志着万科物流地产正式进入冷链细分领域。此外，中国铁路总公司和各铁路局开通多条线路的冷链班列，传统物流企业开始进入并分羹冷链市场，它们有庞大的基础网络和设施设备，有雄厚的资金和大量的专业人才，这对未来的冷链物流市场格局产生深远影响；中信资本、凯雷投资战略入股麦当劳中国。与竞争同步发展的还有企业的抱团发展：新希望布局冷链物流，整合了近十家冷链物流企业；郑州华夏易通物流有限公司与郑州报业集团合资，进行异业合作，拓展河南省内最后一公里服务；卡力互联由九家传统干线运输公司抱团发展，战略重心放在冷链物流领域。冷链行业的竞合发展，将促进冷链行业的快速发展。

四、新零售驱动线上线下融合发展带来冷链增量市场

京东、沃尔玛线上平台和线下门店的深度融合，尝试"共享库存"；阿里巴巴集团与百联集团达成战略合作，将基于大数据和互联网技术，在全业态融合创新、新零售技术研发、高效供应链整合、会员系统互通、支付金融互联、物流体系协同六个领域展开合作。2018年1月12日，阿里巴巴集团入股并提出要约收购高鑫零售，阿里巴巴集团与一致行动人士最终一共获得高鑫零售71.98%股份。高鑫零售是中国规模最大及发展最快的大卖场运营商，以欧尚、大润发两大品牌在全国29个省市区运营446家大卖场。线上线下融合发展，需要在信息、采购、物流、销售、技术等环节重构，实现降本增效提升服务质量。依托于电子商务和新零售的冷链物流企业迎来快速发展。

第三节　2018年冷链物流发展趋势分析

党的十九大报告中提出中国特色社会主义进入新时代，我国社会主要矛盾已经转化为人民日益增长的美好生活需要和不平衡不充分的发展之间的矛盾。中产阶层和城镇人口的不断增长，冷链市场规模的继续扩大，政策、经济、市场环境持续向好，再加上技术的不断成熟，这些将助推冷链行业加速发展。2018年冷链行业将呈现以下趋势。

一、政府将加强冷链行业的监管

国办29号文中提出，将冷藏保温车辆作为专用货运车辆加强管理，并将温度监控设备性能要求作为冷藏保温车辆投入运营的基本条件。对于不符合相关标准要求的，不允许投入冷链物流市场。引导高耗能、低效率、不合规的冷藏保温车加快退出市场。依据相关法律法规、强制性标准和操作规范，健全冷链物流监管体系，在生产和储藏环节重点监督保质期、温度控制等，在销售终端重点监督冷藏、冷冻设施和储存温度控制等，加强对冷链各环节温控记录和产品品质的监督和不定期抽查。研究将配备温度监测装置作为冷藏运输车辆出厂的强制性要求，在车辆进入营运市场、年度审验等环节加强监督管理。充分发挥行业协会、第三方征信机构和各类现有信息平台的作用，完善冷链物流企业服务评价和信用评价体系。由国家卫生计生委正式立项食品冷链国家强制性标准《食品冷链卫生规范》，由中物联冷链委作为主起草单位负责编写。

二、冷链行业竞争将走向规范化

上海市食品药品监督管理局制定颁布了《上海市食品贮存、运输服务经营者备案管理办法（试行）》，并于2017年11月30日起施行，其中规定"从事冷冻冷藏食品运输的，应当提供经营范围为道路货物专用运输（冷藏保鲜）的《道路运输经营许可证》"。相信接下来很多地方政府也会效仿。

冷链行业劣币驱除良币的现象将会不断改善，链库是冷库物联网大数据平台，平台现有10000多家冷库信息，链库目前正配合中物联冷链委在全国范围开展温度达标冷库认证工作，通过温度监测筛选出温度符合国家标准的冷库，从而达到净化冷库市场环境的作用。中物联冷链委CCLC冷藏车认证平台主要面向货主、第三方物流、冷藏车专用厂等行业主体，通过平台认证，整合优质冷藏车资源，提高优质冷藏车使用率，从而实现良币去除劣币，促进公平竞争。

三、优质冷链资源将迎来春天

沿海地区冷链资源多，中西部冷链资源少的问题依旧存在，发达地区尤其北、上、广、深等一线城市冷库资源越来越稀缺。一是政府加强监管，对违建冷库加大拆除力度（特别是北京市）；二是城市中物流用地批复减少或无冷库建设用地；三是冷链市场需求的增加，多方面因素导致冷库资源紧张，必然会推动冷库租金上涨。第一代储存型冷库建设会越来越少，集仓储、加工、分拣、包装、办公等多功能的现代化配送中心会成为趋势。数字化、智能化、节能化是冷库升级和改造的关注点。

四、冷链人才需求越来越旺盛

无论是一线的驾驶员、操作工、搬运工、制冷工，还是中层的主管，或是负责整体运营的高级管理人才，都越来越稀缺。中物联冷链委将支持本科院校和中高职设置冷链物流相关方向与课程，并大力开发在职人员培训课程，推动冷链专业教育和职业培训，形成多层次的教育、培训体系。

五、冷链的模式创新和新业态将不断涌现

一方面，随着节能环保的推进和政府对城市配送的管理，冷藏运输车辆城市通行依旧困难，对冷链城市配送提出更多挑战，将倒逼冷链行业企业不断创新。另一方面，新零售、冷链宅配、同城冷链需求也快速增长，订单将越来越小批量、多频次和个性化，电动冷藏车、冷链包装、社区微仓等新技术和新模式将迎来快速发展。

六、技术将驱动冷链服务快速升级

随着易果、京东、盒马鲜生、超级物种、无人零售业态的发展，将带

动冷链物联网技术、信息技术及人工智能与自动化设备的快速发展，冷链物流将迎来新的机遇。为全面提升用户体验，京东物流将陆续在全国范围内投放超过20万个智能保温箱，以其为载体，搭建起了全球首个冷链物流全流程智能温控体系，消费者将有机会实时查看在京东上所购自营生鲜商品在仓储、运输、配送等各环节的温度反馈和实时位置，实现全流程可溯源。这些智能保温箱是集保温、定位、实时温度监测为一体，冷库和冷藏车也很快会实现，未来温度将会向消费者公开会成为标准服务。

由此可见，国家高度重视冷链物流发展，随着众多监管政策落地实施，冷链行业标准化和规范化是大势所趋。在新的一年中，市场环境日益完善，优质冷链资源将拥有更多的竞争优势。而物联网技术、信息技术、人工智能等新技术正与冷链物流行业发展深度融合，随着新零售等新兴业态不断涌现，国人的消费需求将进一步提升，冷链物流行业发展前景光明。

第四节　2017年重点省区市冷链物流情况介绍

近年来，中国政府对冷链物流发展高度重视，政策上给予鼓励，标准上不断完善，并从财政上提供资金推动。2016年6月8日，财政部、商务部联合发布了《关于中央财政支持冷链物流发展的工作通知》，其中将山东、河南、重庆、宁波、新疆、河北、广东、四川、青海、宁夏10个地区列为示范省区市，对相关冷链项目建设给予专项资金支持。

在10个示范省区市中，山东、河南、河北、广东属于传统农业大省，在全国农、林、牧、副、渔业的产出中占有重要地位，同时也是当前冷链物流的主要市场；重庆、新疆、四川、青海和宁夏属于中西部地区，是"一带一路"的重要节点，发展冷链物流的潜力巨大；而宁波作为我国东部沿海城市，拥有全球最大的港口，发展冷链物流条件优越，有能力打造成为中国冷链食品的示范口岸。

2018年1月4日，商务部发布了《农产品冷链流通标准化示范城市和企业建议名单》，该建议名单提出农产品冷链流通标准化示范城市4个，分别为厦门、成都、潍坊和烟台。

本节将以针对上述10个示范省区市，以及福建省和西藏拉萨市，分别介绍各地冷链物流的现状及发展特点，展示其发展成果及经验。

一、山东省冷链物流情况

(一)冷链物流需求及现状

山东省地处我国东部,属于沿海省份,半湿润季风气候,省内有大量可供开发利用的山地、林地、水面、滩涂等,在生态农业建设方面具有得天独厚的资源优势。作为经济强省和农业大省,山东是北方水果和粮食的主要生产基地,其农业总产值、农业增加值,蔬菜、果品、肉蛋奶、水产品的产量位居全国第一。其中,蔬菜产业在整体农业经济中占有重要地位,是山东省的支柱产业。山东省农业厅预计到 2020 年,全省蔬菜播种面积将稳定在 3200 万亩左右,其中设施蔬菜面积力争扩大到 1500 万亩左右,蔬菜总产量达到 1.25 亿吨以上,总产值达到 2300 亿元。

2017 年,山东省主要农产品、畜产品丰产丰收,其中蔬菜及食用菌产量 10618.3 万吨,同比增长 2.8%;水果产量 3295.8 万吨,增长 1.2%;猪牛羊禽肉产量 772.4 万吨,增长 2.7%;牛奶产量 266.2 万吨,下降 0.8%;水产品总产量(不含远洋渔业产量)881.4 万吨。年末无公害农产品、绿色食品、有机农产品和农产品地理标志获证企业 3561 家,比上年增加 122 家;产品 7508 个,增加 106 个;产地总面积 375.1 万公顷,增长 30.7%;专业远洋渔船 519 艘。

据济南海关统计,2017 年山东农产品出口总值达到 1152.5 亿元,同比增长 7.2%,占全国农产品出口的 22.7%,连续 19 年位居全国首位。从出口农产品种类看,水海产品和蔬菜为主要出口商品,两者合计占出口总值的 54.5%。其中,水海产品出口 324 亿元,增长 7.1%;蔬菜出口 304.6 亿元,增长 2.2%。

山东省是肉食冷冻食品大省、海产品养殖基地、农产品种植基地,较高的农业产出促进了冷库、冷藏运输车以及保鲜领域的迅速发展。根据山东省物流与采购协会统计,山东省冷链物流企业已经达到 292 家,其中 5A级 32 家,目前全省规划建设了一批现代化冷藏库,冷链物流的设施水平有显著提高。以产地预冷、冷藏加工、温控储藏、冷链运输为主导的冷链网络也基本形成。2016 年,全省注册资金 1000 万元以上的从事冷链业务的物流企业达到 200 家，拥有冷库 2200 座，低温储藏能力超过 800 万吨。其中冷藏库 310 万吨，冷冻库 400 万吨，其他冷库 90 万吨，占全国的 19.9%，居全国首位。

现代物流产业园和物流企业快速成长，也为冷链物流的发展奠定了基础。2017 年 12 月 20 日，山东发展和改革委员会公布山东省重点发展服务产业园区名单，其中现代物流产业园有济南综合保税区、山东盖家沟国际物流园、济南零点物流港园、青岛胶州湾国际物流园等 20 个，现代物流企业有山东盖世国际物流集团有限公司、山东佳怡物流有限公司、济南零点物流港有限公司、青岛日日顺物流有限公司、青岛港（集团）有限公司、中国外运山东有限公司等 40 家。

（二）政府鼓励政策及补助标准

为推动冷链物流健康规范发展，保障鲜活农产品和食品流通安全，2017 年山东省出台了一系列政策予以支持。

1. 《关于促进邮政和快递服务业发展的实施意见》

2017 年 1 月 22 日，山东省人民政府印发《关于促进邮政和快递服务业发展的实施意见》（鲁政发〔2017〕1 号），提出支持邮政和快递服务"三农"，具体包括扩大邮政和快递服务有效供给，提升服务农业产地直销、订单生产的能力，打造 5～10 个邮政、快递服务精准扶贫示范项目。落实鲜活农产品进城"绿色通道"政策，对符合国家、省关于鲜活农产品和"绿色通道"政策的邮政、快递运输车辆减免公路通行费。大力发展适应农业生产季节性特点的冷链快递服务，重点推进产地预冷、冷藏保鲜、温控运输等冷链快递基础设施建设。加大对公益性、公共性的冷链快递基础设施建设支持力度，并落实国家已出台的促进冷链运输物流发展的相关税收优惠政策。

2. 《山东省农业现代化规划（2016—2020 年）》

2017 年 3 月 24 日，山东省人民政府办公厅印发《山东省农业现代化规划（2016—2020 年）》（鲁政发〔2017〕8 号），提出推进畜牧业转型升级，包括做大做强畜禽产品加工企业，加快畜禽屠宰企业改造升级，完善冷链物流配送体系。在推进一、二、三产融合发展中，提出推动建立以信息技术为中心，以储运和包装技术为支撑的现代化农业物流体系。以产地冷库建设、冷链运输车辆配备、终端冷链设施完善等为重点，大力发展农产品冷链物流基础设施。到2020年，全省果蔬、肉类、水产品冷链流通率分别达到20%、35%、60%，冷链流通腐损率分别降到15%、8%、5%以下。

3.《关于促进内贸流通供给侧结构性改革的意见》

2017年7月17日，山东省人民政府办公厅印发《关于促进内贸流通供给侧结构性改革的意见》（鲁政办字〔2017〕108号），提出完善冷链物流仓储设施，衔接全省交通路网建设和高速路服务区功能提升，重点规划建设一批标准化、多温带、公用型冷库、冷风库、配送中心，支持冷链设施建设、冷藏运输车辆购置。"十三五"期间，全省新增冷藏运输车1万辆。深化冷链物流示范创建，在冷链智能设备普及率、"不断链"监控管理、电子车牌试点、冷链运输设备提升、冷链标准推广应用等方面加大力度、大胆探索，建立果蔬、肉类、水产品等从生产、加工、储藏、运输、销售到最终消费的全程冷链物流模式。支持企业开展"星级"冷链物流企业创建，鼓励国内外大型冷链物流企业布局山东。2019年年底前，对注册地在山东的新获三星以上星级认定的冷链物流企业，有条件的地方可分档给予奖励，培育壮大一批冷链物流主体。选择部分农产品批发市场、冷链物流企业试点推行"绿色ETC（不停车电子收费系统）"，实现查验关口前移，高速出口快速通行，解决冷链开箱失温、查验通行效率低等问题。

4.《加快推进重要产品追溯体系建设的实施意见》

2017年9月5日，山东省人民政府办公厅发布《加快推进重要产品追溯体系建设的实施意见》，提出鼓励金融机构加强和改进金融服务，为开展追溯体系建设的企业提供信贷支持和产品责任保险。推进"互联网＋追溯"创新发展，鼓励电子商务企业利用自身平台建设信息化追溯系统，实现线上线下、有效融合。推动追溯体系与批发零售企业电子结算系统、冷链物流配送等融合发展。促进公益性和市场化两类追溯平台有机衔接、协调发展。完善追溯技术研发与相关产业促进政策。

5.《关于进一步促进农产品加工业发展的实施意见》

2017年9月27日，山东省人民政府办公厅印发《关于进一步促进农产品加工业发展的实施意见》（鲁政办发〔2017〕69号），提出加快农产品加工上下游产业发展为重点任务之一。具体包括大力发展农产品冷链物流，构建以骨干优势农产品为重点、以信息化平台为依托、以冷链物流标准为支撑、以重点项目为基础的冷链物流体系，探索果蔬、肉类、水产品等从生产、加工、储藏、运输、销售到最终消费全程"不断链"的冷链物流模式，提高全省农产品冷链物流发展水平和效率。

6.《关于做好 2017 年中央支持冷链物流发展有关工作的通知》

2017 年 10 月 10 日，山东省商务厅、山东省财政厅印发《关于做好 2017 年中央支持冷链物流发展有关工作的通知》（鲁商字〔2017〕180 号），明确继续对冷链物流发展予以资金支持。

支持方向：一是冷链物流信息化建设，包括冷链监控设备及系统购置（改造）、冷链物流信息化软件购置（升级）；二是冷链物流标准化建设，包括标准制订及推广、标准化设施建设（改造）、标准化设备购置；三是冷链物流从业人员培训，包括加强对冷链物流行业从业人员的专业技术知识和实操技能培训，以及对企业冷链监控数据必须与省级冷链物流监控平台、全国冷链流通监控平台实现信息对接。

支持对象：一是冷链物流发展示范城市，根据中期绩效考核结果，从 2016 年确定的 6 个冷链物流示范城市中，择优对 4 个城市继续按 2016 年扶持标准给予全额支持，其他 2 个城市支持资金给予减半支持。二是其他城市，在冷链物流发展示范市以外，对于其他 9 个城市根据冷链企业数量、冷库容积、冷藏车数量、项目储备数量、中期考核成绩等采取因素给予支持。

支持方式：专项资金主要通过投资补助、以奖代补等方式支持冷链物流发展。

支持标准：支持金额不超过企业相关实际投资额的 50%，单个企业最高支持金额不超过 200 万元。冷链监控设备及系统购置（改造）项目和标准制订及推广项目，可全额支持。对冷链物流从业人员培训项目，按照国家和省相关培训支出标准和管理规定给予支持。

对于企业投资额要求：投资概算与建设内容及设计标准相符。信息化建设（改造）项目企业实际投资额不得低于 30 万元；冷链交接货设施建设（改造）项目企业实际投资额不得低于 100 万元，且必须建有视频监控系统；标准化设备购置（改造）项目企业实际投资额不得低于 20 万元。

（三）2017 年冷链发展成果

山东省在 2017 年中以信息化、标准化建设和人才培训为支持重点，探索建立农产品冷链流通全程温控"不断链"模式,取得了初步成果。

1. 推进信息化建设,全省农产品冷链物流公共信息服务平台投入运行

2017 年 11 月 29 日,山东省农产品冷链物流公共信息服务平台(sdll56. sdcom. gov. cn)通过专家组验收。该平台填补了山东农产品冷链物流发展空白,首次在全省建立了农产品冷链监控体系,实现了全省农产品冷链资源在线化、透明化、可视化,并通过无偿提供仓储、运输管理服务,帮助中小企业零成本提升信息化管理水平。在 2 个月的试运行期,部分中小企业已免费使用平台进行仓库、车辆管理调度。平台试运行 2 个月后,达到在线企业 78 家、冷库 522 个、冷藏车 1084 辆、冷柜 294 个,初步实现政府冷链流通监控功能。随着交易撮合等功能广泛应用和上线企业的不断增加,平台将能更好发挥冷链资源整合能力,更好地服务广大中小冷链企业。

2. 实施冷链物流人才培训,培养专业人才

2017 年,山东省商务厅实施了"山东省冷链物流人才培训项目",覆盖全省 218 家农产品冷链物流企业,培训对象包括农产品冷链业务管理人员、一线操作人员及商务主管部门冷链物流业务管理人员,共计 533 人。培训特色一是创新办班方式。以政府购买服务方式,委托专业机构,签署合作协议。周密制订培训计划,在济南、潍坊、威海、菏泽四市分片区举办四期培训。二是重视培训形式。采取专题讲解、案例教学、现场教学等多种方式,科学安排培训师资。邀请冷链物流领域高校教授、行业专家进行课堂授课,强化企业冷链物流新技术、新标准、新形势培训;邀请企业家开展案例教学,分享企业冷链物流管理经验;组织学员赴冷链企业进行现场观摩,开拓学员视野。三是突出培训效果。建立师资学员双向考核制度,每期培训结束后组织开展培训效果评价。培训项目的实施,有力提升了全省冷链行业从业人员综合业务素质和实操能力。

3. 着力推进冷链物流标准体系建设

冷链物流的发展离不开规范化的管理和操作流程,更离不开科学技术的支撑。山东省已出台 2 项国家标准、2 项企业标准;已报批 2 项国家标准、5 项地方标准已立项。已制定企业标准化管理文件 94 个。新增标准化冷库容积 122 万立方米,新增、改造标准化冷藏车 419 辆,新增标准化冷柜 1833 台,新增国家星级冷链物流企业数量 6 家。

4. 冷链物流示范城市建设成果显著，总结典型模式经验

示范城市建设项目极大地推动了当地冷链物流的发展，取得了显著成果。以栖霞市为例，该市被确定为"山东省冷链物流发展示范县"，成为山东省第一个品牌农产品冷链物流发展示范县。近两年来，栖霞市依靠栖霞苹果地域、资源、品牌优势，全方位推进苹果冷链物流体系建设。突出抓好"冷链物流标准化建设工程""苹果物联网和可追溯建设信息化工程""冷链基础设施设备提升工程"和"栖霞苹果品牌兴市工程"四方面工作，推动冷链物流标准化、信息化建设，在苹果生产加工、仓储、运输、配送销售全过程下功夫，取得了成效。

其他典型模式还包括：潍坊市创新农产品冷链流通模式"农商互联"，初步实现全链条信息联通、行业联运、企业互联；威海市建成威海市冷链物流信息公共服务平台，全市果蔬、肉类、水产品的冷链运输率分别提高到35%、60%和75%，流通环节腐损率下降15%～20%；烟台市以"烟台苹果"为重点，制定《烟台果品果蔬冷链物流操作标准》《果品气调库管理规范》。此外，家家悦集团、菏泽喜地、日照农夫田歌、荣庆物流、烟台齐畅、淄博乐物、喜旺公司、赤山集团等一批企业探索冷链物流新模式也取得可供推广的典型经验。

（四）后期冷链物流发展方向

2018年1月26日，山东省人民政府办公厅印发《关于加快发展冷链物流保障食品安全促进消费升级实施方案》（鲁政办发〔2018〕6号），提出到2020年，初步形成布局合理、设施先进、标准健全、绿色低碳的冷链物流基础设施网络，培育100家以上冷链物流龙头企业，培育10个以上特色鲜明、优势突出、辐射带动性强的产业集聚区，冷链物流社会化、专业化、信息化、标准化服务水平大幅提升，基本实现冷链物流全过程监控，全链条可追溯，食品安全保障能力显著增强。该方案提出了8个方面的重点任务，包括：

第一，加快推进区域冷链物流中心建设。包括加快推进肉类产品冷链物流中心建设；加快推进水产品冷链物流中心建设；加快推进果蔬产品冷链物流中心建设。

第二，加强冷链物流基础设施网络建设。依托山东省农产品、水产品、

肉类产品等资源优势和重点区域布局，构建覆盖全省主要产地和消费地的冷链物流基础设施网络。

第三，建立健全冷链物流标准和服务规范体系。一是在国家食品安全标准的基础上，加快推动地方标准的制定，建立覆盖全链条的冷链物流技术标准和温度控制标准并组织实施；二是成立冷链物流标准化技术专业委员会，研究制定符合市场需求的团体标准，有推广价值的可上升为地方标准，并积极推荐为国家标准、行业标准；三是推进标准化周转箱、托盘的推广和循环共用。

第四，提升冷链物流信息化水平。包括推进信息技术应用与信息系统建设和加快构建全省冷链物流信息化平台。

第五，促进冷链物流技术装备水平提升。一方面加快开发应用冷链物流先进技术；另一方面提升冷链物流装备专业化水平。

第六，加快培育冷链物流市场主体。包括加快培育龙头品牌企业和加快培育跨境冷链物流企业。

第七，强化冷链物流行业监督管理。推进冷链物流管理体制创新；推动冷链物流领域食品安全水平提升；完善冷链物流企业服务评价和信用评价体系；规范冷藏运输车辆市场准入和退出机制。

第八，加强冷链物流人才培养。推动省内高等院校和中等职业院校设置冷链物流相关专业或开设相关课程，提升农业类院校的冷链物流和农产品保鲜技术的研发能力。

二、河南省冷链物流情况

（一）冷链物流需求及现状

河南省位于中国中东部、黄河中下游，是我国农业大省，粮、棉、油等主要农产品产量均居全国前列，是重要的优质农产品生产基地。2017 年，河南省蔬菜种植面积 1839.86 千公顷，增加 67.33 千公顷；蔬菜及食用菌产量 8331.72 万吨，比上年增加 524.11 万吨，同比增长 6.7%；瓜果类农作物产量 1846.65 万吨，减少 101.88 万吨，下降 5.2%；猪牛羊禽肉总产量 655.90 万吨，增加 21.46 万吨，增长 3.4%；牛奶产量 310.50 万吨，减少

16.30万吨，下降5.0%；年末生猪存栏4390万头，增长2.5%；生猪出栏6220万头，增长3.6%。

同时，河南省也是全国最大的肉类加工基地和冷冻食品生产基地，其中冷冻食品地位显赫，该省享有"冷冻食品之都"的美称，培育了双汇、众品、三全、科迪、华英、大用等一批国内外知名速冻冷藏食品龙头企业和品牌。河南生产的速冻食品、鲜肉及肉制品分别约占全国产量的72%和13%，向省外输出量比例达60%和50%以上。

此外，河南地处中原，承东启西、连贯南北，综合交通优势突出。陆、铁、空运输衔接高效便捷，2016年高速公路通车里程6448公里，密布中原大地，所有县级城市都可20分钟上高速；铁路"三纵三横"主通道贯穿全境，"米"字形高速铁路网络基本形成，郑州中欧班列运营综合指标居中欧班列首位；郑州机场开通全球货机航线34条，是中国大陆第四大货运机场，也是国内进口指定口岸数量最多、种类最全的内陆机场，可提供"7×24小时"保障服务货运量增速连年居全国大型机场前列。

另外，作为中国自由贸易试验区省份，河南建成了一批综合保税区和海关特殊监管区，建成了进口肉类、水果、冰鲜水产品、汽车整车、国际邮件经转等7个指定口岸，具有强大的平台优势。河南自贸试验区在打造多式联运物流体系、完善国内陆空集疏网络、构建贯通全球的陆路通道、空中通道等方面制度优势明显。

强大的农业产出优势、区位交通优势及自贸区制度优势，使河南省物流需求增长快、潜力大，正推动冷链物流快速发展。据河南省商务厅发布的信息，2016年河南省冷藏车保有量5865辆，仅次于上海（7865辆）；冷库保有量192.5万吨，居全国第5位。漯河双汇物流、河南鲜易供应链、众荣物流、河南大用等6家企业入选全国冷链物流百强企业名单，前十强中河南省占三席（漯河双汇物流、河南鲜易供应链、众荣物流）。河南省在冷链装备制造方面也拥有雄厚的产业基础，民权县制冷工业园冷藏车市场占有率居全国第一。

在建设冷链物流服务体系方面，河南省也初具规模。如河南万邦国际农产品物流城拥有大型低温冷库和专业冷链配送网络，通过冷链运输农产品的数量不断增加；双汇、众品等食品生产加工企业，组建了独立核算的专业冷链物流公司，积极完善冷链网络，拓展增值服务；一批大型肉制品、速冻食品生产企业在分割加工、储藏运输、终端销售等环节实现了全程低温控制，一批商业连锁企业自建生鲜产品配送中心，为多个零售店进行生鲜产品的统一配送；"鲜易网""鲜来网""莲菜网""一日三餐网"等河南生鲜电商发展迅猛，市场运营模式越来越成熟。冷链物流配送企业通过与食品、商贸流通企业构建互动发展的冷链物流服务体系，全省冷链物流呈现出网络化、标准化、规模化的发展态势。

（二）政府鼓励政策及补助标准

1.《河南省高效种养业和绿色食品业转型升级行动方案的通知》

2017 年 11 月 29 日，河南省人民政府办公厅印发《河南省高效种养业和绿色食品业转型升级行动方案的通知》（豫政办〔2017〕144 号），该通知包括《河南省高效种养业转型升级行动方案（2017—2020 年）》和《河南省绿色食品业转型升级行动方案（2017—2020 年）》。

第一，《河南省高效种养业转型升级行动方案（2017—2020 年）》提出要积极发展冷链多式联运，推动交通与冷链物流融合发展，降低物流成本、提高运输效率；发展农产品产地初加工，支持果蔬优势产区在产地推行产品预冷；引导农产品批发市场、大型连锁企业等各类市场主体与产地进行对接，建设中转冷藏保鲜设施和果蔬配送中心，推广果蔬运输全程温控技术；支持蛋鸡养殖企业建设低温储存设施，加快构建运输、分销、零售环节的全程冷链。支持乳品加工企业完善从生鲜乳生产运输到低温乳制品运输、分销、零售各个环节的全程冷链。支持建设冷链物流基地，加快构建以郑州为中心、拥有多个区域冷链物流基地的全省冷链物流发展新格局。积极引进国内外从事冷链物流的大型企业，充分发挥航空港、中欧班列（郑州）、自贸试验区等各种优势资源的叠加效应，着力将河南省打造成为现代物流的集散中心、分拨中心、配送中心。

第二，《河南省绿色食品业转型升级行动方案（2017—2020 年）》提出要加快推进冷链物流标准体系、公共信息平台、冷链物流基地建设和冷链多式联运、物流专业人才培养，培育引进一批大型冷链物流企业和综合服务能力强的集成物流企业，加快实现由传统物流向现代物流转型。到 2020年，培育 50 个省级示范物流园区。具体包括发展肉类冷链体系、发展速冻食品冷链体系、发展乳制品冷链体系、发展果蔬及特色农产品冷链体系。

2.《河南省冷链物流转型发展工作方案》

2017年10月26日，河南省人民政府办公厅印发《河南省物流业转型发展三个工作方案的通知》（豫政办〔2017〕126号），该通知包括《河南省冷链物流转型发展工作方案》《河南省快递物流转型发展工作方案》《河南省电商物流转型发展工作方案》，以促进河南省物流业转型发展。

其中，《河南省冷链物流转型发展工作方案》实施期限为2018—2020年，计划发挥河南省综合交通和产业基础优势，以规模化、标准化、智慧化、专业化为方向，完善落实行业标准和支持政策，推动体制机制创新，培育一批冷链物流领军企业，打造全链条、网络化、严标准、可追溯、新模式、高效率的现代冷链物流体系。主要工作任务：

第一，加强规划引领。构建以郑州为中心、区域物流节点城市为支撑、城乡分拨配送网络为基础的"一中心、多节点、全覆盖"的现代物流空间网络体系。实施郑州国际冷链物流枢纽建设、冷链物流园区建设、城市低温配送中心建设、冷链共同配送、产地冷库建设、农产品配送直销平台、冷链物流信息平台、冷链多式联运示范、冷链技术装备升级、冷链质量追溯和安全监管十大工程。

第二，健全冷链物流标准体系。制定和推广一批覆盖全链条的冷链物流操作规范和技术标准，打造全国冷链物流"河南标准"。在冷链物流领域全面推广标准托盘，建立企业标准领跑者制度，开展冷链物流对标行动。

第三，构建冷链物流信息平台。大力发展互联网＋冷链物流，优化资源配置，强化信息整合，推动建设具有行业影响力的冷链信息平台。包括建设温控和质量追溯平台、支持冷链装备智能化发展和支持龙头企业发展专业冷链平台。

第四，实施农产品新鲜直供工程。借助冷链物流技术和电商平台，减少鲜活农产品流通中间环节，开拓国际国内市场，培育本土特色农产品品牌。大力发展鲜活农产品跨境贸易，推动农产品原产地直采直销，加快农产品产地预冷设施建设。

第五，积极发展冷链多式联运。以空陆、公铁联运为重点，完善多式联运场站设施，构建冷链多式联运标准体系，建设多式联运信息平台。

第六，培育冷链物流龙头企业。加大招商引资力度，引进一批境内外大型冷链物流企业。

第七，推动高端人才培育和引进。以政府采购公共服务方式，委托行业组织或第三方机构每年举办 1～2 次冷链物流业务培训，到 2020 年累计培训冷链在职人员 2000 人以上。

第八，夯实项目支撑。建立全省冷链物流重点项目库，原则上国家和省物流扶持政策优先支持入库项目，并在用地布局、审批、证照办理等方面予以倾斜。各地要积极谋划储备重大项目，对入库项目严格筛选、动态调整、跟踪监测，帮助企业解决项目发展过程中的实际问题，推动项目顺利实施。

3. 《2017 年农产品产地初加工补助政策项目实施方案的通知》

2017 年 9 月 28 日，河南省农业厅印发《2017 年农产品产地初加工补助政策项目实施方案的通知》（豫农产业化〔2017〕9 号），提出通过资金补助、技术指导和培训服务等措施，鼓励引导农民专业合作社、家庭农场和农户出资出力，自主建设初加工设施。补助范围包括 2017 年新建的储藏窖、冷藏库和烘干设施，其中对于冷藏库的补助标准为 1 万～34 万元不等。

4. 《河南省促进物流业转型发展若干措施的通知》

2018 年 1 月 9 日，河南省人民政府办公厅印发《河南省促进物流业转型发展若干措施的通知》（豫政办〔2018〕3 号），执行至 2020 年，从 8 个方面提出了 23 项具体措施，部署推进电商、冷链、快递物流业转型发展有关工作，单项补贴最高达 500 万元。

（1）支持物流园区和基础设施建设。

第一，支持物流园区建设。大力推进集交易、仓储、运输、加工、检测、集中配送等功能于一体的冷链物流园区建设，积极引进生鲜电商、农产品批零、冷藏运输配送、冷链流通加工、中央厨房等运营主体。支持现有电商产业园、物流园融合转型发展。开展示范创建工作，培育认定一批省级冷链、快递、电商物流示范园区。对经考核评估认定为省级示范园区以上的，根据规模和示范效应，一次性给予 50 万～500 万元奖励。对符合交通运输部相关政策、具有公共服务功能的货运枢纽，积极争取国家投资补助。

第二，支持加工仓储配送设施建设。支持在城市周边建设低温共同配送中心，支持生鲜农产品批发市场建设低温物流专区，支持大型超市、连锁零售店建设储存冷库。对 2017 年以来新建库容 3000 立方米以上、投资总额 300 万元以上的冷库项目，新建 1 万平方米以上的标准化仓储设施、快件分拨中心，按不高于投资额的 30%、最高不超过 300 万元予以补助。对日均发件量超过 5000 件且建仓面积 8000 平方米以上的快递企业，按照快递年度业务量予以适当补助。

第三，支持冷库设施建设升级改造。支持建设一批具有预冷、冷藏、初加工、调运等功能的农产品产地预冷集配中心。对建设冷库库容在 2500 立方米以上的，按不高于投资额 30%、最高不超过 300 万元予以补助。加快现有公共冷库封闭式交接货站台、穿堂及货架标准化改造。推进保鲜库、变温库、气调库、立体自动化冷库等智能型高端冷藏设施项目建设。重点支持对现有普通物流园区和公路货运站场普通仓库进行升级改造、设置冷链物流作业专区，对总投资 300 万元以上的，按不高于投资额 30%、最高不超过 300 万元予以补助。

第四，支持物流网点建设。支持快递、电商物流企业完善农村地区物流体系，建设末端服务网点。支持邮政、快递企业发展快递冷链物流。开展电商进社区示范试点，对建设达标试点社区给予适当资金支持。创新快递市场监管，在快递等行业推行同一工商登记机关管辖范围内"一照多址"模式。

第五，支持引进物流龙头企业。鼓励国内外知名冷链、快递、电商物流企业在河南省设立总部、区域性基地、运营中心、分拨中心、结算中心、技术创新中心、服务中心以及建设第三方物流、第三方仓储等，依据投资规模享受招商引资奖励政策。对在河南省年自营收入达到 5 亿元以上的冷链、快递、电商物流企业，依据其促进产业转型发展、吸纳就业等情况给予奖励，奖励资金最高不超过 500 万元。

（2）支持物流设备研发和应用。

支持省级重点冷链装备制造企业开展创新研发，对冷藏车、冷藏集装箱等冷链装备智能化研发改造项目，按项目软硬件投资额 30%、最高不超过 300 万元予以补助。对购置配备送货无人机、智能物流车、分拣机器人等先进物流装备物流企业，投资额超过 300 万元的，按不高于投资额 30%、最高不超过 300 万元予以补助。

（3）推动物流信息化、标准化建设。

一是支持物流公共信息平台建设。鼓励建设集撮合交易、在线支付、信息发布、位置跟踪、技术咨询、产业动态分析等功能于一体的区域性、第三方冷链物流资源交易公共服务平台、冷链全程温控和质量追溯信息平台、电商物流信息服务平台，区分不同类别予以相应资金支持，最高不超过500万元。

二是支持物流标准制定对主导或主要参与制定物流国际标准、国家标准、行业标准和地方标准的冷链、电商物流企业和社会团体给予一定补助。

（4）保障建设用地。

第一，强化用地规划。科学编制物流建设用地计划，将冷链、快递、电商物流作为准公共服务设施纳入城乡规划和土地利用总体规划，在用地布局、审批、不动产登记等方面予以倾斜。新建物流项目要严格依据城乡规划、土地利用规划等选址，避让永久基本农田。各地要为建设冷链、快递、电商物流园区预留用地空间。

第二，确保土地供应。为生产配套的冷链物流项目用地，执行工业用地政策。利用旧工业厂房、仓储用房等存量房产改造建设冷链、快递、电商物流设施，可暂不变更土地用途和使用权人；涉及划拨土地使用权转让或租赁的，按规定办理土地有偿使用手续，经批准可采取协议方式出让；鼓励利用闲置废弃的工矿用地建设冷库工程；在农业项目区域内兴建的农产品分拣包装场所、农产品初加工、临时冷链仓储为农业附属设施，其用地管理方式、用地规模按《国土资源部农业部关于进一步支持设施农业健康发展的通知》执行。支持快递、电商物流进社区、进校园，鼓励具备条件的住宅小区和大中专院校为快递配送提供适当场所。

第三，降低土地成本。对一次性缴纳土地出让金确有困难的冷链物流企业，允许在合同签订之日起一个月内首付50%，其余价款一年内付清。经批准开山整治的土地和改造的废弃土地，凭县级以上土地管理部门出具的证明文件，对开山整治的土地从使用之月起免征土地使用税10年，改造的废弃土地从使用之月起免征土地使用税5年。涉及符合有关契税减免政策等规定的不动产、土地使用权转让的，按相关政策规定给予减免。

（5）实行融资倾斜。

推动各银行业金融机构持续加大对冷链物流行业的信贷投放力度，根据项目和企业情况，适当延长贷款期限，合理确定贷款利率。引导各类投资公司加大对冷链物流项目的投资力度。鼓励创新金融产品，允许库存产品等有价物资和冷藏运输车、冷藏集装箱等资产作为抵押物，给予一定比例流动资金贷款。积极发展仓单质押、存货质押、在途货物抵押、应收账款融资等物流金融业务。积极支持符合条件的企业上市和发行企业债券。支持符合条件的冷链物流企业申请专项建设基金，补充抵押贷款等政策性信贷资金。

（6）减轻税费负担。

一是实现价格公平。冷链、快递、电商物流企业用水、用电、用气与工业企业同价。支持符合准入条件的冷库用电企业参与电力直接交易，对列入电力用户准入名单的冷链、快递物流企业，支持与发电企业协商签订直购电合同，降低企业用电成本。

二是适当减免费用。全面落实鲜活农产品运输"绿色"通道政策，探索冷链运输货车高速公路通行费优惠政策。对清洁能源冷链运输车辆进行适当补贴。实施高速公路货车分时段差异化收费政策。对经省政府投资主管部门批准的在建冷链、快递、电商物流园区减半征收城市建设配套费。

三是依法计扣税费。冷链、快递、电商物流企业装备和技术研究开发费用，未形成无形资产计入当期损益的，在按规定据实扣除的基础上，按照研究开发费用的50%加计扣除；形成无形资产的，按照无形资产成本的150%摊销。符合科技型中小企业条件的，其开展研发活动中实际发生的研发费用，未形成无形资产计入当期损益的，在按规定据实扣除的基础上，在2017年1月1日至2019年12月31日，再按照实际发生额的75%在税前加计扣除；形成无形资产的，在上述期间按照无形资产成本的175%在税前摊销。购入固定资产、新增不动产、支付过路过桥费、财产保险费时取得的合法有效抵扣凭证，允许抵扣增值税进项税额。

（7）提升公共服务能力。

第一，落实财政资金保障。统筹整合省服务业发展引导、商务促进等财政专项资金，充分利用高成长服务业发展引导基金、现代服务业产业投资基金、"互联网＋"物流产业发展基金、中小企业发展基金等，加大对冷链、快递、电商物流转型发展的支持力度。

第二，提供通行便利。对国家级、省级冷链标准化试点示范企业购置的冷链配送车辆办理配送货运车辆市区通行证，并提供相应停靠便利条件。进一步落实鲜活农产品配送车辆便利通行、停靠政策。放宽对冷藏配送货车的城市交通管制，由公安交通管理部门核定行驶路线和时段、停靠时间和地点后，给予城区通行权和停靠权。海关和出入境检验检疫部门对进出口鲜活农产品实行"一次查验、一次放行"。

改进城市快递配送车辆通行和时限控制，结合实际制定城市快递配送专用汽车、快递专用电动车等车辆管理办法和临时停车管理措施。为快递城市投递作业提供通行便利，合理规划快递配送车辆通行路线和货物装卸地点。机关、企事业单位、院校、园区、住宅小区管理单位等要为快递企业收投快件提供通行、临时停车等便利。

第三，加强统计监测分析。充分发挥行业协会、物流公共信息平台作用，在统计部门指导下建立冷链、快递物流行业统计制度，加强行业数据收集、分析、发布等基础工作。探索以政府购买服务方式开展统计监测，全面掌握行业发展状况。

第四，加快人才培育。鼓励有条件的高等院校、中等职业学校根据市场需求，增设冷链、快递、电商物流相关专业，加强人才培养。鼓励校企合作，设立实训基地，对经省相关部门认定的物流专业培训孵化基地和机构开展的冷链、快递、电商物流培训给予支持。以政府采购服务方式，开展冷藏加工企业、冷链物流企业管理操作人员在职培训。引进符合条件的冷链、快递、电商物流人才，享受河南省引进人才、总部经济技术人员的优惠政策。

（8）实施全程监管。

首先，建立冷链物流全链条监控制度。依据相关法律、法规、强制性标准和操作规范，加强对冷链各环节温控记录和产品品质的监督和不定期抽查，向社会公布抽查结果。建立涵盖保质期、温度控制、冷藏冷冻设施、贮存温度控制等冷链物流全链条监管体系，探索建立对运输环节制冷和温控记录设备合规合法使用的监管机制。

其次，建立冷链物流企业信用制度。研究制定河南省《食品药品安全信用体系建设实施方案》，加强冷链物流企业信用记录，将全程温控情况等技术性指标纳入信用评价体系，通过"信用河南"网站依法向社会公开冷链物流企业信用信息，加快建立褒扬诚信、惩戒失信联动机制。加大对违建冷库、非法运营冷库的查处力度。

（三）2017 年冷链发展成果

1. 政府搭台，吸引境内外主要物流企业落户河南

2017 年 6 月 27—28 日，由河南省人民政府主办，省商务厅、省自贸办承办的"河南省现代物流业开放合作洽谈会"在郑州举行。会议主要邀请境内外航空物流、冷链物流、大型集成物流企业高管，有物流投资意向的客商、境内外知名物流领域商协会负责人和专家参会，旨在推动中国（河南）自由贸易试验区和郑州航空港经济综合实验区建设，着力打造现代物流体系。洽谈会共有 42 个合作项目签约，投资总额 370 亿元。签约对象包括京东集团、申通快递、韵达快递、中铁联运等行业龙头企业，投资项目涉及仓储物流、冷链物流、电商物流、集成物流、航空物流等领域，涵盖现代物流业的多个产业链条。

2. 举办全省范围内首次大规模冷链物流业务培训

2017 年 12 月 26 日，由河南省商务厅主办、河南省商务投资有限公司承办，河南牧业经济学院协办的河南省冷链物流业务培训班在郑州举办，为期两天。来自全省各地市、省直管县、郑州航空港综合试验区商务部门和 130 余家冷链物流企业代表共计 300 余人参加培训。

培训会上，承办单位重点介绍了全省冷链流通监控平台，展示了政府监管系统、冷链仓储监控系统、冷链运输管理系统、冷柜管理系统等系统框架，演示了实时监控、监控预警、监控信息分析等平台功能。还邀请到了国内行业知名学者教授进行政策理论层面的解疑释惑，同时还邀请了紫云股份、鲜易供应链、万邦国际、华夏易通等冷链物流先进企业的代表分享发展经验和体会。

3. 鲜易供应链中原冷链谷招商项目启动

2017 年 8 月，鲜易供应链的中原冷链谷项目面向全国生产商、品牌商、采购商、服务商、分销商等客户开启招商，为客户提供温控仓储、冷链运输、冷链城配、集采分销和供应链金融等温控一体化服务。

中原冷链谷由河南鲜易供应链有限公司建设，定位于全国冷链物流集散分拨中心、生鲜食品流通加工中心、中部区域集采集配交易中心和郑州冷链城市共配中心，建设有温控产业公共服务平台、低温仓储区、国际贸易区、恒温仓储区、加工分拨配送区，占地面积 26 万平方米（400 亩），总投资 16 亿元。

据公开报道，目前已有京东集团入驻鲜易中原冷链谷。

（四）后期冷链物流发展方向

2017 年 9 月 18 日，河南省人民政府办公厅印发《河南省物流业转型发展规划（2018—2020 年)》（豫政办〔2017〕109 号），对于冷链物流转型发展的主要任务和重点工程做出了明确指示。其中，冷链物流转型发展重点任务，包括以下五点。

第一，优化冷链物流空间网络布局。包括建设郑州国际冷链物流中心；建设区域性冷链物流基地；健全城乡冷链物流网络。

第二，构建重点产业全程冷链体系。一是肉类冷链体系；二是速冻食品冷链体系；三是果蔬及特色农产品冷链体系；四是乳制品冷链体系；五是医药冷链体系。

第三，健全冷链物流标准规范体系。包括制定地方强制性标准；引领行业标准；创建企业标准；开展标准化建设示范。

第四，着力打造冷链物流豫军。首先，大力培育全国性领军企业；其次，扶持发展本土第三方冷链物流企业；再次，积极引进国内外龙头企业。

第五，推进冷链物流模式创新。一是发展城市冷链共同配送；二是推进"互联网＋"冷链物流发展；三是实施冷链联盟计划。

同时，规划还明确指出了冷链物流重点建设工程，包括以下 10 项：一是郑州国际冷链物流枢纽建设工程；二是冷链物流园区建设工程；三是城市低温配送中心建设工程；四是冷链共同配送工程；五是产地冷库建设工程；六是农产品配送直销平台工程；七是冷链物流信息平台工程；八是冷链多式联运示范工程；九是冷链技术装备升级工程；十是冷链质量追溯和安全监管工程。

三、重庆市冷链物流情况

（一）冷链物流需求及现状

重庆作为西南地区唯一的直辖市，并且是水上航路的西南地区中心点，不仅有三大物流通道（江北国际机场、渝新欧通道、长江水道），更作为重要的节点承担着北菜南销，南菜北运的任务。此外，位于重庆的两路寸滩保税港区是西部唯一具有肉类、瓜果两项功能的进境口岸，增强了重庆发展国际贸易的实力。

2017 年，重庆全市蔬菜产量 1947.18 万吨，增长 3.8%；水果产量 445.94 万吨，增长 9.1%。全市生猪出栏 2013.28 万头，下降 1.7%；家禽、羊出栏分别为 2.50 亿只和 329.54 万只，分别增长 0.3% 和 9.6%，农业生产平稳发展。而据重庆商报发布的信息，重庆市冷冻食品年消费量达 400 亿元，且正以每年 20% 的速度增长，其中进口冷冻食品的消费占比已占七成。

在市场需求和政府鼓励政策的推动下，2017 年重庆市商贸物流体系建设取得了显著成效。一是设施建设有新突破。新改建仓储、分拨、配送等设施设备面积 50 万平方米以上，其中公运新建成仓储 28.7 万平方米、京东电商物流仓储投用 11.5 万平方米，全市累计超过 1000 万平方米。二是城乡物流配送有新发展。建成 4833 个城市末端配送点。完善县乡村物流配送网络和农村电商物流服务站（点），建成 15 个配送中心、6071 个配送点。三是冷链等专业物流有新进步。完善主城冷链物流集聚区、区县冷链物流设施、商贸企业冷链物流设施网络体系，现有冻库容量 140 万吨以上，冷藏车 1500 辆。

此外，在 2017（第九届）全球冷链峰会上，中物联冷链委发布了 2016 年中国冷链物流百强企业分析报告，重庆市 4 家企业入围。其中，重庆雪峰冷藏物流公司位列 29 位、明品福集团有限公司位列 32 位、友生活冷链物流有限公司位列 34 位、农投恒天冷链物流公司有限公司位列 99 位。

（二）政府鼓励政策

2016 年 11 月 3 日，《重庆市利用中央资金支持冷链物流发展实施方案》印发，重庆冷链物流将在构建三级冷链物流体系、建设和完善区县冷链集散分拨中心、建设农产品产地集配中心等多个方面密集发力。具体包括：

1. 支持方向

首先是冷链物流信息化体系建设。包括建立冷链物流监控体系，如冷库、冷藏车等冷链设施安装温度传感器、温度记录仪等冷链监控设备，冷链流通全程温控，对冷链物流各个环节温度进行监控；建设冷链物流公共信息服务平台；大中型冷链企业建设冷链物流信息服务平台；冷链企业发展电子商务等领域，如利用互联网、物联网等信息技术，推广普及射频识别、智能标签、电子订货、数据交换、智能分拣、线路优化、信息定位、可视化等先进技术。

其次是冷链物流标准化建设。包括完善冷链物流标准体系，宣传贯彻标准；规范冷链物流操作和管理，购置冷链运输使用标准化器具，采用标准化的物流计量、货物分类、物品标识、信息系统和作业流程；着力推广标准化托盘；支持大中型冷链物流企业、产地集配中心等购置更新冷藏运输车。

最后是冷链配套基础设施。包括建设农产品产地集配中心；对冷库封闭式交接货通道、叉车、月台、货架、冷藏运输车辆进行标准化改造和智能化升级；绿色环保冷藏冷冻设施设备与技术应用；发展冷链物流共同配送，探索社区"最后一百米"冷链配送服务模式。

2. 支持对象

第一，项目要符合《重庆全市农产品冷链物流发展规划（2016—2020年)》，符合中央财政资金支持冷链物流信息化、标准化建设等方向。

第二，在重庆市内注册并从事冷链物流企业、农产品产地集配中心建设单位、有冷链功能且规模较大的流通企业、有冷链功能的生鲜电商企业等。

第三，具有操作性较强的实施方案，2016年新建或续建，原则上1年内完工并达到预期建设标准或成效，建设周期不超过2年。

第四，具备独立法人资格和健全的财务管理制度，信誉及财务状况良好；投资计划明确、合理，自筹资金有保证。

第五，实施项目确保冷藏冷冻类农产品、食品冷链流通率、冷链运输率明显提高，流通环节损耗率明显下降，有效解决冷链物流发展"最先一公里""最后一公里"和"断链"等问题。

3. 支持方式

2016年11月3日，重庆市商务委员会、重庆市财政局发布《关于加强中央支持冷链物流发展项目及资金管理的通知》，明确中央资金将采取以下三种方式。

第一，专项补助。对推进冷链物流信息化、标准化及配套设施，具有冷链功能的农产品产地集配中心等给予定额补助。

第二，贷款贴息。对实施冷链物流信息化、标准化及配套设施项目，对构建冷链物流体系特别是区县尚未建设冷链物流设施，采取企业贷款、政策贴息方式。

第三，购买服务。对冷链物流公共信息服务平台建设，技能培训，完善和贯彻冷链物流标准体系（清理收集汇总印制），编制全市农产品冷链物流发展规划，绩效评价经费等，采取购买服务形式。

综合考虑各种要素，确定支持方式和额度。原则上中央资金支持金额不超过项目核定投资的40%，以公益性为主的可以提高补贴比例但不能超过实际投资额。

（三）2017年冷链发展成果

1. 重庆首家冷链物流保税仓库通过海关验收

2017年11月初，重庆市福立公用型保税仓库通过海关验收，标志着重庆首家公用型冷链物流保税仓库即将正式对外提供冷链仓储服务。意味着进口肉类、海鲜可搭上中欧班列（重庆）的"直通车"，只需12天即可直抵重庆人餐桌，物流周期大幅缩减，市面上将迎来品种更丰富且价格更便宜的进口冷链食品。

该保税仓库位于重庆西部国际涉农物流园区，总建筑面积2172平方米，背靠中国西部农产品冷链物流中心，总容量3000吨。保税仓库配置了远程监控系统、仓储管理系统（WMS）等先进设施设备，主要提供高端水产品、海产品、肉类产品等冷链食品的保税仓储、物流配送、国际贸易、冷链金融为一体的公共型、综合型保税服务。

2. 开展冷链物流行业培训

2017年6月6日至9日，重庆市冷链物流行业第三期培训班在重庆东方山水酒店举办，各区县商务局冷链物流主管科室负责人、大中型冷链存储企业、冷链物流企业和有生鲜配送的商贸物流企业（配送中心）管理人员共127人参加了培训。培训班重点就冷链物流标准化知识和要求、制冷技术和冷库建设标准、冷链物流技术标准、冷链物流设备标准等内容进行了授课，并组织参观了冷藏车辆。

（四）后期冷链物流发展方向

为切实发挥中央财政资金使用效益，促进冷链物流发展，2017年9月

28 日，重庆市商务委员会、重庆市财政局发布《关于进一步做好冷链物流发展工作的通知》，确定后期支持方向及重点。

1. 冷链物流信息化建设

一是支持建设冷链物流政府监控平台。

二是支持企业建设内部冷链监控系统，在冷库、冷藏车等冷链设施安装温湿度传感器、记录仪等冷链监控设备，并与全市、全国农产品冷链流通监控平台进行对接，接入数据应包括冷库、冷藏车、冷柜的温湿度、开关门、地理位置、满载率等监控信息，并能对温度达标率、监控率、在线率数据进行计算分析。

三是支持从事水产、肉、水果、蔬菜等重要农产品冷链流通的企业建立数据采集和评估体系。

2. 标准化建设

第一，支持企业对冷库封闭式交接货通道、月台、货架等进行标准化改造。

第二，硬件设施存在短板的地区，根据实际需要适度支持建设改造标准化的产地预冷集配中心、低温加工仓储配送中心、冷库等冷链设施，配备冷藏车等冷链设备。

第三，支持制定地方标准、团体标准或企业标准，支持区县至少针对 1 种本地农产品、食品形成完整的、不断链的标准体系。

第四，支持企业明确冷链物流操作管理依据的标准，制定完善不低于所依据标准的企业操作管理规范等制度性文件，并严格按照标准和规范进行操作和管理。

3. 技术技能培训

第一，支持编写针对冷链物流管理和具体操作岗位的培训教材。

第二，支持开展从业人员专业技术知识和实操技能培训。

四、新疆维吾尔自治区冷链物流情况

(一) 冷链物流需求及现状

新疆作为全国特色农产品产量最大，产品质量口感最好的产区地带，是全国农业重点发展区域。其农产品地域特色明显，新疆盛产的库尔勒香梨、吐鲁番葡萄和哈密瓜、哈密大枣、精河枸杞、阿克苏红富士（苹果）、伊犁牛羊肉等名优农产品，均有着相当高的品质。

2017年，新疆特色林果总产量1719.13万吨。其中，红枣产量347.01万吨，同比增长6.3%；香梨产量140.69万吨，增长9.9%；葡萄产量270.57万吨，增长1.1%；苹果产量153.41万吨，增长12.3%；坚果产量103.57万吨，增长15.6%；果用瓜产量575.36万吨，下降16.6%；在畜牧业生产方面，全年猪牛羊禽肉产量153.73万吨，同比增长2.1%。其中，羊肉产量58.24万吨，下降0.1%；牛肉产量43.04万吨，增长1.3%；猪肉产量35.80万吨，增长5.6%；禽肉产量16.65万吨，增长4.6%。禽蛋产量37.37万吨，增长3.4%。生牛奶产量160.36万吨，增长2.7%。

目前，新疆冷藏、冷冻库容量约达210万吨，并且189个农产品批发市场中有68个建设了配套冷库。但整体来看还存在一些不足：一是新疆农产品冷链物流规模小、水平低，冷链物流成本高；二是农产品冷链物流基础设施薄弱，建设滞后；三是农产品冷链物流信息建设落后；四是农产品冷链物流发展与管理缺乏标准和规范；五是冷链冷链物流企业服务单一；六是冷链物流人才缺乏。

据了解，2016年新疆水果总产量近1500万吨，鲜果冷链运输量不到10%，远低于全国19%的平均水平；水产品总量近20万吨，进入冷链量不到5%，远低于全国23%的平均水平；蔬菜总产量近2000万吨，只有少量外销、出口和储备蔬菜进入冷链系统。目前，新疆多数生鲜农产品冷链物流以常温和自然形态为主，农产品冷链流通率低，包装加工冷藏技术水平总体偏低，造成新疆新鲜果蔬集中上市时腐损率达20%~30%，损耗严重，严重损害了新疆农副产品的声誉。

而随着"一带一路"倡议的提出与实施，新疆正成为这条经济带上的龙头前沿，有着天然的地缘优势。近年来，新疆各地积极探索并构建交通枢纽和贸易物流中心，相继与塔吉克斯坦、哈萨克斯坦等边境国建立相关物流运输机制，同时开通乌鲁木齐至土耳其、格鲁吉亚、哈萨克斯坦的物流运输班列。至2018年2月26日，新疆已累计开行1000列中欧班列，实现了"铁运+海运"运输模式的多次转换，开行线路也由最初的4条线路增加至19条线路，通达中亚及欧洲17个国家的24个城市。

由此可见，新疆具有独特农产品资源优势和向西开放的地缘优势，随着新疆农牧业四大产业基地和设施农业加快建设，以特色林果业、现代畜牧业和设施大棚蔬菜发展为重点的生鲜农产品品种及产量不断增加，农产品储藏保鲜技术的迅速发展，农产品冷链物流发展环境和条件不断改善，市场化进程加快，新疆农产品储藏、保鲜技术应用更加广泛，冷链物流正呈现出良好的发展势头。

（二）政府鼓励政策

2017 年 1 月 18 日，新疆维吾尔自治区商务厅、新疆维吾尔自治区财政厅发布《关于组织申报 2016 年中央财政冷链物流发展项目的通知》。明确重点推动果蔬、肉类、水产品等冷藏冷冻类农产品、食品冷链流通率；重点培育一批上亿元的冷链物流企业；新增一批冷藏运输车辆，构建完善冷链物流标准化体系和监控体系。

1. 支持方式

专项资金主要采用股权投资、政府购买服务等方式予以支持。其中，冷链物流信息化、标准化和冷链基础设施建设项目优先采用股权投资方式予以支持。冷链物流公共信息服务平台和专业技能培训项目原则上以政府购买服务等方式予以支持。

2. 支持对象符合条件及范围

一是符合《自治区农产品流通基础设施建设布局规划（2015—2020年)》，符合中央财政资金支持冷链信息化、标准化建设方向。

二是优先支持重要流通节点城市，所在地州市已经出台未来两年以上冷链物流发展总体规划，制订了详细的实施方案、行动方案或年度推进计划，有明确的发展冷链物流组织协调机构或机制的重点项目、重点企业。在基本条件具备的基础上，结合精准扶贫和农产品市场开拓实际，优先支持南疆四地州冷链物流体系建设项目。

三是申报主体须为区内注册的具有法人资格的企业或单位，具备相关经营资质和条件；并且是从事冷链物流和农产品流通的建设单位、规模较大的流通企业、有冷链功能的生鲜、电商企业。

四是申报项目为在建或新建、改扩建项目，且必须于 2017 年年底前竣工完成，并达到预期建设标准或成效。

五是具备健全的财务管理制度，信誉及财务状况良好，投资计划明确、合理。

六是实施项目能提高果蔬、肉类、水产品等重点冷藏冷冻类农产品、食品冷链流通率，降低流通损腐率，减少流通环节损耗率，在解决冷链物流发展"最先集散一公里""最后生鲜配送一公里"和"断链"等难题方面具有示范作用。

七是重点支持项目规模大、示范带动作用强、公益性功能有效发挥、经济社会效益明显的大中型企业。

3. 重点支持方向

第一，支持信息化体系建设，提高冷链物流设施利用率和监管水平。支持企业在冷库、冷藏车等冷链设施中安装温度传感器、温度记录仪等冷链监控设备，建立区域性或企业冷链流通全程温控平台，对冷链物流各个环节温度进行监控管理，建立冷链物流监控体系。支持建设冷链物流公共信息服务平台，整合农产品生产、加工、流通企业冷链物流资源，与电商平台对接，打造产运销一体化的冷链物流供应链，提升冷链物流信息水平，提高设施利用率和流通效率。

第二，支持标准制订和推广应用，提升冷链物流标准化水平。支持企业针对冷链物流各个环节建立严于国标、行标的企业标准和团体标准，通过标准实施，规范冷链物流操作和管理，提高企业冷链物流管理水平。支持科研机构、协会、企业根据实际制定冷链物流地方标准，形成完善的冷链物流标准体系，通过标准推广应用，提高流通标准化水平，降低流通损耗，提高流通效率。

第三，支持基础设施建设，强化冷链物流硬件支撑。支持企业在主要产区建设标准化的产地预冷集配、低温加工仓储配送等设施，在主要物流节点地区建设冷链物流集散中心等设施，在主要销区建设低温加工配送仓储设施。发展冷链共同配送，探索推广社区"最后一百米"冷链配送服务模式。支持企业加快绿色环保的冷藏冷冻设施设备与技术应用和冷库封闭式交接货通道、月台、货架标准化改造，支持冷链运输车辆购置更新，逐步形成相互衔接、有机接合、互为支撑的标准化硬件设施体系。

第四，支持专业技术技能培训，提高冷链物流从业人员素质。支持项目单位、企业建设冷链物流人才培训基地，加强对冷链物流行业从业人员的专业技术知识和实操技能培训，培养一批具备现代冷链物流管理理论知识，掌握相应制冷技术、低温设备管理、电子商务、物联网技术、农产品食品科学等科学技术知识的复合型冷链供应链管理人才，以及具有娴熟规范操作技能的从业人员。

（三）财政支持企业及项目

2018年1月11日，新疆维吾尔自治区商务厅拟确定新疆百成投资有限公司等15家企业为自治区2016年度中央财政支持冷链物流发展项目承办企业（第一批），并予以公示。如表2-1所示。

表2-1　　新疆2016年度中央财政支持冷链物流发展项目汇总表（第一批）

序号	所在地区	项目承建企业	项目名称
1	乌鲁木齐市	新疆百成投资有限公司	农产品冷链设施建设项目
2	乌鲁木齐市	新疆帕戈郎清真食品有限公司	冷鲜鸡肉冷链流通配送体系建设项目
3	乌鲁木齐市	新疆海鸿实业投资有限公司	5万吨环保节能清真冷藏库项目
4	伊犁州	新疆新纪元农牧业发展有限公司	冷链物流基础设施建设项目
5	塔城地区	乌苏兴立物流有限公司	乌苏兴立冷链物流基础设施建设项目
6	塔城地区	额敏县绿乡果蔬有限公司	6000吨鲜食玉米及深加工产品冷链物流基础设施建设项目
7	塔城地区	塔城市华宝农业科技有限公司	塔城地区塔城市华宝国际农贸市场冷链项目
8	阿勒泰地区	新疆慧华沙棘生物科技有限公司	冷冻库生产车间产业化建设项目
9	博州	新疆天莱牧业有限责任公司	冷链物流基础设施建设项目
10	博州	博州天盈商贸有限公司	冷链物流基础设施建设项目
11	喀什地区	新疆阿里果果农产品有限公司	冷链物流基础设施建设项目
12	喀什地区	喀什远方国际物流港有限责任公司	喀什远方国际物流港物流中心（二期）冷链库房建设项目

序号	所在地区	项目承建企业	项目名称
13	喀什地区	喀什疆南农副产品批发市场有限公司	疆南农产品冷链物流中心建设项目
14	吐鲁番市	吐鲁番市胡杨林农业发展有限公司	果蔬储藏保鲜库（周转量为30000吨/年）建设项目
15	昌吉回族自治州	新疆海联三邦投资有限公司	新疆海联农副产品及食品冷链物流配送中心建设项目

资料来源：新疆维吾尔自治区商务厅。

2018年2月2日，新疆维吾尔自治区商务厅发布《2016年度中央财政支持冷链物流发展项目汇总表（第二批）》，拟确定新疆果业集团有限公司等9家企业为自治区2016年度中央财政支持冷链物流发展项目承办企业（政府股权投资类项目）。如表2-2所示。

表2-2　新疆维吾尔自治区《2016年度中央财政支持冷链物流发展项目汇总表（第二批）》

序号	所在地区	项目承建企业
1	乌鲁木齐市	新疆果业集团有限公司
2	阿克苏地区	阿克苏地区红旗坡农场
3	巴州	和静县晟鑫农贸有限责任公司
4	阿勒泰地区	福海新合商贸有限责任公司
5	昌吉回族自治州	呼图壁县西域兴业农业科技有限公司
6	乌鲁木齐市	新疆青鹤实业集团有限公司
7	和田地区	新疆昆仑尼雅生态农牧发展有限公司
8	喀什地区	喀什宝林农牧业科技有限公司
9	喀什地区	新疆优乐果农业科技有限公司

资料来源：新疆维吾尔自治区商务厅。

（四）2017年冷链发展成果

1. 开通新疆至内地的冷藏集装箱专列

2017年6月10日，新疆水果深加工产品首次乘坐冷藏集装箱专列从霍尔果斯火车站启程，驶向4500公里外的杭州北站。作为新疆首列全冷藏集装箱专列的开行，从创新实践角度，将"公铁联运"与"冷链运输"紧密结合在一起，同时打破了"冷藏产品只能依赖公路出疆"的制约。该冷藏集装箱专列，全列由 5 个车组编组 45 节，其中货车 40 节、工作车 5 节。总长 620 米，共装载 40 个冷藏集装箱，运输总重达 1160 吨，且全程 4500 千米施行恒温冷链运输，全程不解列、不编组、不断链。该冷链专列采用中铁特货运输公司的新型 BX1K 型冷藏集装箱，该专列配有大功率发电机组为冷藏集装箱持续供电，可以承运从 "-24℃～-14℃"的冷藏运输、保温运输货物。

目前，新疆开通内地的冷藏专列还有：新疆库尔勒至山东青岛、新疆阿克苏至浙江萧山等。

2. 举办新疆首届冷链物流高峰论坛

2017 年 8 月 15 日，由中物联冷链委与新疆农副产业流通发展促进会联合主办的 2017 首届新疆冷链物流体系建设论坛在乌鲁木齐富丽华大酒店举行。本次论坛主题为"加强产地冷链建设，推动农业产销互联"。150 多名冷链物流相关企业和行业专家参加本次论坛。

新疆商务厅副厅长祝贺香、中物联冷链委秘书长秦玉鸣、新疆农副产业流通发展促进会会长郭建军等领导出席了论坛，并致辞或展开演讲。在头脑风暴环节，与会嘉宾围绕"农产品上行与产地冷链体系建设"这一主题，结合自身实际对冷链物流发展过程中面临的问题、带来的机遇与挑战进行了深入探讨。另有多家企业代表在论坛上进行了发言。

3. 新疆霍尔果斯加快推进冷链物流基地建设

2017 年，霍尔果斯市加快推进农产品交易中心等专业化市场培育，其中：金亿集团大力投入建设农产品批发市场，新建冷藏保鲜库三座，面积10441.63 平方米；新建常温仓库两座，面积 12903.23 平方米；建设果蔬分拣、果蔬打蜡车间各一座，总面积 2000.04 平方米；建设果蔬交易中心一座，面积 1000.12 平方米；新建综合楼一座 1576.50 平方米；建设农产品国际电商交易平台；建设网络监控系统、电子卡口监管系统；购置与农产品批发市场相关的设备；建设配套的员工宿舍、餐厅及相关的水、电、暖、道路、绿化等工程。项目已建成保鲜库两栋，常温库两座、果蔬分拣中心一栋、交易中心一栋，办公楼一栋，并已投入使用，投资 6800 万元。3 月建成 785.2 平方员工宿舍，并投资 340 万元进行装修，5 月已经装修完毕。

4. 新疆商务厅冷链流通监控平台项目公开招标

2017年9月22日，新疆维吾尔自治区政府采购中心对新疆商务厅新疆农产品冷链流通监控平台项目公开招标，采购预算405万元。

5. 近3亿元冷链物流项目签约

2017年2月21日，新疆生产建设兵团第八师一五〇团与新疆鼎弘国际冷链物流有限公司举行签约仪式。仪式上，双方代表共同签署协议，这标志着总投资2.8亿元的冷链物流项目正式落户一五〇团。

据了解，该项目分三期实施，计划购买新能源牵引车100台、专用挂车150台、独立动力冷链集装箱150台；新建汽车修理厂1座、5000立方冷库2座、停车场地2.5万平方米，全部投产后预计可实现年产值5亿元，年利润6000万元。

（五）后期冷链物流发展方向

2018年2月，新疆维吾尔自治区人民政府印发《关于促进物流业发展的指导意见》（新政发〔2018〕15号），部署促进物流业发展有关工作。该意见对发展冷链物流予以关注，提出以下几点。

第一，加快建设以林果基地为依托的特色农产品冷链、以畜牧业养殖示范园区和大型屠宰加工企业为依托的肉类冷链、以农产品批发市场为依托的农产品流通冷链和以大型商业连锁为依托的终端冷链物流体系。

第二，加快推进鲜活农产品产地预冷、初加工、储存等设施建设，鼓励大中型骨干农产品批发市场建设冷藏冷冻、流通加工冷链设施，在重要物流节点、农产品交易集散地和大中型城市新建或改造升级一批冷链物流园区，加强面向城市消费的低温加工处理中心和冷链配送设施建设，推广应用节能冷库、冷藏运输车和冷藏集装箱等设施设备，完善农产品冷链物流基础设施网络。

第三，大力支持铁路部门组织开行固定班列和特需班列，加快发展航空冷链运输，鼓励冷链物流企业发展公铁联运、陆空联运等多式联运。

第四，推进冷链物流技术装备的创新和应用，建立冷链物流质量安全追溯平台，开展全过程追溯体系建设。

五、河北省冷链物流情况

(一) 冷链物流需求及现状

河北省位于黄河下游以北，地处华北平原北部，东临渤海，全省耕地面积652万公顷，是全国粮棉油集中产区之一，其中畜牧、蔬菜、果品三大优势产业产值占农林牧渔业总产值比重近70%。同时，河北拥有海岸带总面积100万公顷，海洋生物资源200多种，是中国北方重要的水产品基地。

2017年，河北省蔬菜播种面积123.3万公顷，蔬菜总产量8259.8万吨，同比增长0.8%；园林水果产量1571.0万吨，增长3.0%；食用坚果产量67.0万吨，增长14.6%；肉类总产量463.7万吨，增长1.3%。其中，猪肉产量275.0万吨，增长3.6%；牛肉产量55.9万吨，增长3.0%；羊肉产量31.1万吨，下降4.0%；禽肉产量88.7万吨，下降2.0%；禽蛋产量376.9万吨，下降3.0%；牛奶产量458.1万吨，增长4.0%；水产品产量127.5万吨，比上年下降3.6%。其中，养殖水产品产量95.4万吨，下降1.8%；捕捞水产品产量32.1万吨，下降8.4%。

另外，河北省环抱京津，具有独特的区位优势，河北省下辖11个地级市，其中8个被划入京津冀都市圈。河北省与京津两市共同构成环渤海核心区域，是拱卫首都的京畿之地和北京联系全国各地的必经之所，也是华东、华南和西南等区域连接东北、西北、华北地区的枢纽地带。河北省与北京市、天津市共同构成的京津冀经济区内拥有近1.2亿消费群体，市场容量占全国总量的10%以上，是全国市场容量最大的地区之一。此外，河北省作为农产品产销大省，农产品商贸市场较为发达，产销网络庞大。河北省已经初步建成辐射京津冀地区的农产品集散网络，还开辟了通往京津市场的农产品绿色通道，加快了农产品向京津两地的流动，承担起了京津的生鲜农产品供给重任。

据统计，目前河北省共有专业冷藏车约900辆、温控加工及分拣设施约2800套、规模及规模以上冷库约972座。随着环渤海地区经济的发展，京津冀一体化不仅给三大地区带来经济方面的收益，还将刺激生鲜农产品的需求不断上涨。而河北作为京津两地的"菜篮子"，冷链物流市场潜力巨大，正迎来新的发展机遇。

（二）政府鼓励政策

2017 年，河北省商务厅发布《关于报送 2017 年中央财政支持冷链物流项目的通知》（冀商建设函〔2017〕43 号），确定继续对冷链物流项目建设予以支持。

1. 支持方向

主要是农产品和食品冷链物流项目。资金主要用于支持冷链物流信息化、标准化建设，加大对监控体系建设支持力度。适度支持标准化的产地预冷集配中心、低温加工仓储配送中心、冷库建设，配备必要的冷藏车等设备，完善冷链物流标准化体系。

2. 支持方式

中央财政支持资金以股权投资方式对确定的冷链物流项目予以支持。

3. 支持对象符合条件及范围

第一，当地冷链物流发展基础条件扎实，具有较大规模的冷链商品需求。

第二，实施企业具备一定水平的冷链物流设施基础，具有较强的市场竞争力，有强烈提升发展的意愿，能够在促进全程冷链管理和服务方面发挥示范带头作用。

第三，申报项目应当具备实施条件，在 2017 年年底前无法实施的项目不得申报。

第四，已经支持过的冷链物流项目不得申报。

（三）财政支持企业及补助标准

2017 年 4 月 14 日，河北省商务厅发布 2016 年中央冷链物流专项资金支持企业名单，共 11 家企业入围。河北省 2016 年中央冷链物流发展专项资金以股权投资方式对冷链物流企业给予支持，受托管理机构为河北省国有资产控股运营有限公司。入围企业被划分为 A、B、C 三个投资额度等级，其中 A 级投资额度控制在 800 万～1100 万元；B 级投资额度控制在 500 万～800 万元；C 级投资额度控制在 300 万～500 万元。入围企业名单如下。

A 类：

1. 河北钧达科贸发展有限公司

2. 汇通图腾国际物流有限公司

3. 昌黎县嘉诚实业有限公司

4. 河北康盛农业科技有限公司

5. 黄骅市鑫茂肉类食品公司

6. 鹿泉区通用 365 电子商务智慧谷

B 类：

1. 围场满族蒙古族自治县雄威农业发展有限公司

2. 高碑店市新发地物流服务有限公司

3. 张北丰茂农业开发有限公司

4. 邯郸市诗美琳食品有限公司

C 类：

张家口市时蔬鲜蔬菜销售有限公司

2017 年 12 月 28 日，河北省商务厅发布 2017 年中央冷链物流专项资金支持企业名单，共 10 家企业入围。河北省 2017 年中央冷链物流发展专项资金以股权投资方式对冷链物流企业提供支持，受托管理机构为河北省国有资产控股运营有限公司。入围企业名单如下：

1. 河北宝信物流有限公司

2. 河北中冷农产品贸易有限公司

3. 承德富龙现代农业发展有限公司

4. 黄骅市鑫茂肉类食品有限公司

5. 河北央景农业科技有限公司

6. 河北威州现代农业投资有限公司

7. 河北浩飞食品有限公司

8. 阜平县佳德农业科技发展有限公司

9. 承德京美农业开发有限公司

10. 沽源县苏源农产品交易市场有限公司

（四）2017 年冷链发展成果

1. 会同京津发布《环首都 1 小时鲜活农产品流通圈规划》

2017 年 5 月 22 日，为构建与区域协同发展相融合、与满足城乡居民鲜活农产品需求相配套的环首都 1 小时鲜活农产品流通圈，河北省商务厅会同北京市商务委、天津市商务委制定印发了《环首都 1 小时鲜活农产品流通圈规划》。

规划提到鼓励农产品冷链服务体系发展，加强冷链基础设施建设，加快冷链物流装备与技术升级，推进标准化冷藏集装箱研发应用，发展冷链甩挂运输，促进冷链运输集约化发展，构建布局合理、设施设备先进、功能完善的农产品冷链配送服务网络。鼓励一般性物流企业拓展业务，发展冷链物流，鼓励部分企业向鲜活农产品物流企业转型，培育一批冷链物流企业。进一步完善农产品冷链行业标准体系，规范冷链物流运行管理，确保生产流通各环节的品质和安全。支持覆盖农产品生产、加工、运输、储存、销售等环节的全程冷链服务。

2. 参与制定京津冀冷链运销区域标准

2017 年 12 月 5 日，京津冀冷链物流区域标准专家研讨会在河北宝信集团顺利召开。本次研讨会由河北省标准化研究院主办，河北省商务厅、天津市商务委、天津标准化委员会、北京物流协会以及相关专家参加了会议。

京津冀冷链物流领域的学术权威悉数到场，各位专家深入探讨交流，共同审定了京津冀《冷链物流——冷库技术规范》《果蔬冷链物流操作规程》《低温食品储运温控技术》等八项冷链技术标准。此次冷链物流区域标准的制定，必将为京津冀区域冷链物流的快速健康发展打下坚实的基础。

3. 宇培华北（石家庄）冷链物流基地项目签约

2017 年 12 月 16 日，石家庄市藁城区举行项目集中签约仪式，此次集中签约的 5 个重点项目涉及物流、新材料、中医药、绿色建筑、金融科技领域，总投资 126.5 亿元。

其中，宇培华北（石家庄）冷链物流基地项目总占地 300 亩，计划投资 10 亿元，选址位于石家庄市藁城经济开发区。建设内容包括电商运营中心、办公大楼及结算中心、仓储、冷链运营中心、辅助设备设施、道路及绿化工程。项目计划 2018 年 5 月开工，建成后，由项目单位在藁城区注册宇培开发公司、宇培电商、宇培冷链物流三家子公司开展运营，预计年实现税收约 5000 万元。

六、广东省冷链物流情况

(一) 冷链物流需求及现状

广东省地处南亚热带，降水充沛，水系发达，地形地貌以平原为主，是全国光、热、水资源最为丰富的地区，适宜香蕉、荔枝、龙眼、菠萝、甘蔗、橡胶、剑麻等喜温经济作物的生产，也使其成为国内冬季重要的北运菜生产基地。此外，广东省海域辽阔、滩涂广布，近岸海域面积达 6.47 万平方千米，大陆海岸线 4114 千米，居全国首位，海岛数量 1963 个。海洋生物资源丰富，滩涂、浅海可养殖面积为 8360 平方千米，占全国的 32.2%，是中国著名的海洋水产地。

2017 年，广东省蔬菜产量 3737.42 万吨，同比增长 4.7%；水果产量 1669.45 万吨，同比增长 5.6%；肉类总产量 409.78 万吨。其中，猪肉产量 262.19 万吨，同比下降 0.8%；禽肉产量 134.27 万吨，同比下降 0.6%；水产品产量 886.82 万吨，同比增长 1.5%。其中，海水产品 473.97 万吨，同比增长 1.6%；淡水产品 412.70 万吨，同比增长 1.3%。再加上食品及辅料、医药品、速冷冻品、花卉等，全省冷链物流市场需求巨大。

同时，广东省区位优势突出，该省位于我国大陆最南部，毗邻港澳，面向南海，地处亚太主航道，扼南海交通要冲，是"一带一路"建设的重要枢纽和经略南海的前沿，具有极其重要的战略地位。当前，广东省连接国际、国内的通道已初步形成，由轨道、公路、水运、航空等多种运输方式组成的综合交通运输体系日益完善。其中，高速铁路和高速公路网密集，全省高速铁路运营里程达 1492 公里、居全国前列，高速公路通车里程达到 7673 公里、居全国首位；航空运输网络发达，广州白云国际机场、深圳宝安国际机场年旅客吞吐量分别达 5973 万和 4198 万人次，国际航线达 179 条；初步建设成亚太地区最开放、最便捷、最高效沿海港口群，亿吨大港达到 5 个，集装箱年吞吐量 5094 万标准箱，居全国第一。加快冷链物流发展是适应广东省农产品大流通的需要，也是提高全省农产品出口竞争力的需要。

目前，广东省冷链物流设施设备门类较齐全，且在向绿色环保的方向发展，冷库、冷藏车等发展势头良好。据统计，2016 年广东冷库保有量 270 万吨，2017 年增长至 390 万吨，冷库容量升至全国第三，仅次于上海和山东；大小冷库 1700 多座，主要分布在广州、深圳、东莞、汕头、湛江、阳江等地，储存种类涉及农产品、水产品、医药、冰激凌、肉类等多个品种；冷藏车保有量超过 1 万辆。

广东省冷链物流行业已形成国有企业、外资企业以及民营企业多元化共同发展格局，冷链物流企业不断发展壮大。2017 年，广东省具有一定规模的冷链物流相关企业超过 200 家，其中顺丰速运有限公司、广东省广弘食品集团有限公司、深圳小田冷链物流股份有限公司、佛山市粤泰冷库物业投资有限公司、深圳市东方佳源实业有限公司、广州松洋冷链物流有限公司、佛山市南海区大沥桂江冷库储存配送有限公司等企业被评为 2017 年中国冷链物流 50 强企业。

（二）政府鼓励及引导政策

1. 《广东省人民政府办公厅转发国务院办公厅关于加快发展冷链物流保障食品安全促进消费升级意见的通知》

2017 年 6 月 13 日，广东省人民政府办公厅发布《广东省人民政府办公厅转发国务院办公厅关于加快发展冷链物流保障食品安全促进消费升级意见的通知》（粤府办〔2017〕44 号），要求省内各级政府部门、各直属机构贯彻执行，在推进冷链物流基础设施建设、完善冷链物流标准化体系、提升冷链物流领域信息化水平等 5 个方面发力。

2. 《进口水果代理商/收货人检验检疫备案要求（试行）》

2017 年 8 月，广东出入境检验检疫局对外发布《进口水果代理商/收货人检验检疫备案要求（试行）》，其中，对进口水果备案代理商/收货人配置的冷库提出了明确的要求。规定指定口岸区域范围内无冷库设施的，备案代理商收货人应自有或租赁冷库。冷库应位于进境口岸附近，通过水运和空运的，其配备的冷库容量须分别达到 1000 吨以上、100 吨以上；库内设有温度自动记录装置，配备经校准非水银温度计，冷藏温度可达拟进口水果的最适贮藏温度，温差不超过 1℃。同时，应建立有与进口水果相关的冷库防疫制度、货物溯源管理制度以及防疫消毒和出入库记录等。

3. 转发《交通运输部关于加快发展冷链物流保障食品安全促进消费升级的实施意见的通知》

2017年12月，广东省交通厅转发了《交通运输部关于加快发展冷链物流保障食品安全促进消费升级的实施意见的通知》，并部署推进有关冷链物流工作的开展。提出全省各地市交通主管部门要进一步加强冷藏保温专用货运车辆管理，优化行政许可办理流程，简化车辆年审手续，逐步降低冷链物流业制度性交易成本，确保冷链物流企业运输鲜活农产品的车辆享受"绿色通道"政策，有效降低冷链物流企业运输成本。同时，各地要加强部门协作，建立完善城市配送冷藏保温车辆通行制度，推动实现冷藏配送车辆的便利通行，为冷链物流发展营造良好的政策环境。

4. 《关于组织申报2017年冷链物流发展项目的通知》

2017年10月，广东省商务厅、财政厅发布《关于组织申报2017年冷链物流发展项目的通知》（粤商务建函〔2017〕416号），明确2017年中央财政专项资金将用于建设覆盖产地预冷、冷链运输、销区冷储、冷链配送、冷鲜销售环节的农产品冷链物流网络，推动解决"最先一公里""最后一公里"和"断链"等问题。支持方向包括：

第一，加强冷链物流信息化体系建设。以提高信息化、标准化水平为工作重点，加大对冷链物流监控体系建设支持力度，推动冷库、冷藏车等冷链设施安装温度传感器、温度记录仪等冷链监控设备，推动相关温控信息与全国农产品冷链流通监控平台共享，对冷链物流各个环节温度进行监控管理。具体支持内容包括冷链物流全程冷链体系建设项目和农产品冷链物流管理体系建设项目。

第二，完善冷链物流标准体系。及时更新相关标准，加快标准推广应用，不断完善冷链物流标准体系。具体支持内容为冷链物流标准制订项目。

第三，弥补冷链物流硬件短板。适度支持建设改造标准化的产地预冷集配中心、低温加工仓储配送中心、冷库等设施，配备必要的冷藏车等设备，对冷库封闭式交接货道、月台、货架进行标准化改造。

第四，加强冷链物流从业人员培训。围绕标准化、信息化建设，开展专业技术知识和实操技能培训，培养一批复合型冷链供应管理人才和具备娴熟规范操作技能的作业人员。具体支持内容包括冷链物流从业人员培训项目、冷链物流研究报告及教材编制。

对于扶持方式和资金下达，规定中央财政支持冷链物流发展项目采用财政补助方式进行扶持。省商务厅会同省财政厅组织专家对申报项目材料进行评审，研究拟定资金使用明细计划。项目申请扶持金额属项目单位自筹金额范畴，除非营利机构外，申请扶持金额不应超过项目投资总额的40%；其中，冷链物流全程冷链体系建设项目、基础设施建设项目最终实际扶持金额不超过项目投资总额的40%。

（三）财政支持项目及补助标准

2017年12月27日，广东省商务厅、财政厅发布对《2017年中央财政服务业发展专项资金（冷链物流建设）项目计划表》予以公示，共计39个冷链物流建设项目得到专项资金支持，安排金额合计1亿元。如表2-3所示。

表2-3　广东省2017年中央财政服务业发展专项资金（冷链物流建设）分区域统计

序号	区域	项目数（个）	扶持金额（万元）
1	省属	13	2509.55
2	阳江市	8	1737.85
3	东莞市	4	1405.00
4	汕尾市	1	1000.00
5	广州市	4	898.80
6	茂名市	2	720.00
7	汕头市	2	632.00
8	潮州市	1	300.00
9	佛山市	1	240.00
10	韶关市	1	208.80
11	珠海市	1	180.00
12	梅州市	1	168.00
合计		39	10000.00

资料来源：广东省财政厅。

以扶持资金的用途来看，冷链基础设施建设是最主要的支持方向，全省共安排资金6725万元，约占专项资金总额的67.2%；其次为全程冷链体系建设，共安排资金2048万元；其他方面安排资金较少，均未超过500万元。如图 2 - 4 所示。

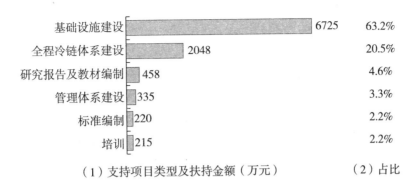

图 2 - 4　广东 2017 年中央财政服务业发展专项资金（冷链物流建设）支持项目类型及占比

资料来源：广东省财政厅。

（四）2017 年冷链发展成果

1. 中外合作上下游联姻拓展市场

2017 年 12 月 12 日，炜洹集团和加拿大海鲜渔业公司正式宣布达成战略合作关系。加拿大海鲜渔业公司是世界上最大的集捕捞加工销售为一体的垂直化海鲜供应商，而炜洹集团则具备专业的餐饮供应链服务能力，两者合作将为引入更多加拿大优质野生海鲜加入餐饮供应行列。

2. 广东冷链公共服务管理平台正式上线

2018 年 1 月 15 日，覆盖全省的广东冷链公共服务管理平台正式上线运营。该平台的上线标志着广东冷链在产业化、信息化、智慧型建设方面有了新的突破，其将为进驻企业提供更多的商业机会、更优良的商业环境。

平台项目定位"一平台、多功能"，为已进驻平台的企业提供了基础信息管理、监控中心、商品认证、统计分析等多项服务功能。首批试点企业包括近 200 台冷藏车以及 7 个冷库等企业，平台可对其温度、湿度进行实时监控，实时掌握冷藏车辆温控达标率、车厢温度异常报告和车辆历史轨迹追踪等，并预留一定的数据接口，为今后对数据的灵活利用及功能的扩展提供保障。

3. 冷链物流服务先进标准体系建设获进展

2018 年 1 月 24 日，"广东省冷链物流服务先进标准体系试点评估验收会"在广州拜尔空港冷链物流中心召开。广州拜尔空港冷链物流中心作为广东省冷链物流服务第一个先进标准体系试点，以94分通过广东省质量技术监督局验收。

2016年2月，国家标准化管理委员会公布了一批服务业标准化试点项目及单位，其中包括广州拜尔空港冷链物流中心有限公司实施的"广州拜尔绿色空港冷链物流服务标准化试点项目"，广州拜尔空港冷链物流中心成为国内第一家空港冷链物流服务标准化试点单位。该项目的成功验收对我国绿色冷链物流服务建立先进的标准体系，提高冷链物流系统的效率及效益将产生深远影响，也意味着空港冷链物流向服务标准化的趋势发展。

（五）后期冷链物流发展方向

2017年4月28日，广东省商务厅印发《广东省冷链物流发展"十三五"规划》（粤商务建字〔2017〕9号），进一步推进以鲜活农产品、食品为主的冷链物流发展，并拓展食品、药品和生鲜农产品等电子商务交易的冷链物流发展空间。发展方向包括优化区域网络布局、构建全程冷链物流体系及可追溯体系等。规划的发展目标包括：至2020年，综合冷链流通率提升到25%，冷藏运输率提升到55%，流通环节损耗率下降10%，冷库容量增至450万吨；冷链运输车辆达到1.5万辆，预冷保鲜比例达到30%，冷链物流示范园区达到25个，冷链物流示范企业达到50家。

规划确定的主要任务包括：一是加快优化区域网络布局，围绕产销地和流通节点，构建多层级、跨区域、全覆盖的冷链物流网络；二是构建全程冷链物流体系，以生鲜肉类为突破口，建设覆盖产地预冷、冷链运输、销区冷储、冷链配送、冷鲜销售等环节，全程一体化、低损耗、可追溯的农产品冷链物流体系；三是培育壮大冷链物流主体，大力扶持本土第三方冷链物流企业的发展，鼓励省内冷链物流企业与央企、外资等知名企业重组做大做强，培育和壮大一批经济实力雄厚、经营理念和管理方式先进、核心竞争力强的第三方冷链物流企业；四是推进冷链物流技术创新，加强现代化全程冷链物流技术与装备的引进、研发、创新和应用，重点推广高效预冷技术、制冷技术、环境温度和清洁度控制技术、保温材料技术、库温调控技术、移动制冷技术和保温箱制造技术建设，大力发展多温冷藏运输车、蓄冷保温箱、联运冷藏集装箱等新型冷链物流装备；五是提高冷链物流信息化水平，建立冷链物流公共信息平台，实现上下游企业数据交换和信息共享，整合优化冷链物流资源，全面提升冷链物流业务管理的信息化水平；六是加快实施冷链物流标准化，制定与国际接轨的冷链物流技术标准和操作规范，推行符合国际规范的质量安全认证和市场准入制度，研究制定符合本省的冷链物流地方标准。

重点工程包括：一是冷链物流基础设施建设工程，涵盖产地预冷设施、复合型冷链物流中心等 5 类；二是冷链物流创新发展工程，涵盖冷链联盟计划、共同配送模式等 5 类；三是冷链物流服务体系创建工程，涵盖安全认证体系、质量溯源机制和冷链产业信用体系；四是重点产品冷链物流建设工程，涵盖农产品冷链体系、集体用餐及中央厨房配送的食品和半成品冷链体系、药品冷链体系；五是冷链物流示范企业带动工程，鼓励大型冷链物流企业积极申报高新技术企业、全国冷链物流企业 50 强等。积极推广示范园区、企业在商业模式、服务水平、品牌培育等方面的成功发展经验，充分发挥以点带面的示范作用。涵盖冷链物流示范认定、龙头企业重点培育和发展经验推介交流。

七、四川省冷链物流情况

（一）冷链物流需求及现状

四川省地处我国西南腹地，地域辽阔，物产丰富，人口众多，是一个多民族聚居的人口大省、农业大省。其主要粮食作物有禾谷类、豆类、薯类三大类，主要经济作物有油菜、棉花、甘蔗、蚕桑、水果、茶叶、蔬菜、烟叶、麻类、花卉、药材和经济林木等。同时，四川省为全国五大牧区之一，拥有丰富的畜禽资源。此外，该省集约化养鱼技术在全国内陆省份属领先水平，稻田养鱼、水库养鱼单产居全国第一。

2017 年，四川省蔬菜播种面积 140.6 万公顷，增长 1.9%；蔬菜及食用菌产量 4523.0 万吨，同比增长 3.1%；茶叶产量 28.3 万吨，增长 5.7%；园林水果产量 895.0 万吨，增长 5.2%；中草药材产量 51.2 万吨，增长 11.3%；肉猪出栏 6579.1 万头，比上年下降 5.0%；牛出栏 267.3 万头，下降 0.5%；羊出栏 1780.4 万只，增长 1.4%；家禽出栏 65259.8 万只，下降 3.7%；猪肉产量下降 4.5%，牛肉产量增长 2.7%，羊肉产量增长 1.3%。

禽蛋产量下降 2.4%，牛奶产量增长 1.5%；水产养殖面积 22.0 万公顷，增长 2.4%；水产品产量 154.4 万吨，增长 6.2%。随着四川省农产品深加工产业的发展，以及居民生活水平提升引导的消费结构升级，四川冷链市场具有巨大的发展潜力。

另外，四川作为西南地区重点发展省份，是支撑"一带一路"和长江经济带联动发展的战略纽带与核心腹地，具有独特的地理位置优势。一方面，随着丝绸之路经济带战略的深入实施，国家在基础设施互联互通、国际区域合作、产业融合布局等方面的支持力度将不断加大，四川的区位和资源优势将更加凸显。另一方面，四川已构建起向西连接中亚及欧洲国家，向北对接中蒙俄经济走廊，向南融入中国—中南半岛经济走廊和中巴、孟中印缅经济走廊，向东拓展长江黄金水道的全方位开发格局，在发展物流方面优势明显。

据四川省发展改革委相关数据，2016 年，四川农产品冷链流通率 23.03%，冷链运输率 38.39%。而据有关统计，2017 年四川冷库容量约 80 万吨，比上年小幅度增长，冷藏车保有量为 1555 辆，同比有所减少。当前，补足冷链物流短板，依托龙头企业优化农产品链条组合，农业供给侧结构性改革正在全川加快推进。以成都为全省核心冷链物流城市，四川正在重点推进相关建设，并积极推动川东北、川南、攀西和川西北冷链物流中心布局建设，逐渐形成完善的四川冷链物流体系。

（二）政府鼓励政策

为促进冷链物流发展，2017 年四川省先后发布了《四川省财政厅四川省商务厅关于下达 2017 年中央财政农产品冷链物流发展资金的通知》（川财建〔2017〕148 号）、《四川省商务厅四川省财政厅关于申报 2017 年农产品冷链物流发展项目的通知》（川商市建〔2017〕4 号）、《四川省商务厅关于进一步做好农产品流通体系建设项目的通知》（川商市建〔2017〕12 号），明确 2017 年农产品冷链物流发展项目围绕信息化标准化建设、冷链物流基础设施和人才培训三方面建设内容，重点在信息化、标准化建设。

1. 支持方向

第一，信息化、标准化建设。信息化建设，包括支持按照《全国农产品冷链流通监控平台建设规范》冷库、冷藏车等冷链设施安装温度传感器、温度记录仪等冷链监控设备，并将相关温控信息对接共享到全国农产品冷链流通监控平台；标准化建设，包括支持更新相关标准，加快标准推广应用，不断完善冷链物流标准体系。

第二，基础设施建设。首先，适度支持建设改造标准化的产地预冷集配中心、低温加工仓储配送中心、冷库等设施；其次，适度支持配备必要的冷藏车等设备；最后，适度支持对冷库封闭式交接货通道、月台、货架进行标准化改造。

第三，人才培训。围绕信息化、标准化建设，支持开展专业技术知识和实操技能培训。

以上三个支持方向中，除信息化建设方向可单独支持外，标准化建设、基础设施建设和人才培训方向必须和信息化建设共同申报。

2. 支持方式

采取专项补助、贷款贴息等方式，对信息化、标准化和人才培训，以及基础设施建设类项目予以支持。

3. 支持对象符合条件及范围

第一，申报主体须满足：为四川省直属企业；项目实际投资主体商注册地、经营地在四川省所辖范围；有完善的财务管理制度；无重大违法违规记录。在"全国企业信用信息公示系统""四川企业信用网"查询中无主要异常信息和严重违法信息；具有从事农产品冷链物流及相关行业资质和经验；同一项目已享受过中央或省级财政资金补助的不予支持。

第二，对于信息化建设项目，申报主体为从事生鲜农产品类的生产流通企业，一般应连续稳定2年（含2年），在主产区已有对接的合作社、经销户；申报主体自有或租赁冷库面积500平方米以上（租赁合同需10年以上），或自有冷藏车2台以上；支持项目务能于2017年12月底前竣工验收和投入运营，并能将相关温控信息对接共享到全国农产品冷链流通监控平台的项目（所有合同以及发票、票据等报销凭证日期必须在2017年12月底前）。

第三，对于标准化建设项目，需制订冷链物流标准化计划和实施方案，且必须同时申报本通知中的信息化体系建设。

第四，对于基础设施建设，要求：申报主体为从事生鲜农产品类的生产流通企业，一般应连续稳定2年（含2年），在主产区已有对接的合作社、经销户；申报的冷链物流基础设施建设项目已开工，并已合法取得相关开工手续，且能在 2017 年 12 月底前竣工验收并投入运营，能将相关温控信息对接共享到全国农产品冷链流通监控平台；新建改造标准化的产地预冷集配中心、低温加工仓储配送中心、冷库等设施，以及标准化改造冷库封闭式交接货通道、月台、货架等建设项目应具有政府相关部门批准（备案）文件。项目涉及用地的必须具有合法的土地证明，银行贷款相关手续齐备；必须同时申报本通知中的信息化体系建设项目。

第五，对于人才培训，需制订冷链物流专业技能培训方案，且必须同时申报本通知中的信息化体系建设项目。

（三）2017 年冷链发展成果

1. 绵阳西部冷都正式投运，打造西部最大冷链物流中心

2017 年 8 月 8 日，绵阳市招商引资项目、西部最大冷链物流中心——西部冷都在绵阳龙门农副产品园区开业，主要涵盖冻品交易、农副产品交易、水产海鲜交易、肉类交易和冷链仓储等业态，集冷链商贸、冷链物流、配送、批量交易、配送、电子商务、检验检疫、价格指数发布为一体，预计年总营业额将超过 200 亿元。

该项目占地 408 亩，总规划面积 48 万平方米。一期 10 万平方米，目前有 500 多户商家已经入驻。此外，配套的冻库仓储区和西部冷都二期工程已经在建，预计到 2019 年全面运行。加上已走流程的三期工程，全面竣工后，可以满足 3000 多商家经营需求，年交易量超过 200 万吨，年交易额上百亿元。全面建成后，该项目将成为川北最大的农产冷链基地，西部重要农产交易中心，服务范围涵盖成都、德阳、绵阳、广元等地，可辐射四川、重庆、陕西、甘肃等西部地区。

2. 第三届国际口岸经贸物流合作大会在成都举行

2017 年 9 月 17 日，由中国西部国际博览会组委会秘书处、四川省人民政府口岸与物流办公室主办的第三届国际口岸经贸物流合作大会（以下简称"口岸大会"）在成都举行。相关国家代表、行业组织和知名企业代表 400 余人围绕口岸经贸交流与合作、物流发展趋势、口岸服务提升等展开探讨。

本次大会主旨演讲阶段，各嘉宾围绕全国通关一体化改革、服务中欧班列扩能增效、荷兰海关在物流管理方面的经验、国际贸易"单一窗口"等主题进行了演讲。在当天下午举行的"一带一路"中荷冷链物流论坛以及 2017"一带一路"国际多式联运与跨境贸易发展大会上，嘉宾重点围绕"一带一路"大背景下推进冷链物流发展、搭建内陆港协作共赢新平台、多式联运体系等问题展开交流讨论。在会场交流对接区，参会代表可开展面对面自由对接交流。

3. 川南农副产品冷链物流中心落户内江

2017 年 11 月 27 日，内江市市中区人民政府与中汇力集团有限公司签订川南农副产品冷链物流中心项目投资框架协议。

据了解，该项目拟投资 7 亿元，在白马镇内宜高速公路出口处建立占地 300 亩的农副产品冷链物流中心，项目建筑面积约 25 万平方米，建设货运停车场、物流用房、商品展示用房、冷链冻库、气调库、仓库、"中央厨房"基地、管理用房、办公用房及配套用房，主要用于农副产品物流、交易、展示、仓储、技术服务和相关的商务活动。该项目拟建设工期 2 年，建成后将成为成渝之间重要的现代化农副产品物流中心，水果蔬菜年交易量预计可达 35 万吨，年交易额预计 80 亿元，提供直接就业岗位 6000 个以上，间接就业岗位 3 万个以上。

（四）后期冷链物流发展方向

2017 年 2 月 8 日，四川省发展和改革委员会印发《四川省"十三五"农产品冷链物流发展规划》（川发改经贸〔2017〕45 号）（以下简称《规划》），计划到 2020 年，全省农产品冷链物流发展水平显著提高，肉类、果蔬、水产品、奶类、茶叶等农产品冷链流通率分别提高到 40%、25%、40%、50% 和 70% 以上，冷藏运输率分别提高到 55%、40%、65%、55% 和 60% 左右，肉类、果蔬、水产品等流通环节产品腐损率分别降至 5%、10%、5% 以下；设施装备水平进一步完善，新增冷库库容 100 万吨以上，新增冷藏运输车 2000 辆以上，建成一批规模大、装备先进、效率高的跨区域冷链物流基地和配送中心；培育一批经营规模 5 亿元以上的冷链物流龙头企业，形成一批具有较强资源整合能力，在西部和国内具有竞争力和影响力的冷链物流企业。

《规划》指出，要把握国家"一带一路"和长江经济带建设战略机遇，充分发挥成渝经济区增长极核和地处"一带一路"链接枢纽的优势，重点推进成都作为全省核心冷链物流城市建设，带动德阳、绵阳等周边市县建成全省冷链物流发展的核心区。要加快培育区域冷链物流中心。加快推进川东北、川南、攀西和川西北冷链物流中心布局建设，完善以二、三级农产品冷链物流节点城市，构建区域农产品冷链物流集散、中转次级枢纽。

《规划》强调，要鼓励生鲜农产品经营主体加强与配送、快递等企业合作，开展多品种、小批量、多批次的冷链配送服务。围绕城市冷链配送，大力推进发展"电商＋冷链快递＋智能菜柜"的生鲜农产品直销零售模式。开展农产品进社区工程，大力发展以社区为单位的"电子菜箱""智能菜柜"等蔬果直销零售模式，实现大型居住社区农产品直投智能冷藏柜基本覆盖。积极开展试点示范，打造一批生鲜直销配送示范企业和"智能微菜场"示范小区。

《规划》明确，要选择一批冷链物流园区，冷链物流企业和农业龙头企业，农民合作社，在先进冷链物流装备、冷链配送、冷链物流标准化等领域开展示范工程建设试点。发挥冷链物流示范带动效应，在全省培育一批主业突出、竞争力强、服务水平高、行业影响力大的冷链物流示范企业，打造一批冷链物流示范园区和农民合作社。

八、青海省冷链物流情况

（一）冷链物流需求及现状

青海省是"一带一路"倡议通道的重要节点，也是我国主要草原畜牧业生产基地，作为世界四大无公害超净区之一，依托独特的地理优势，该省出产不少国内乃至世界一流的特色优势产品，如牛羊肉、乳制品、冬虫夏草、枸杞、沙棘、人参果等，这些产品具有绿色、有机、环保、纯天然、无污染等特点，受到国内外消费者的青睐。然而，由于过去青海冷链物流发展滞后，许多得天独厚的青海产品难以走出省门，实现优质优价。

2017年，青海省蔬菜及食用菌产量170.01万吨，其中蔬菜产量168.97万吨，与上年持平，食用菌产量1.04万吨，同比增长4.3%；水果产量3.81万吨，同比下降5.3个百分点；肉类总产量38.33万吨，增长6.4%。

其中，猪肉产量 11.41 万吨，增长 8.6；牛肉产量 12.85 万吨，增长 5.5%；羊肉产量 12.68 万吨，增长 5.8%；水产品产量 1.61 万吨，增长 33.5%；牛奶产量 33.8 万吨，增长 2.4%；禽蛋产量 2.46 万吨，增长 2.9%。青海拥有优质的农副产品资源，但由于地处内陆边远地区，远离中心市场，因此发展冷链物流意义重大。

另外，随着"青海拉面经济"的崛起，青海农村的富余劳动力和传统手工技艺，以独立经营为主要形式，在全国各大城市经营拉面生意的经济模式异常火爆。据统计，目前全国各大城市有青海清真拉面店 3 万多家，遍布全国 270 多个大中城市，这其中青海的牛羊肉是不可或缺的主要原料。当前，"互联网＋拉面产业"正在快速融合，通过整合全省食材、原材料等资源在中国拉面网电商平台进行交易，直接从青海发货，全程冷链物流配送到全国的中高端拉面店和其他清真高档餐馆，将切实降低拉面馆经营成本，提高速度和品质。

此外，青海农副产品交易市场也正快速发展。青海省拥有各类农产品交易市场 145 个，交易额超亿元的有 24 个。其中，如青藏高原农副产品集散中心运营以来市场年吞吐量达 200 万多吨，交易额 40 多亿元，交易额相当于全国农副产品交易市场前 50 名规模。再如丝绸之路海东海吉星国际农产品交易中心，其"互联网＋集配"的创新理念，打造融合生鲜电商 O2O（线上线下）平台、高端品牌建设与推广、农产品展示体验推广中心于一体的西北地区大型农产品集散中心和农产品商贸中心，商务部将该项目列为丝绸之路经济带农产品流通骨干网络上的重要节点。青海的特色农产品正通过海东辐射全国甚至影响到整个中西亚乃至欧洲地区，而冷链物流成为发展不可缺少的重要环节。

青海冷链物流的需求量很大，但是也存在许多不足。在青海省商务厅公布的《关于对全省冷链物流体系建设情况的调研报告》中明确地指出了该省冷链物流产业发展存在的问题：温控食品冷链流通比例仅 5%，温控食品物流过程无法形成"冷链"；冷链基础设施严重不足，冷库缺口 20 万吨以上，冷藏运输车辆缺口超过 200 辆；第三方冷链物流发展滞后，标准化程度低、信息化管理落后，以致运输效率低，商品损耗大。

2016 年 6 月，青海纳入全国冷链物流综合示范省份，这对于青海这样一个农畜产品资源富集、冷链物流基础薄弱的省份来说是一件具有里程碑意义的大事。目前，青海融入全国统一大市场的步伐明显加快，与"一带一路"沿线国家的经济往来也日益频繁，冷链物流需求呈快速上升趋势。预计全省需冷链物流服务的温控食品总量占全部总量的 60%~70%，未来 2 年内年冷链物流需求将达到 60 万吨以上。

（二）政府鼓励政策

为发展冷链物流，青海省先后发布了《青海省商务厅青海省财政厅关于印发〈青海省冷链物流综合示范工作实施方案〉的通知》（青商流通字〔2016〕241 号）以及《青海省商务厅青海省财政厅关于组织申报 2017 年冷链物流综合示范项目专项资金的通知》（青商流通字〔2017〕340 号）文件。提出力争用 2 年时间，建成冷链物流监控平台，完成牛羊肉全程冷链、农贸批发市场综合冷链两项示范工程，基本解决"最先一公里""最后一公里"和"断链"问题。推动青海冷链流通率从 5% 提高到 10%；冷链运输率从 10% 提高到 15%；流通环节损耗率从 25% 降到 20%。资金支持重点领域包括：

第一，支持信息化体系建设。支持示范企业在冷库、冷藏车等冷链设施中安装温度传感器、温度记录仪等冷链监控设备，建立全省和企业冷链流通全程温控平台。

第二，支持标准制定和推广应用。鼓励企业针对冷链物流各个环节制定严于国家标准、行业标准的企业标准；通过标准实施，规范冷链物流操作和管理，提高企业冷链物流管理水平。

第三，支持冷链基础设施建设、改造和设备购置。支持在主要产区建设标准化的产地预冷集配、低温加工仓储配送等设施，在主要销区建设低温加工配送仓储设施，发展冷链共同配送。

第四，冷链物流从业员人培训培养。支持加强对冷链物流行业从业人员的专业技术知识和实操技能培训。

对于资金的支持方式，采取股权投资、贷款贴息、后补助等方式支持；支持方向主要用于项目建设、信息系统开发、设施设备购置与安装改造、标准制定与贯标、人员培训与考察等项目建设实施直接相关的支出。不得用于道路建设、公用设施建设、征地拆迁、客车购置、人员经费以及设施维护等经常性开支；关于支持标准，对单个项目支持金额不超过项目总投资或企业实际资本金的 40%。

2017 年 10 月 10 日，青海省人民政府办公厅转发省发展改革委《关于青海省物流业降本增效专项行动实施方案的通知》（青政办〔2017〕188号），提出加强冷链物流体系建设。包括加快冷链设施标准化改造，促进冷链运输标准化器具推广应用，支持大宗鲜活农产品产地预冷、初加工、冷藏保鲜、冷链运输等设施设备建设，支持农产品物流企业推广应用全温控监控设备，建设冷链物流公共信息服务平台，完善农产品包装和冷链物流标准体系，提高全省冷链物流流通率和运输率。鼓励新建低耗节能型冷库和对现有冷库进行智能化改造，加强智能冷链物流能力建设。

（三）财政支持项目及补助标准

2017 年 10 月 25 日，青海省商务厅、青海省财政厅印发《关于 2017 年中央财政支持青海冷链物流项目的公示》（青商流通字〔2017〕493 号），确定 47 个项目入选中央财政支持冷链物流项目，项目投资总额 9.62 亿元，其中自筹资金 4.44 亿元，银行贷款 4.08 亿元，拟支持额度 1.1 亿元。如表 2-4 所示。

表 2-4　　青海省 2017 年中央财政支持冷链物流建设项目分地区统计

序号	所属地区	项目数（个）	自筹资金（万元）	银行贷款（万元）	拟支持额度（万元）	投资总额（万元）
1	西宁市	14	25335	37200	5100	67635
2	海东市	11	7267	0	1800	9067
3	海北州	5	2833	900	1100	4833
4	海西州	5	3956	1200	1000	6156
5	果洛州	3	1845	500	800	3145
6	海南州	4	1557	0	500	2057
7	黄南州	3	907	1000	300	2207
8	玉树州	1	738	0	300	1038
9	省级	1	0	0	100	100
合计		47	44438	40800	11000	96238

资料来源：青海省财政厅。

以专项资金扶持的项目类型看，新建项目拟支持资金额度为 7700 万元，占比为70%，是最主要的项目类型；其次为改扩建项目，占比近20%；单纯的扩建项目和改建项目占比都不高，均未超过10%。从资金支持方式看，近3/4的项目采用后补助的形式，占绝对主流；另有1/4的项目采用股权投资的形式；冷链项目培训因支持金额相对较少，所以为单一来源采购。如图2-5所示。

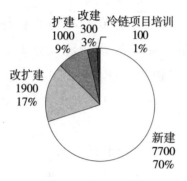
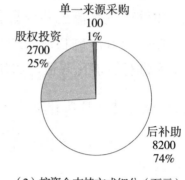

（1）按项目类型细分（万元）　　　　（2）按资金支持方式细分（万元）

图2-5　青海省2017年中央财政支持冷链物流建设项目资金分配方案
资料来源：青海省财政局。

（四）2017年冷链发展成果

1. 多措并举做好冷链物流试点工作

2018年1月17日，商务部在西宁召开全国农产品冷链物流发展现场交流座谈会，来自全国28个省区市商务主管部门、冷链物流企业和相关技术单位的240余名代表及青海省各市州商务部门和部分冷链物流试点企业负责人参加会议。

据青海省商务厅副厅长王旭斌介绍，青海自2016年纳入全国冷链物流综合示范省份以来，以牛羊肉、乳制品、果蔬、水产品等特色农畜产品为重点，以信息化、标准化为"两翼"，推行全国农产品冷链流通监控平台数据直采系统和全省冷链运营管理系统"双网融合"，着力补短板、提水平，通过物联网、大数据等手段，积极探索符合实际的冷链物流发展模式，着力解决冷链物流"瓶颈"、补齐冷链物流"短板"。项目实施两年来，全省牛羊肉冷链流通率运输率分别增长30%和10%，损耗率下降20%。冷链基础设施设备水平有了明显提升，新增冷库容量约8万吨，大部分试点企业对月台、穿堂等进行了全封闭，配备了标准化货架、叉车、托盘等。培育成立了迅达冷链、优力冷链等第三方专业冷链运输公司，开通了省内州县及西宁—西安干线冷链线路。在 10 个试点省份中第一个完成了省级平台和样板企业与全国平台对接，较为全面地梳理总结了本地在冷链物流发展方面的典型经验模式，冷链物流体系综合示范工作走在了 10 个试点省区市前列。

2. 省商务厅与京东物流联合举办"京东物流供应链无忧"青海冷链物流企业对接会

为进一步解决青海省温控食品生产加工企业冷链物流"瓶颈"问题，促进特色农畜产品"走出去"，2017 年 8 月 11 日，青海省商务厅与京东物流西北分公司在西宁联合举办以"京东物流，供应链无忧"为主题的青海冷链物流企业对接会。两市六州商务主管部门、省内温控食品生产加工及商贸流通企业共计 100 余人参加会议。

对接会上，京东物流西北分公司有关人员推介了冷链物流运营及冷仓集配模式，解读了京东生鲜类项目招商、物流开放及冷链物流等政策。通过现场推介、交流洽谈，青海报业物流发行有限公司、青海可可西里肉食品有限公司等 6 家企业与京东西北分公司签订了合作协议。

3. 举办冷链物流体系建设培训会

2017 年 11 月 23—24 日，青海省商务厅在西宁举办全省第三期冷链物流体系建设培训会，各市（州）县（区）商务主管部门和全省温控食品生产加工流通企业负责人近 200 人参会。

培训邀请国内外专家就冷库经营企业、冷冻冷藏运输（配送）企业、综合冷链企业的资质评价标准和运营水平评价指标；日本冷链物流标准化作业、配送管理、物流中心 KPI（关键绩效指标）管理；冷链信息平台评审考核验收标准、耐磨地坪的选择、冷链物流的巡检及保养特别是冷链流通率、运输率、损耗率测算方法等问题进行了详细解读。省商务厅项目牵头处室就进一步做好冷链物流体系综合示范项目建设提出具体要求。作为冷链物流综合示范工作的重要组成部分，三期培训班累计培训 530 余人次，使各地商务部门和企业深入了解了当前冷链物流发展趋势和先进地区运营管理、技术创新模式。

九、宁夏回族自治区冷链物流情况

（一）冷链物流需求及现状

宁夏位于黄河中上游，黄河流经宁夏 397 千米，得黄河灌溉之利，宁夏是全国四大自流灌溉区之一。良好的农业生产条件，造就了特色农业的发展优势，宁夏已经形成了具有区域竞争力的 13 个特色优势产业，特别是枸杞、酿酒葡萄、甘草、瓜果、马铃薯、牛羊等特色种植养殖业，在西部乃至全国都有影响。同时，宁夏也是农业部规划的黄土高原夏秋蔬菜生产优势区域和设施农业优势生产区。近年来，宁夏将蔬菜产业确定为"1+4"主导产业之一，坚持"冬菜北上、夏菜南下"战略，实施"设施蔬菜、露地蔬菜、西甜瓜三个百万亩工程"，蔬菜产业快速发展，70% 的产品销往周边及南方省区，并成功进入俄罗斯、蒙古、中亚等市场。

另外，宁夏紧邻雅布赖国际航路，处于新亚欧大陆桥和中国—中亚—西亚经济走廊的节点位置，成为东西通道的交会点，辐射西北、连接华北东北，直至通达西亚北非，交通四通八达，物流成本低。随着"一带一路"倡议的实施，宁夏作为内陆省区由开放腹地走到了开放前沿，许多开放发展的优势逐步显现出来。同时，作为回族自治区，宁夏是中国独具特色的省份，与阿拉伯国家开展经贸合作的优势明显，不少专家看好宁夏"向西开放"的前景——从面向全世界 22 个阿拉伯国家，到面向更远的欧洲，最终面向全世界。

2017 年，宁夏特色农业增势良好。其中，蔬菜产量 608.4 万吨，增长 2.6%；红枣产量 10.4 万吨，增长 24.7%；枸杞产量 11.6 万吨，增长 11.3%；肉类总产量 31.8 万吨，增长 4.2%；牛奶产量 153.3 万吨，增长 9.9%；水产品产量 18.8 万吨，增长 7.7%；餐饮业实现零售额 151.59 亿元，增长 13.3%。独有的区位优势和农业产出，使宁夏发展冷链物流具有广阔的市场前景。

（二）政府鼓励政策及补助标准

1. 一亿元中央财政资金支持银川市冷链物流综合示范项目发展

2017 年 11 月 10 日，宁夏回族自治区商务厅、宁夏回族自治区财政厅发布《关于下达 2017 年冷链物流发展专项资金计划的通知》（宁商发〔2017〕96 号），明确 2017 年中央财政支持冷链物流发展专项资金 1 亿元将用于银川市冷链物流综合示范项目。

2017 年 10 月 27 日，银川市人民政府办公厅印发《银川市冷链物流综合示范工作实施方案的通知》（银政办发〔2017〕191 号），用于发展冷链物流体系，提高流通效率、降低流通损耗。

2017 年 11 月 1 日，银川市商务局、银川市财政局印发《银川市冷链物流发展专项资金暂行管理办法的通知》，对政部、商务部统一安排的冷链物流发展中央专项资金的使用和监管做出明确规定。银川市冷链物流综合示范项目建设方向包括：

第一，提高冷链物流设施利用率和监管水平的信息化体系建设项目，包括建设与运营自治区级冷链物流公共信息服务平台和冷链流通全程温控平台、企业冷链物流业务信息系统建设项目（含冷链物流配送信息系统项目）等。

第二，冷链物流标准化推广应用项目，包括社区低温保鲜冷柜（低温保鲜智能提货柜）、冷冻（藏）运输车辆、标准化托盘等项目、冷链流通标准的制定与推广项目等。

第三，强化冷链物流硬件支撑的基础设施项目，包括农产品产地低温保鲜库、大中型冷冻（藏）库、低温分拣加工车间等建设项目；冷链交接货设施（通道、月台、货架等）建设（改造）项目；绿色环保冷藏冷冻设施设备应用项目等。

第四，提高冷链物流人才的专业技术知识和实操技能培训项目等。

第五，对全市实现冷链物流建设目标有重大支撑作用的其他项目，包括依托已开通的国际航线、班列和肉类口岸、种苗花卉口岸，完善陆港、空港冷链基础设施设备，延伸冷链物流供应链，构建肉类、水产、果蔬、鲜花等生鲜产品的国际冷链物流体系。

2. 安排 1418 万元用于全区农产品冷链物流体系建设和内贸流通统计监测

2017 年 11 月 30 日，宁夏回族自治区商务厅、宁夏回族自治区财政厅发布《关于下达 2017 年全区农产品冷链物流体系建设和内贸流通统计监测等资金计划的通知》，计划安排 1418 万元用于全区农产品冷链物流体系建设和内贸流通统计监测等项目，如表 2 - 5 所示。具体内容如下。

一是农产品冷链物流体系建设。安排资金 1000 万元，支持全区开展冷链物流体系建设。其中，石嘴山市 300 万元、吴忠市 200 万元、固原市 300万元、中卫市 200 万元。重点支持方向和内容包括提升冷链物流信息化水平；提高冷链物流标准化水平；支持冷链基础设施建设。

二是内贸流通统计监测。安排资金 254 万元，对 2017 年全区内贸流通统计监测项目给予支持。其中，安排 67 万元，对 2017 年市场监测信息采集与分析、信息员培训和绩效考核等项目给予支持；安排 187 万元，对市、县（区）商务预报网站运营维护给予补助，包括信息发布、多媒体合作等事项。

三是重要产品追溯体系建设。安排 164 万元，用于支持固原市实施中药材追溯项目，促进当地中药材种植户增产增收，帮助脱贫致富。

表 2 - 5　宁夏 2017 年农产品冷链物流体系建设和内贸流通统计监测等资金计划 单位：万元

地区	农产品冷链物流体系建设	统计监测	重要产品追溯体系建设	商务预报网站维护	合计
银川市		14		50	64
银川市		9		8	17
兴庆区				7	7
西夏区				7	7
金凤区				7	7
永宁县		5		7	12
贺兰县				7	7
灵武市				7	7
石嘴山市	300	16		29	345
石嘴山市		6		8	14
大武口区		5		7	12
惠农区				7	7
平罗县		5		7	12
吴忠市	200	13		43	256
吴忠市		8		8	16
利通区				7	7

续　表

地区	农产品冷链物流体系建设	统计监测	重要产品追溯体系建设	商务预报网站维护	合计
红寺堡区				7	7
盐池县		5		7	12
同心县				7	7
青铜峡市				7	7
固原市	300	18	164	43	525
固原市		8	164	8	180
原州区				7	7
西吉县				7	7
隆德县				7	7
泾源县		5		7	12
彭阳县		5		7	12
中卫市	200	6		22	228
中卫市		6		8	14
中宁县				7	7
海原县				7	7
合计	1000	67	164	187	1418

资料来源：宁夏回族自治区商务厅。

（三）2017 年冷链发展成果

1. 成立银川市冷链物流产业发展基金

以中央财政拨付宁夏 1 亿元冷链物流综合示范专项扶持资金作为发起资金，银川市商务局依托银川市产业基金管理有限公司、银川汇创资本投资控股有限公司，成立了银川市冷链物流产业发展基金。目前，银川市冷链物流发展产业基金已完成注册，将根据实际情况进行募资，放大资金的使用效益。

2. 组建专业公司，引导冷链物流相关企业推动完善农产品冷链流通标准化示范工作

由银川汇创资本投资控股有限公司（国有）成立 6 个平台公司，引导宁夏润恒农副产品（冷链）物流园等企业积极投入硬件设施建设，开展冷链物流复合型冷链供应链管理管理人才及具有娴熟规范操作技能的作业人员培训。

3. 宁夏冷链物流公共服务信息平台正式上线

2018 年 1 月 16 日，宁夏冷链物流公共服务信息平台暨生鲜 365 电商平台上线仪式在银川市西夏区宁夏润恒智慧冷链物流园区举行，这标志着宁夏冷链物流公共服务信息平台正式投入使用。目前该平台已经完成了智慧信息平台、生鲜电商平台和冷链物流中心等建设工作，配备了 20 辆冷链车和 190 组冷链快递一体柜，为广大消费者提供果蔬粮油等 5 大类优质产品。同时，通过第三方检验检测机构，对所供应生鲜果蔬进行安全检测，确保消费者吃到"放心菜"。该平台包括冷链物流信息监控平台、冷链物流配送体系、生鲜电商平台和智慧冷储体系等主要功能模块。

4. 开展蔬菜生产基地冷链设施建设试点

为推动蔬菜生产冷链建设，2017 年 7 月 31 日，宁夏物价局联合财政厅、农牧厅、发改委下发《宁夏回族自治区蔬菜生产基地冷链设施建设试点实施方案》，在全区范围内开展蔬菜生产基地冷链设施建设试点工作。

试点区域以蔬菜主要种植产区的永久性蔬菜生产基地为依托，先行在银川市、贺兰县、永宁县、灵武市、平罗县、吴忠市、青铜峡市、中卫市、中宁县、海原县、固原市、西吉县、彭阳县、隆德县 14 个市、县开展试点。要求各试点市、县每年建设 1～2 个储藏能力在 1000 吨以上，建筑面积在 2000 平方米左右，具备预冷打凉、分拣包装、低温储藏（自动化集成控制系统）、初加工处理的综合性冷链设施，并至少配 2 台 5 吨以上容量的冷藏车。在资金支持方面，自治区财政按照蔬菜生产基地冷链设施建设成本的 25% 给予支持，市、县政府可根据本地财力状况，适当给予支持。自治区和市、县支持资金比例不得超过其建设成本的 40%。

5. 与台湾农业暨冷链物流参访团开展考察交流

2017 年 12 月 26—30 日，应银川市台商投资企业协会邀请，由台湾农特产品整合行销推广协会、台湾冷链协会以及两岸冷链物流专家学者组成的参访团对宁夏进行了为期 5 天的考察洽谈。期间，参访团考察了宁东能源化工基地、太阳山开发区、新百现货物流园、四季鲜农产品综合批发市场、宁夏上陵牧业股份公司，会同区商务厅、银川市、灵武市共同举行了宁台现代农业暨冷链物流对接交流会和灵武海峡两岸农业科技创新园项目对接会，就利用台湾先进的农业种植和冷链物流技术，以及宁夏独特的农业资源和西向低成本空中、陆上通道优势，拓展面向"一带一路"沿线国家的农业、花卉和冷链物流合作达成了四项合作成果。

一是与灵武市签订了"海峡两岸（宁夏·灵武）农业科技创新园项目框架协议、农业种植养殖投资合同、环保节能设备制造合同"等三个协议（合同）；二是与商务厅、农牧厅就共同申请建设"海峡两岸冷链物流试点城市"达成了初步共识；三是促成银川台协与昆山台协结对开展昆山台资企业向宁夏转移的各项服务工作；四是促成台湾农推会花卉委员会与银川国际鲜花港初步达成了蝴蝶兰种植意向。

（四）后期冷链物流发展方向

2017 年 12 月 28 日，宁夏回族自治区人民政府办公厅印发了《关于加快发展冷链物流保障食品安全促进消费升级的实施意见》（宁政办发〔2017〕219 号），为加快推进全区冷链物流行业健康规范发展，满足居民消费升级需要，促进农民增收，保障生鲜农产品和食品消费安全，提出以下实施意见。

提出到 2020 年，全区基本建立"全程温控、标准健全、绿色安全、应用广泛"的冷链物流服务体系，培育一批具有核心竞争力、综合服务能力强的冷链物流企业，冷链物流信息化、标准化水平大幅提升，普遍实现冷链服务全程可视、可追溯，生鲜农产品和易腐食品冷链流通率提高 30%、冷藏运输率提高 10%，流通环节损耗率下降 20%。

实施意见共提出十项具体措施：一是构建"全程温控、标准健全、绿色安全、应用广泛"的现代化冷链物流服务体系；二是支持冷链物流基础设施建设，逐步构建覆盖全区主要产地和消费地的冷链和基础设施网络；三是培育发展一批经济实力雄厚、经营理念和管理方式先进、核心竞争力强的冷链物流骨干企业；四是提升冷链物流信息化水平，逐步实现冷链物流全过程的信息化、数据化、透明化和可视化；五是推动新技术新装备应用，提高冷藏运输车辆专业化、轻量化水平；六是鼓励企业创新经营模式，优化冷链流通组织，推动冷链物流服务由基础服务向增值服务延伸，发展连锁经营，推进先进运输组织模式发展；七是推进标准体系建设，加强冷链物流标准宣传和推广实施应用；八是完善政策支持体系，分别从金融、土地、水电气价格、城市冷链配送车辆管理、人才培养等方面对冷链物流予以支持；九是实施冷链物流全程监管，推行农产品温湿度全程监控、全程追溯；十是提升公共服务水平，全面梳理、分类处理涉及冷链物流企业证照事项，积极推进国际贸易"单一窗口"建设，提升贸易便利化水平。

十、宁波市冷链物流情况

（一）冷链物流需求及现状

宁波市地处我国大陆海岸线中部，位于长三角地区，东临渔业、海产品丰富的舟山地区，水产资源丰富。同时，宁波拥有深水良港，是重要的沿海港口城市，集公路、海运、航空运输、铁路于一体，内外辐射便捷，经济腹地广阔。宁波向外直接面向东亚及整个环太平洋地区，向内不仅可连接沿海各港口，而且通过江海联运，可沟通长江、京杭大运河，直接覆盖整个华东地区及经济发达的长江流域，是中国沿海向美洲、大洋洲和南美洲等港口远洋运输辐射的理想集散地。

2017年，宁波完成口岸进出口总额1.38万亿元，比上年增长18.5%。全年完成外贸自营进出口总额7600.1亿元，增长21.3%，其中出口4984.2亿元，增长14.3%；进口2616.0亿元，增长37.3%。外贸出口占全国比重为3.25%，比上年提高0.1个百分点。全年新增对外贸易经营备案登记企业4604家，累计达37682家；全年有进出口实绩企业18923家。

在港口生产方面，2017年宁波舟山港货物吞吐量10.1亿吨，比上年增长9.5%，成为全球首个"10亿吨"大港，连续9年位居世界第一。其中，宁波港域完成吞吐量5.5亿吨，增长11.1%。全年宁波舟山港集装箱吞吐量2460.7万标箱，增长14.1%，吞吐量居全球第四位、全国第三位，其中宁波港域完成集装箱吞吐量2356.6万标准箱，增长13.9%。年末宁波舟山港集装箱航线总数达243条，其中远洋干线117条，近洋支线74条，内支线20条，内贸线32条。2017年全年完成海铁联运40万标准箱，增长60%。

近年来，宁波全力推进现代化综合大交通建设，不断完善口岸服务支持体系，为冷链物流的发展奠定了良好基础，助推了冷链食品进口的快速增长。据宁波市商务委相关负责人介绍，至 2017 年年初，宁波约有 300 辆冷藏车，计划购买的超过 700 辆，预计至 2019 年冷藏车保有量将超过 1000 辆；已建成的冷库容积达 20 万立方米，在建冷库的容积为 40 万立方米。宁波农产品冷链物流体系的硬件基础已经初步完备，接下来"软件"的完善将是当务之急。

（二）政府鼓励政策及补助标准

2017 年，为发展冷链物流，宁波市先后发布了《宁波市商务委宁波市财政局〈关于印发宁波市中央服务业发展（冷链物流）专项资金实施细则〉的通知》（甬商务市场〔2017〕2 号）、《关于核定中央服务业发展冷链物流建设项目及补助资金的通知》（甬财政发〔2017〕901 号）及《宁波市商务委员会〈关于印发宁波市中央财政服务业发展（冷链物流）专项资金申报项目审查实施细则〉的通知》等文件。

2017 年 8 月 18 日，宁波市商务委员会对宁波市中央财政服务业发展（冷链物流）专项资金申报项目预审核情况予以公示，共 65 家企业（含市本级平台建设）申报的 156 项项目符合评审要求，评定总投资额合计约 5.66 亿元，对应补助金额合计约 1.99 亿元，如表 2-6 所示。据统计，以上项目实施后，将新增建筑面积 8.52 万平方米，新增冷库容量 62.11 万立方米，新增冷藏/保温车辆 315 辆。

表 2-6 宁波市冷链物流建设申报项目预审统计

所属区域	单位数（个）	项目数（个）	申报金额（万元）	项目预审投资额（万元）	单项补助额（万元）
保税区	6	13	7470.40	6798.29	1446.22
北仑	4	7	2882.74	1671.74	614.02
慈溪	5	8	1334.04	1571.94	623.38
大榭	1	5	2041.15	1832.08	632.83
奉化	6	23	7261.47	6018.86	2314.96
高新区	2	4	1395.40	1312.40	416.46
海曙	6	16	7172.20	6328.79	2381.34
杭州湾新区	2	4	425.87	445.84	178.33
江北	6	10	8268.20	8267.69	2239.88

续　表

所属区域	单位数（个）	项目数（个）	申报金额（万元）	项目预审投资额（万元）	单项补助额（万元）
梅山	1	2	1187.90	730.70	291.48
宁海	5	15	5246.28	3836.20	1453.16
市级	3	3	1275.48	973.08	1252.08
象山	3	5	2543.80	1850.47	561.70
鄞州	12	33	10685.78	10067.66	3680.75
余姚	2	6	6235.59	4505.59	1695.94
镇海	1	2	619.32	402.32	160.93
合计	65	156	66045.62	56613.65	19943.46

资料来源：宁波市商务委员会。

其中，补助冷链物流硬件支撑的基础设施项目约 1.39 亿元；补助冷链物信息化体系建设项目约 2580 万元；补助冷链物流标准化推广应用项目 3319 万元；补助提高冷链物流从业人员素质的专业技术知识和实操技能培训项目约 52 万元。如图 2-6 所示。

（1）支持项目类型及安排金额（万元）　　　　（2）占比（%）

图 2-6　宁波市冷链物流建设申报项目补助资金支持项目类型及占比

资料来源：宁波市商务委员会。

（三）2017 年冷链发展成果

1. 新增进口肉类查存一体化设施资质企业

2017 年 5 月 25 日，4 个集装箱 94.7 吨美国猪肉产品停靠在太古冷链物流宁波冷库查验通道，宁波北仑检验检疫局监管人员对该批猪肉产品核对集装箱箱号、铅封号，实施开箱全掏，经现场检验检疫合格后，入库贮存。这是太古冷链物流宁波冷库进口肉类查存一体化设施自本月 12 日获总局批准后的现场查验第一单，也意味着太古冷链成为继兴港货柜、蓝雪公司后，宁波口岸新增的第三家获得进口肉类查存一体化设施资质的企业，为进一步做大做强宁波指定肉类口岸进口肉类业务开辟了新的增量基础。

太古冷链物流宁波冷库获批的进口肉类查存一体化设施专用冷库容量为 16000 吨，查验平台面积为 1000 平方米，查验通道 12 个，综合年进口能力为 35.2 万吨。太古冷链进口肉类查验存储一体化设施的建立既可以节省肉类进口企业的进口成本，又合理满足宁波及周边地区的肉类消费需求，进一步促进区域聚集和辐射作用的发挥；而且可以吸引国内国外优质资源，将会对宁波北仑口岸形成集成效应和虹吸效应。

2. 宁波市冷链物流政府公共信息服务平台展开招标采购

2017 年 8 月 7 日，宁波市商务委员会委托宁波名诚招标代理有限公司，就宁波市冷链物流政府公共信息服务平台项目进行国内公开招标，该项目预算价为 891 万元。

2017 年 9 月 1 日，确定中标供应商为宁波国际物流发展股份有限公司，中标金额为 889.62 万元。

3. 举办 2017 年两岸冷链物流产业合作交流研讨会

2017 年 11 月 9 日，以"融创智诚、聚力前行"为主题的 2017 年两岸冷链物流产业合作研讨会在宁波国际海洋生态科技城举行。本次研讨会由商务部、国务院台湾事务办公室指导，中国物流与采购联合会规划研究院、宁波梅山保税港区管委会，携手台湾中华两岸企业发展联合会、台湾冷链协会共同举办，主要聚焦两岸冷链物流发展热点和"一带一路"机遇，力求打造两岸冷链物流领域最具权威性的学术研讨、产业合作的交流平台，有效促进两岸产业资源对接。同时，依托该平台，进一步深化两岸食品加工、餐饮、电子商务、金融等相关领域的交流与合作。

会上，来自两岸的领导、专家、企业家等开展了产业合作研讨，进行了城市推介、技术分享与经验交流，并签约"中欧班列冷链物流""两岸食品一日配送""两岸海产品贸易与冷链物流合作"三个项目，另表彰了两岸冷链物流产业合作项目。

4. 举办冷链物流运营管理与实务培训

2017 年 11 月 27—29 日，宁波市商务委委托宁波市物流协会在创新港天港喜悦大酒店，召开为期三天的"宁波市冷链物流高效运营管理与实务"培训班，宁波市域参会企业代表 130 余人。市商务委员会市场处、市财政局工交商贸处参加了会议，就宁波市冷链物流专项资金政策背景、目前项目推进整体情况及项目审核验收事项等进行了说明。宁波市商务委副书记、副主任鲍娴萍做了开班致辞，并提出"准确把握冷链物流工作重点和方向；明确责任分工，强化责任担当；强化事前事中事后全链条监管；加强交流学习、注重经验总结"等四点工作要求。

5. 北仑区率先推行食品冷链仓储物流质量安全追溯系统

2017 年 12 月，一批来自澳大利亚的冻牛肉通过宁波舟山港，运至宁波兴港冷链物流有限公司的仓库里，操作人员随即将冻牛肉的进出仓时间、储存温控、运输过程温控等数据上传到冷链仓储物流质量安全追溯系统。据悉，北仑区在全市率先推行食品冷链仓储物流质量安全追溯系统，目前该系统已正式运行。

该系统是利用物联网、射频识别以及移动 GIS（地理信息系统）等技术构建出的物流质量安全追溯系统，能有效收集冷链物流企业基本信息、产品基本信息以及产品物流信息，记录储存监管部门对冷链企业各类专项检查和日常巡查情况，通过平台对信息进行整合、展示、统计、预警，最后实现信息共享。

据北仑区市场监管局相关负责人介绍，下一步该系统将在全区冷链物流企业全面推行，中央厨房、学校冷链配送企业也会逐步纳入该系统。

6. 亚洲最大的冷链农产品集散中心宁波梅山动工

据宁波日报消息，2018 年 3 月 12 日上午，总投资约 7 亿元的中商联跨境农产品冷链物流集散平台暨中商联"一带一路"现代服务业产业园一期工程，在宁波梅山保税港区开工建设。

据介绍，该项目占地 239 亩，计划建设 3 座总设计库容 6 万吨的先进环保智能跨境冷链保税仓库、3 座总仓储面积超 12 万平方米的跨境电商与一般贸易保税仓库。项目建成后，将成为亚洲地区规模最大、智能化程度最高、公共服务水平最优的国际冷链农产品进出口集散中心。今后，消费者可以通过梅山口岸跨境电商通道，以更便宜的价格购买到波士顿龙虾、智利车厘子等新鲜海外农产品。

据中商联"一带一路"现代服务业产业园负责人透露,中商联下一步将联合多家央企与会员企业,计划以产业基金的形式投资 500 亿元,以梅山园区为枢纽,在"一带一路"节点国家和长江经济带、环京津冀等国家中心城市建设一系列以冷链、商贸物流为主的新一代智慧环保高效现代服务业产业园区。

(四) 后期冷链物流发展方向

2017 年 11 月 27 日,宁波市人民政府办公厅发布《关于深入推进"互联网+流通"行动计划的实施意见》(甬政办发〔2017〕140 号)。意见中明确提出扶持农村及农产品电商应用,完善农产品仓配溯源体系。加快完善农产品电子商务物流配送体系,力争到 2020 年,全市建成农产品冷链物流仓 40 万平方米,城乡冷链配送车辆超过 500 台,社区生鲜智能柜超过 1000 组,认定一批农产品电商物流龙头企业,扶持一批农产品公共仓,切实解决农产品进城"最初一公里"和"最后一百米"问题;加快构建农产品追溯体系,推进网销农产品与全市肉菜流通追溯体系实现无缝对接,切实降低农产品网上销售的仓储、配送、售后及推广营销等费用。

十一、福建省冷链物流情况

(一) 水产品冷链物流现状

福建省丰富的资源条件和良好的区位优势为渔业经济发展提供了得天独厚的优越条件。随着海峡西岸经济区建设的稳步推进,特别是福建省海洋经济上升为国家战略,福建省的渔业得到了迅速发展。2016 年,福建省渔业经济总产值 2734.12 亿元,较上年增长 10.97%。渔业产值中,海洋捕捞产值 359.78 亿元;海水养殖产值 667.36 亿元;淡水捕捞产值 18.05 亿元;淡水养殖产值 190.29 亿元;水产苗种产值 46.16 亿元。渔业产值(含水产苗种)占农林牧渔大农业产值比重约为 30.84%。多年来,福建省水产品产量以及水产养殖面积始终处于不断增长的状态,2016 年福建省水产品总量高达 767.98 万吨,比上年增长了 4.65%,继续位居全国第三。人均水产品占有量 198.24 千克，比 2015 年增加 7.07 千克/人，居全国第二位。其中，捕捞产量 241.98 万吨，较 2015 年增长 0.43%；养殖产量 526.00 万吨，较 2015 年增长 6.71%；养殖占总产量比重 68.49%。近年来，随着产业结构的调整和人们消费观念的改变，对水产品的需求与日俱增，福建省也致力于加大对渔业的投入，相继出台多项政策加以扶植，水产品冷链物流得到快速发展。

1. 水产品冷链物流需求快速增长

2016 年，福建省水产品进出口贸易总量 145.37 万吨，同比增加 6.35%；水产品进出口总额 68.10 亿美元，同比增长 4.91%。其中，出口量 91.42 万吨，同比增长 11.37%；出口额 58.98 亿美元，同比增长 6.29%，出口创汇排名继续保持全国第一。福建马尾海峡水产品交易中心是全国最大的海产品交易市场，已聚集境内外超过 1000 家交易商在场内交易，场内交易的水产品种达 300 余种，年交易量约 200 万吨，全年交易额超 300 亿元，约占全国海洋渔业生产总值的 9%，规模位居全国第一。水产养殖规模和水产品产量的大幅增长以及水产品贸易蓬勃发展，促使水产品冷链物流需求快速增长。

2. 水产品冷链物流设施设备逐步完善

福建省水产品冷链物流设施的发展在国内处于绝对领先地位。以冷库为例，福建水产品的冷库容量已达 160 万吨，约占全省冷库总量的 65%，而且增长速度很快。许多冷库兼营制冰业务，除水产品批发市场的冷库之外，大部分冷库为水产品加工企业自建。目前，福建省拥有水产品冷库 779 座，其中冷藏能力 100 吨以上的 489 座。这些冷库的主要特点表现为：①机械化水平显著提高。大型水产冷库引进自动化仓储机械和数字化控温技术，提高了仓储效率，降低了单位能耗，减少水产品变质损耗，保障水产品品质。②储藏温度向低温化发展。以往储藏水产品的低温冷库设计温度一般为 -20℃ ~ -18℃，目前的低温冷库设计温度普遍要求为 -25℃ ~ -23℃，部分高端冷库的设计温度要求为 -60℃ ~ -55℃。更低的储存温度，有利于提高水产品的保存质量，延长保存时间。③温度控制更加精确。冷库内部可以设置多个温度传感器，冷库外配备温度显示系统，并通过温度传感器将冷库和制冷机房的自动控制室连接起来，实现对每间冷库的远程温度监控。

2016 年福建省水产品加工数量及产值统计，如表 2－7 所示。

表 2－7　　　　　　　　2016 年福建省水产品加工数量及产值统计

指标	数量（吨）	产值（万元）
一、水产品加工总量	6511620	8370655
其中：淡水加工产品	3152804	717890
海水加工产品	3358816	7652765
（一）水产冷冻品	1919330	4759399
其中：冷冻品	968678	1533565
冷冻加工品	950652	3225834
（二）鱼糜制品	459655	799718
（三）藻类加工品	426868	654431
二、用于加工的水产品量	4162461	5204686
其中：淡水产品	185864	515069
海水产品	3976597	4689617

资料来源：福建省海洋与渔业厅。

福建省水产品加工、冷冻能力统计，如表 2－8 所示。

表 2－8　　　　　　　　2016 年福建省水产品加工、冷冻能力统计

指标	单位	数值
一、水产品加工企业数量	个	1210
其中：规模以上加工企业数量	个	406
有冷库的加工企业数量	个	447
1. 水产品加工能力	吨/年	4830572
2. 水产品加工产量	吨/年	3376726
3. 水产品加工产值	万元	8046129
二、水产冷库数量	座	779
其中：冷藏能力 100 吨以上冷库数量	座	489
1. 冻结能力	吨/日	79089
2. 冷藏能力	吨/次	414970
3. 制冰能力	吨/日	21196
4. 冷藏总量	吨/日	1952979
5. 制冰总量	吨	1285397
6. 制冰产值	万元	45985

资料来源：福建省海洋与渔业厅。

3. 闽台水产品冷链物流合作不断深化

在福建省的水产品进出口贸易中，对台贸易逐渐成为一大亮点，福建已成为两岸水产品贸易的前沿市场。福建与台湾均属水产业发达地区，2010年ECFA（海峡两岸经济合作框架协议）的签订为闽台渔业的共同发展带来了前所未有的契机，闽台两地凭借着产业结构互补的基础进行合作，从2010年的合作到今天闽台水产品贸易竞争力在不断的提升，其突出表现在福建省已经建立了具有水产品冷链一体化初步功能的四大闽台冷链物流中心，包括宁德台湾水产品集散中心、海峡两岸（东山）水产品加工集散基地、连江台湾水产品加工基地、霞浦台湾水产品集散中心，基本形成了水产品捕捞→预冷保鲜→冷冻加工→冷冻贮藏→冷藏运输及配送等功能完备的水产品冷链物流体系。2016年，闽台水产品进出口总量达16.12万吨、金额13.06亿美元，其中，出口量9.32万吨，同比增长11.08%；金额6.81亿美元，同比下降37.98%。闽台水产品贸易的持续升温为闽台水产品冷链物流合作带来强大动力的同时，也为我国的水产品贸易国际竞争力的提升起到了推波助澜的作用。

4. 水产品冷链物流中心类型和功能不断升级

福建省积极推进水产品冷链物流中心的建设，在各类水产品加工中心、水产品配送中心、水产品加工基地的基础上进一步完善功能，目前已拥有多类型的水产品冷链物流中心，主要有福州马尾的海峡水产品交易中心、漳州东山的海峡两岸水产品加工集散基地、宁德霞浦的台湾水产品集散中心、厦门高崎的闽台中心渔港农水产品交易中心、海峡西岸连江水产品加工基地、泉州华洲水产品专业批发市场等，其中海峡（马尾）水产品交易中心、闽台中心渔港农水产品交易中心（厦门高崎）和泉州华洲水产品专业批发市场属于单纯进行水产品交易的市场，而东山海峡两岸水产品加工集散基地、霞浦台湾水产品集散中心、连江海峡西岸水产品加工基地和厦门源香水产品批发市场则具备了更多的水产品冷链物流中心的功能。作为福建省四大典型水产品冷链物流中心，运行良好，呈现出快速发展的势头，现已作为福建省水产品冷链物流中心的主要聚集区。这些集水产品贸易、加工、冷藏、冷藏运输、配送为一体的冷链物流中心强化了冷链运作，冷链资源得到集约化利用，将会为福建省渔业的发展奠定良好的基础。

5. 水产品冷链物流发展政策环境显著改善

由于福建省得天独厚的地理位置，使得渔业具有较大的发展潜力，再加上近年来水产品产量与出口量持续增长，因此福建省政府十分重视冷链物流的发展。在2016年以来发布的《关于推进九大特色品种超百亿全产业链培育工作的实施意见》《2017年全省海洋经济工作要点》《福建省冷链物流发展规划（2016—2020)》《福建水产千亿产业链建设实施方案》以及《福建省"十三五"海洋经济发展专项规划》等相关文件中，都纷纷提出了要加强对水产品冷链物流系统的建设，优先发展冷链物流。通过加大财税支持、增加资金投入以及鼓励技术引进和研发等手段，加大对水产品冷链设施建设的支持力度，加快建设区域性冷链物流公共信息平台，全面发展水产品冷链物流。

（二）水产品冷链物流发展存在的主要问题

1. 水产品冷链物流存在"断链"现象

目前，福建省水产品在运输过程中缺乏统一化的包装配置和物流形态，特别是在水产品起捕阶段大多未进行预冷处理，初级加工阶段没有相应的低温制冷环境，物流节点的装卸过程也大多是在常温环境下进行的，很难做到物流节点的低温无缝衔接。由于水产品运输存在诸多"断链"环节，难以保证从产地到餐桌具备完整的冷链流通状态，使得水产品的品质不能得到有效保障，进而造成巨大的损失。

2. 水产品冷链物流信息化程度低

福建省冷链物流信息化工作起步较晚，尚未形成完整的水产品冷流物流信息网络，水产品冷链运输全程在自动化信息网络应用方面尚不够，运输及配送等环节大多数仍然以人工操作协调为主，不能实现网络优化调度，合理配置，时常有"断链"情况发生，导致水产品冷链运输效率低下。福建省多数水产品的原产地在农村，销售地基本为城市，由于缺乏高效物流信息网络的支撑，使得水产品的供求信息、库存信息和销售信息难以在原产地与销售地之间进行准确传递和共享。同时，信息化程度的低下也导致无法在冷链运输过程中进行实时监控管理，做不到有效跟踪和追溯。

3. 水产品冷链物流标准化建设不完善

水产品冷链物流体系由于其商品的特殊性，需要各种科学的标准来规范运作，如水产品运输冷藏温度标准、运输操作标准、运输包装材料和规格标准、水产品品质检验标准等。但到目前为止，福建省尚未构建起完善的水产品冷链物流标准化体系，使得行业的准入门槛极低，操作流程与操作资质更是毫无规范可言。由于标准的缺失，部分第三方冷链物流供应商甚至以采用常温车运输等方式来节约企业运营成本，从而导致水产品冷链运输过程质量下降，大大助长了行业恶性竞争，使得整个水产品冷链物流行业的服务水平难以从根本上得到保障，更让消费者对冷链运输的水产品质量信任度降低。

4. 缺乏专业的第三方冷链物流企业

目前，福建省内有能力提供冷链物流运输的第三方物流企业屈指可数，有代表性的大企业仅福州名成冷链、福州超大、福建浩嘉冷藏、厦门空港物流园、厦门浩添冷链科技有限公司等几家，大部分企业规模还比较小，功能也不是很健全，只能提供一些简单、低层次的服务，不能很好地满足客户的需求，而且分布的位置比较零散。现有的第三方冷链物流运输企业基本上是民营企业，很多是由其他行业转型过来从事冷链运输的，存在资金、人力资源、管理等各方面问题。这也造成了水产品冷链物流在实际运作中供求失衡、缺乏自主创新等缺点被无限放大。

5. 水产品冷链配套设施不足

"十二五"期间，福建省虽然加快改造和新建一批适应现代物流和消费需求的冷藏仓库和冷藏运输车辆，但福建省冷链设施整体规模不足。冷库整体有效利用率低，平均利用率仅约60%。福建省的水产冷库以万吨以下的中小型冷库为主，能够集中提供水产品冷链物流服务的大企业、大冷库偏少，大部分冷库规模小，能耗大，竞争力不高。各类冷库的结构比例不平衡，大部分冷库功能单一，只是起到低温储藏仓库的作用。由于专业的冷藏货车价格相对较高，企业无能力大批量购买，数量仅为货运汽车0.24%（美国为1%，英国为2.6%，德国达到3%），远远低于欧美国家。企业使用的冷藏车大部分由普通货车简易改装而成，制冷技术比较差，难以为水产品流通提供品质保障。

十二、拉萨市冷链物流情况

（一）冷链需求分析

近几年，随着我国农业结构调整和菜篮子工程实施，西藏肉类、果蔬业发展迅速，2016 年拉萨市各类蔬菜总产量达 29.01 万吨，本地自产蔬菜供应量已达到 60% 左右，在夏季各类蔬菜在拉萨市场的占有量可达 80%，常见的蔬菜基本达到自给自足。由此可知，拉萨市各类蔬菜总需求量达到 48.35 万吨，需从外地购入 19.34 吨。

根据《2016 全球粮食政策报告》显示，我国人均肉类消费量约 59 公斤；此外，截至 2015 年年底，拉萨市总人口 90.25 万人；据此估算拉萨市年消耗肉类 5.32 万吨。根据《拉萨市 2015 年国民经济和社会发展统计公报》显示，肉类产量 3.72 万吨，则拉萨市自产肉类供应量约 70%，还需要从外地购入 1.6 万吨，果蔬、肉类按照冷藏运输率的 30%、50%（目标）预测，冷藏运输量应分别达到 14.51 万吨与 2.15 万吨。拉萨市本地现有冻库库存量约 10 万吨，市场冻库缺口量约 6.66 万吨。

（二）冷库项目调查情况

1. 西藏西海冷链物流公司（拉萨西海冷冻农副产品批发市场）

地点：318 国道、拉萨经开区博达路以南、扎西路以西。

建成时间：2012 年 8 月 31 日。

经营情况：建设规模较大，已进入第四期开发。新开发的建筑模式为 6 层建筑结构，其建筑规模为 4 万平方米，冷冻库总存量约为 5 万吨。

此项目为拉萨市目前规模最大的专业化冷库，主要以高温库、低温库的仓储租赁业务为主，无交易功能。冻库区域密集，未预留足够的停车、交通空间，后续发展会受到极大制约。

2. 城关区净土农业物流中心

地点：318 国道拉萨市城关区蔡公堂乡

建成时间：2014 年 12 月。

经营情况：共有约 13 个库，均为一层库，其建筑规模为 2.5 万平方米，冷冻库存量约为 3 万吨，冷冻库净土公司自己使用，保鲜库有两个对外出租。

此项目为城关净土自用库，配合小规模农贸市场使用，市场属性弱。

3. 药王山农贸市场

地点：西藏自治区拉萨市城关区（布达拉宫前）/西藏自治区拉萨市罗布林卡路。

经营情况：首先，此项目是现阶段拉萨市唯一的海鲜批发市场，但规模小，品种少。其次，位于市中心，接近消费市场，但不具备扩展空间。再次，部分商家自建冷库，其建筑规模为 4000 平方米，冷冻库存量约为 0.5 万吨，专业度不足。最后，区域内交通组织存在极大问题，大型车辆无法进入。

此项目位于老城中心区，建成时间久，规划较落后，已无法满足现代专业农产品市场经营需求。作为西藏唯一的海鲜批发市场，产品少，规模小，可见拉萨市海鲜产品市场尚处于原始阶段。

4. 拉萨市东嘎农副产品批发市场

拉萨城投开发项目，总投资 1.81 亿元，坐落于拉萨市堆龙德庆区东嘎镇桑木村，占地面积约 300 亩，是西藏自治区内大型农副产品批发市场之一。

此项目入住上千户商家，涵盖水果、蔬菜、粮油、干杂、肉类、水产品、农产品等各类农副产品。目前，已有少量冻库，其建筑规模为 8000 平方米，冷冻库存量约为 1 万吨。

此项目为拉萨市最大的专业农副产品批发市场，其全出租、全入住，可见拉萨此类市场具备繁荣的经营局面。

5. 堆龙德庆区高原食品冷链中心

依托拉萨的地理优势，堆龙德庆区高原特色食品加工基地的配套子项目——高原食品冷链中心由拉萨市堆龙德庆区净土产业投资开发有限公司投资建设，总投资约 4 亿元，项目用地位于堆龙德庆区工业园区 B 区，占地面积 84.94 亩，规划总建筑面积 70696.51 平方米，本子项目规划建设两栋各四层楼的冷库占地 25936.47 平方米，固容达到 36.7%，高原食品加工区占地 16112.32 平方米，固容达到 22.8%，以及专业化的配套、停车、交通区域及设施等，冷库为温度可调节库，温度横跨 -30℃~0℃。具备了国内领先水平，将建成西藏自治区内最大、最专业的冷链中心。

第三章 2017 年细分领域发展需求分析

本章主要介绍了生鲜农产品、速冻食品、乳制品的整体产出规模、行业发展现状以及冷链需求特点，其中生鲜农产品包括果蔬、肉类、水产品。同时，本章对于零售、电商、餐饮、食品进出口市场的行业规模，以及对冷链的需求特点、主要参与企业等也做了介绍和分析。

第一节 生鲜农产品市场现状与冷链需求分析

生鲜农产品冷链物流一般是指肉、禽、水产、蔬菜、水果、蛋等生鲜农产品从产地采收（或屠宰、捕捞）后，在产品加工、储藏、运输、分销、零售等环节始终根据农产品的食物特性，处于适宜的低温控制环境下，最大限度地保证产品品质和质量安全、减少损耗、防止污染的特殊供应链系统。一般食品物理特性如表 3 - 1 所示。

表 3 - 1　　　　　　　　　　一般食品物理特性

序号	经营产品种类	存储温度（℃）	存储相对湿度（%）	存储周期
1	瓜果类	−1 ~ 2	75 ~ 90	2 ~ 7 个月
2	叶菜类	0 ~ 4	95 ~ 98	21 ~ 28 天
3	新鲜肉品	0 ~ 3	90 ~ 95	7 天
4	冷冻肉品	−18	60 ~ 70	6 ~ 9 个月
5	冷冻水产品	−25 ~ −18	85 ~ 90	6 ~ 19 个月
6	鲜蛋	4 ~ 7	80 ~ 85	7 个月

资料来源：公开信息整理。

一、生鲜农产品产业分析

（一）蔬菜

我国既是蔬菜生产大国，又是蔬菜消费大国。据农业部数据，初步测算2017年全国蔬菜播种面积3.4亿亩，产量8.2亿吨，分别比上年增加620万亩和2200万吨。蔬菜总产值约占种植业总产值的35%。"十三五"期间，随着种植业水平提高、设施条件改善，规模化、标准化生产技术普遍应用等，蔬菜总产量仍将继续保持稳定增长态势。如图3-1所示。

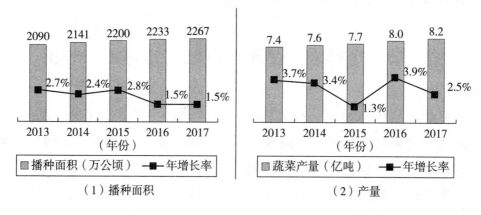

（1）播种面积　　（2）产量

图3-1　2013—2017年我国蔬菜播种面积、产量

资料来源：国家统计局、农业部。

（二）水果

我国果品总面积和总产量一直稳居世界第一，果品产业已成为继粮食、蔬菜之后的第三大农业种植产业，也是许多地方经济发展的亮点和农民致富的支柱产业之一。经初步估算，2017年我国的水果产量达到2.9亿吨，播种面积1310万公顷，产销总体基本平稳。如图3-2所示。

人口的增加和城镇化水平的提高，推动了水果直接消费量的增加。据全国城市农贸中心联合会统计的数据显示，2017年销量前十位的水果品种为：西瓜、苹果、葡萄、柑橘、香蕉、猕猴桃、梨、桃、菠萝、杧果。2017年增长最快的水果品种前五位分别是：西瓜、猕猴桃、火龙果、杧果、哈密瓜，这几种水果，在全国各个市场的销量增速都非常强劲，这其中很大

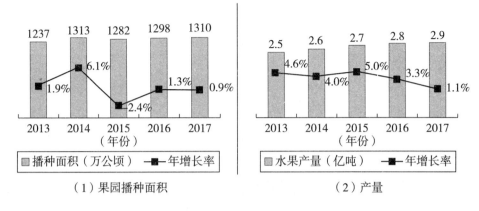

（1）果园播种面积　　　　　（2）产量

图 3 - 2　2013—2017 年中国水果播种面积、产量

资料来源：国家统计局、公开信息整理。

一部分原因是产量提升。2017 年最畅销的新品种水果有火龙果、榴莲、百香果、进口西梅、玫珑瓜等多个品种。

（三）肉类

我国肉类总产量已经连续 20 多年稳居世界第一，肉类产量整体呈上升趋势，2017 年猪牛羊禽肉产量 8431 万吨，比上年增长 0.8%。人均消费猪肉 39.52 公斤，上涨 2.80%，超过了世界人均肉类消费水平，但是还没有达到世界发达国家的肉类消费水平。目前形成以冷鲜肉、低温肉制品、调理肉制品为主体的肉类消费市场；且近些年牛羊肉消费比重逐步上升，由季节性消费向全年消费、由区域性消费向全国消费转变。

2017 年，猪肉产量 5340 万吨，增长 0.8%；牛肉产量 726 万吨，增长 1.3%；羊肉产量 468 万吨，增长 1.8%；禽肉产量 1897 万吨，增长 0.5%。牛肉和羊肉产量 2013—2017 年均稳定增长。如图 3 - 3 所示。随着经济的发展和收入的增加，居民的肉类消费还将继续增加，且逐渐会选择价格较贵的牛肉、羊肉等，肉类结构逐步优化，消费者的选择推动着产业间的均衡发展。

（四）水产

2017 年我国水产品产量 6938 万吨，比上年增长 0.5%。其中，养殖水产品产量 5281 万吨，增长 2.7%；捕捞水产品产量 1656 万吨，下降 5.8%。如图 3 - 4 所示。

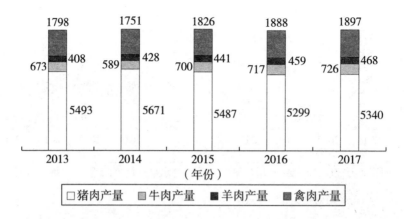

图 3 - 3 2013—2017 年猪肉、牛肉、羊肉产量（万吨）

资料来源：国家统计局。

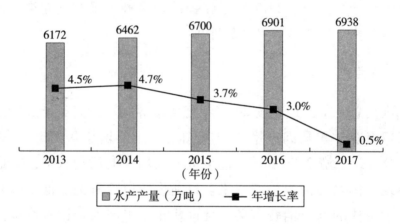

图 3 - 4 2013—2017 年水产产量

资料来源：国家统计局。

近年来，随着国家调整海洋渔业发展战略，近海捕捞受到限制，大湖将逐渐退养。而在城镇化的发展过程中，内陆池塘养殖面积也在不断减少。在此背景下，稻田综合种养将为保障我国水产品市场的持续稳定供给开辟一种新思路。稻田综合种养技术被列为农业部 2016 年主推技术之一，各省积极响应。

二、生鲜农产品消费特点及冷链需求分析

1. 线下生鲜零售仍为主流，但线上购买增长势头迅猛

据波士顿咨询公司与阿里研究院发布的《中国生鲜消费趋势报告》，到

2020 年，中国的生鲜消费市场仍将以线下为主，占据 75%～85% 的市场份额。生鲜品类在线上的起步较晚，但增长势头迅猛，从 2012 年到 2016 年，生鲜电商市场规模从 40 亿元猛增至 950 亿元。目前 7% 的城镇生鲜消费已经发生在线上。根据市场不同的消费动力以及供给面的可能发展，预计线上生鲜消费将会继续保持增长动能，并在 2020 年占城镇生鲜总消费的 15%～25%。这种增长势头意味着新兴生鲜电商及传统的线下生鲜零售商都必须思考如何抓住这一发展机遇。

2. 生鲜消费追求便捷，特点"小量多次"

生鲜消费主要用于满足居民的日常生活需要，因此对消费者而言属于一种社区型业态，大多数人都习惯于在社区周边的菜市场、便利店、超市购买，追求便捷。同时，生鲜保质期短暂，消费者需要通过高频次购买生鲜来保证产品的新鲜度，因此与其他品类相比生鲜品类的同店重复购买率更高，且对每次的采购量都有一定限制。

在当前发展迅猛的电商领域，生鲜消费仍然符合追求便捷和小量多次的特点。首先，中国的消费者，尤其是电商消费者天然对价格敏感，除了货比三家，很多人购买生鲜产品习惯到包邮价即止，从不多买。因此，免邮价格和配送时效成为消费者选择生鲜电商平台的重要理由之一。其次，消费者对品种的多样性、新鲜度等要求较高，在对比价格的同时也关注品质，还包括收货的便捷性。因此，生鲜产品的消费特征体现为小量多次，按需购买。

3. 新零售促进生鲜消费，行业竞争加剧

2017 年被称为"新零售元年"，在这个零售变阵之年里，生鲜成为电商巨头和零售大佬们纷纷重金加注的重点领域。众商家试图通过线上线下的融合，借助互联网、大数据等技术手段重塑"人、货、场"，最终彻底颠覆生鲜品类的旧有逻辑，让其成为新零售的首个样本。

新一波生鲜品类的新零售业态由电商和传统零售巨头们开启。最有代表性的，是阿里排兵布阵"天猫超市 + 易果 + 盒马鲜生"；而京东以自营生鲜为中心，线下投资了社区生鲜"钱大妈"，自营筹建"7Fresh"，在全球供应链上积累力量；腾讯于 2017 年年末投资了生鲜超市品牌——永辉"超级物种"；2017 年 4 月，苏宁在徐州推出了全国首家"苏鲜生"精品超市；2017 年 7 月，生活互联网平台美团点评开出了"掌鱼鲜生"；此外，还有本来生活、爱鲜蜂、天天果园等"小而美"的特色平台。

当盒马鲜生、"7Fresh"、苏鲜生等"新派"生鲜超市以"超市＋餐饮"模式抢夺传统商超市场时，众多传统商超也欲弯道超车。如物美超市联想桥店已经将超市面积减小，增设现场烹饪及堂食服务，将生鲜比重增至50%；永辉超市旗下的超级物种已融合超市与餐饮双重业态。

除以上外，也不乏国企生鲜电商参与进来。如有些本身就拥有食品行业背景，其中规模最大的当属中粮我买网；另有一部分则是跨界经营，其销售方式也各有特色，如北大荒旗下电商"嗨厨房"也已上线，且在北京设立了体验餐厅。

在距离第一波生鲜电商公司的出现已经过去 10 年之后，生鲜销售的竞争又回到了线下，而且市场竞争变得更为激烈。

4. 果蔬冷库占比将进一步提高

相较于其他生鲜产品，果蔬产销量巨大，在冷库市场占据 30% 的比例并不算高，其中以樱桃、葡萄、杨梅等高附加值水果和冷冻蔬菜为主。如图 3－5 所示。

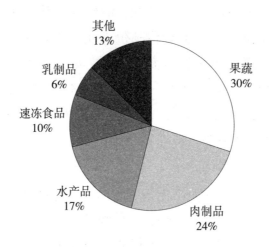

图 3－5　冷库占比情况

资料来源：中物联冷链委。

可以预见，随着消费能力的升级，乳制品、果蔬的冷库占比会进一步提高。其他品类主要是鲜花、巧克力、红酒、花种、酱料等。

5. 水产品冷链物流具有多样性

水产品冷链物流形式逐渐增多。高档鲜活水产品从国外直接空运进国内；冷冻集装箱水产品通过海运、铁路运输和冷冻冷藏车长途联运；泡沫箱塑料袋活鱼包装零担运输和活水车运输等。2017 年天猫生鲜大闸蟹文化节中大闸蟹物流的具体操作是：大闸蟹先进入易果和 EMS（邮政特快专递服务）打造的原产地仓，再由天猫联合菜鸟、安鲜达、EMS 等提供极速冷链配送，通过航空、陆运等方式到达全国各地，保证产品的成活率及新鲜度。

6. 生鲜产品保质期短、损腐高，产地预冷是关键

保质期短，损腐高是生鲜产品的特点。因此，在供应链管理的每一个环节，都对时间、温度、包装有严格的要求。"最后一公里"，是指生鲜产品送到消费者手上的最后一个环节，由于直接影响消费体验，许多企业都费尽心力、努力优化。而相较于"最后一公里"，生鲜产品的"最先一公里"，即指生鲜产品从产地采摘、屠宰后，到移交物流运输之前，为保质保鲜所进行的一系列处理，包括预冷、分级、加工、包装、仓储等各个环节。"最先一公里"因远离消费者而不为大众所关注，但它却是产品的新鲜之源，安全之本，更是容易被忽视的重要环节，脱离了对"最先一公里"的管控，整体供应链管控实际都是空谈。而在这一过程中，对产品的温度控制、包装方案设计与改进、运输方案及路线规划等一系列操作都对相关知识、技术、经验有非常高的专业要求。流通过程中容易出现的生鲜产品损腐严重的现象，很大一部分原因就是"最先一公里"问题没有得到很好地解决。因此，解决生鲜产品供应链的关键是解决"最先一公里"的问题。

第二节　速冻食品市场现状与冷链需求分析

速冻食品是利用现代速冻技术，在 −25℃ 迅速冻结，然后在 −18℃ 或更低温条件下贮藏并远距离运输、长期保存的一种新兴食品，常见的速冻食品包括速冻鱼糜制品、速冻肉制品、速冻面米制品、速冻菜肴制品等。其中速冻鱼糜制品、速冻肉制品以及部分速冻其他制品俗称"火锅料制品"。火锅料制品和速冻面米制品是我国主要的速冻食品品种，具有安全卫生、食用方便、营养美味及成本低等特点。

一、速冻食品行业规模

近年来，中国居民收入快速提高，生活节奏加快，消费习惯改变，速

冻食品需求量快速增长。另外，速冻食品企业技术投入增加，产品品种和质量提高，高中档产品发展势头迅猛，新市场不断开拓。

2017年，中国速冻食品产量1100万吨，同比增长19.3%。速冻食品销售额逐年增长的主要原因：第一，居民消费升级，冰箱已普及，速冻食品市场逐渐向人口占比更大的三、四线城市及农村下沉；第二，火锅餐饮企业大幅扩张，带动火锅料制品的销售；第三，速冻食品属于产品推动型行业，三全、思念、湾仔码头等速冻食品龙头企业不断推出新产品，通过新产品促进行业规模扩大。2013—2017年速冻食品规模以上企业销售收入如图3-6所示。

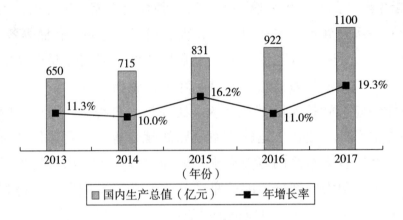

图3-6 2013—2017年速冻食品规模以上企业销售收入
资料来源：大德上智咨询。

二、速冻食品冷链物流模式及需求特点

（一）速冻食品冷链物流模式

速冻食品流通行业是一个传统、成熟、但发展水平又较低的行业，目前区县一级的冻品流通环节尤其普遍。在供应链中，除厂家外，存在众多大型贸易商、一级批发商、二批商等分销商，且分销商的管理较混乱。

速冻食品的冷链物流一般包括生产工厂暂存、冷藏运输、贮藏、配送、冷藏展示，在整个流程中需要在一定低温的环境中，才可以保证产品质量，因此对配送、贮藏的时刻与温度都有较高的标准，一般温度保证在-18℃

以下。一旦配送时间超过产品的保鲜期，或者配送温度不符合保质的需要，那么食品的食用价值就会丧失。随着市场需求的不断扩大，速冻食品冷链物流所涉及的产品种类正在呈现上升趋势。如图 3 - 7 所示。

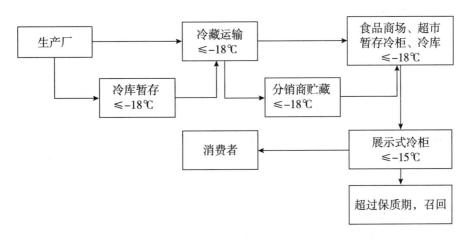

图 3 - 7 速冻食品冷链物流环节

资料来源：大德上智咨询。

（二）主要参与厂商

目前，我国速冻食品消费以水饺、汤圆、粽子、馄饨和面点等速冻米面食品为主，在整个市场中占有较大的份额。速冻食品品牌中，三全、思念、湾仔码头占据重要位置，这三个品牌占据了一半以上的市场份额，雄居业内第一梯队。以产地看，由于河南省在劳动力、原材料以及农业产业化配套和交通运输等方面具有优势，其境内的速冻生产企业数量多、产量大，催生了三全、思念、华英、伊赛等知名企业和品牌，成为我国速冻食品生产第一大省，被誉为"中国速冻食品基地"。

除速冻米面食品外，速冻调理肉制品也是速冻食品的重要组成部分。但与以三全食品、思念食品等为代表的速冻米面食品行业不同，速冻调理肉制品行业尚未形成较为清晰的市场格局，行业内缺乏较为明确的全国品牌，区域特征明显。南方速冻调理肉制品加工企业以安井食品、海霸王、海欣食品等为代表，主要生产鱼糜类制品，如鱼丸、贡丸等；北方速冻调理肉制品加工企业以惠发食品为代表，主要以生产畜禽类制品为主，如狮子头、鸡肉丸等。"南福建北山东"是当前速冻调理肉制品市场的主要竞争格局，加上广东、浙江等沿海省份，构成了目前速冻调理肉制品行业的重点生产区域。

以下重点介绍三全食品、安井食品、海欣食品和惠发食品四家企业。

1. 三全食品

三全食品股份有限公司主要从事速冻汤圆、速冻水饺、速冻粽子、速冻面点等速冻米面食品和常温方便食品的生产和销售。该公司是国内首家速冻米面食品企业，亦是中国生产速冻食品最早、规模最大、市场网络最广的企业之一，一直致力于汤圆、水饺等速冻食品的研发、制造与销售。作为中国速冻食品行业的开创者和领导者，全国最大的速冻食品生产企业，公司市场占有率长年在30%左右，连续多年位居行业第一。据该公司业绩快报，2017年三全食品营业收入52.81亿元，同比增长10.5%。

2. 安井食品

福建安井食品股份有限公司主要从事火锅料制品（以速冻鱼糜制品、速冻肉制品为主）和速冻面米制品等速冻食品的研发、生产和销售，是行业内产品线较为丰富的企业之一。该公司主要经营"安井"品牌速冻食品，包括爆汁小鱼丸、仿花枝丸等速冻鱼糜制品；撒尿肉丸、霞迷饺等速冻肉制品；紫薯包、红糖馒头、手抓饼等速冻面米制品，合计300多个品种。据该公司年报，2017年安井食品营业收入34.84亿元，同比增长16.3%。其中，面米制品、肉制品、鱼糜制品的年销售额分别为9.26亿元、9.90亿元和12.92亿元，同比上年分别增长19.7%、9.4%和16.7%。

3. 海欣食品

海欣食品股份有限公司主要从事冷冻和常温鱼肉制品和肉制品的生产和销售，冷冻产品主要包括鱼丸、肉燕、芝士丸、龙虾球、鳕鱼豆腐、蟹膏宝等，常温休闲产品包括蟹柳、鱼豆腐、蟹黄卷、鱼板烧等。据该公司年报，2017年海欣食品营业收入9.68亿元，同比增长4.7%。其中速冻肉制品、速冻鱼肉制品的年销售额分别为1.87亿元和6.86亿元，同比上年分别增长2.8%和7.5%。

4. 惠发食品

山东惠发食品股份有限公司主要从事包括速冻丸类制品、肠类制品、油炸类制品、串类制品等在内的速冻调理肉制品的研发、生产和销售。其中，速冻丸类制品主要包括鸡肉丸、鱼丸、四喜丸子等产品；肠类制品包括亲亲肠、桂花肠、腰花肠等产品；油炸类包括鱼豆腐、五福脆、甜不辣等产品；串类制品包括川香鸡柳、骨肉相连等产品。据该公司年报，2017年惠发食品营业收入9.39亿元，同比增长5.5%；其中，速冻食品加工收入9.29亿元，增长5.6%。

（三）速冻食品冷链需求特点

1. 对温度要求严格，厂商高度重视

速冻食品对温度要求十分严格，在冷藏、低温运输以及零售贩卖阶段的产品温度必须维持在 –18℃以下，才能确保速冻食品品质的稳定。实验证明，速冻食品在 –18℃的储存环境下约有1年的储存寿命；在 –15℃条件下只有半年；而在 –12℃条件下就只有3个月时间。

速冻食品厂商对冷链物流高度重视，且行业冷链发展逐渐趋于信息化、现代化。如思念食品在与第三方物流公司签订的合同中会对车厢温度、装运时间等指标进行明确，且与冷链物流服务商达成合作协议，为思念食品提供信息全面对接、建立食品追溯体系等专业第四方冷链物流服务，体现了速冻食品行业对冷链物流日益重视。

2. 冷冻技术升级较为迫切

早期速冻技术的发展主要解决质量问题，如速冻技术的发展解决了速冻鱼糜制品冷冻过程的蛋白变性问题。随着速冻产品的普及化，要求速冻技术不仅能解决食品的质量问题，还要能提高食品的口感及营养价值。

3. 速冻食品品牌扩张离不开冷链运输

速冻食品一个显著的特点是要借助冷链运输，但国内的冷链发展并不成熟，影响了品牌的发展。如湾仔码头以强势的高端品牌定位进入市场时，冷链成为制约其快速扩张的因素之一。冷链渠道不成熟，单靠品牌影响力很难迅速覆盖全国。尤其是在一些县乡市场，其渗透速度很慢，有些地方即使消费者知道湾仔码头这个品牌，也很难买到产品。

4. 超市对速冻食品冷链物流需求大

超市是速冻食品主要销售终端，超市的冷链物流配送业务大多由生产商和经销商完成，第三方冷链物流公司与超市的合作比重较小、形式松散，期限较短，缺乏长期合作且稳定的第三方物流公司。从超市速冻食品品质和长远发展考虑，超市应该培育并发展第三方冷链物流合作伙伴，这有利

于减少交易成本，提高冷冻冷藏设备的利用率。

第三节 乳制品市场现状与冷链需求分析

乳制品冷链物流是指原产地乳制品在通过贮藏运输、分销、零售的全过程中，始终保持乳制品所要求的低温条件的物流。乳制品企业大部分的产品保质期较短，对温度要求较高，冷链物流已成为衡量一个乳制品企业市场竞争力的重要指标。且乳制品冷链物流贯穿乳制品产业链的全过程，主要原因在于乳制品是高蛋白食品，易腐败变质，保鲜尤为重要。

一、乳制品产业分析

随着国民生活水平逐渐提高，消费者健康意识不断提升，以及乳制品分销网络日趋完善等行业因素影响，中国乳制品行业一直保持稳健的发展态势。据中商情报网数据，2017 年我国乳制品产量为 2935 万吨（如图 3 - 8 所示）；其中液体乳产量 2691.7 万吨，同比增长 4.53%。

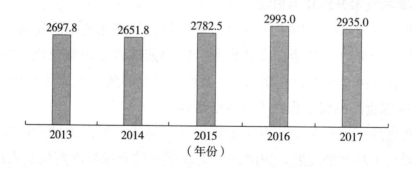

图 3 - 8 2013—2017 年乳制品产量（万吨）
资料来源：中商情报网。

国家统计局公布的数据显示，2016 年中国牛奶产量 3602 万吨，相比 2015 年同比减少 4.1%。2017 年全国牛奶产量 3545 万吨，同比下降 1.6%。而根据国家"十三五"奶业规划制定的发展目标，到 2020 年，全国奶类产量要达到 4100 万吨，由于"十三五"前两年牛奶产量连续下降，预计该目标实现难度较大。如图 3 - 9 所示。

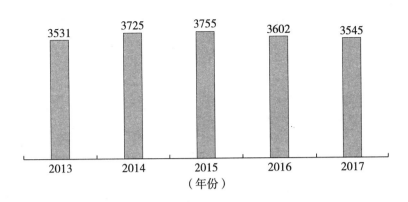

图 3 - 9　2013—2017 年牛奶产量（万吨）

资料来源：国家统计局。

乳制品涵盖的产品众多，包含液体乳、发酵乳、乳粉及其调制品、炼乳及其调制品、稀奶油及其类似品、干酪和再制干酪等。因为并非所有的乳制品都有冷链需求，因此本节将重点关注鲜奶、酸奶和冰激凌三类产品。

（一）鲜奶

2007 年 11 月 9 日，国家质检总局和农业部联合发出了《关于加强液态奶标识标注管理的通知》（国质检食监联 2007520 号），该《通知》要求，从 2008 年 1 月 1 日起液态奶产品将被区分为"复原乳""鲜牛奶/乳"与"纯牛奶/乳"。其中，以生鲜牛乳为原料，不添加辅料，经瞬时高温灭菌处理的超高温灭菌乳标注"纯牛奶/乳"；以生鲜牛乳为原料，经巴氏杀菌处理的巴氏杀菌乳标注"鲜牛奶/乳"。后者也一般称为低温奶或巴氏奶，其特点是采用巴氏杀菌法，既能可靠地杀灭所有的致病菌，又能相对完整地保留住牛奶的营养，但成品的巴氏杀菌奶始终离不开 0℃ ~ 10℃ 的冷藏保存环境，保存期仅为 2 ~ 7 天。

2000 年之前，巴氏奶是中国主要的液态奶消费品种，但受国内奶源、冷链建设等因素限制及常温奶市场的迅猛发展，巴氏奶产量逐渐萎缩，由 2001 年的 440 万吨下降到 2017 年的 238 万吨，年均复合增长率为 - 3.8%。如图 3 - 10 所示。

当前，中国乳制品行业已经形成了相对有序的竞争格局，市场集中度不断提升，品牌发展也相对稳定。按照企业性质来分类，可以分为基地型、城市型。其中，基地型企业多生产常温奶，以伊利、蒙牛为代表；城市型

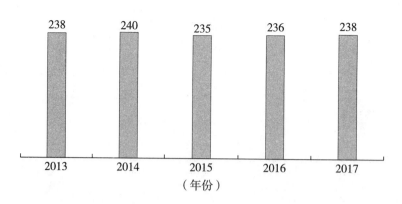

图 3 - 10 2013—2017 年鲜奶产量（万吨）

资料来源：大德上智咨询。

企业多生产保质期较短的巴氏奶，以三元、光明为代表。在常温奶普及阶段，伊利、蒙牛等企业凭借基础白奶产品和渠道优势快速成长。而以光明和三元为代表的巴氏奶企业，由于坚持以巴氏奶为主的策略，错过了常温奶快速成长的行业机会，在规模上逐步落后，与伊利等企业拉开了显著的差距。目前，我国液态奶市场已经形成了伊利和蒙牛为代表的双寡头格局。

其中，中国巴氏奶生产仍主要集中在南方地区，尤其乳制品呈"城市型"消费特点的上海、江浙、广东等东南沿海地区；此外，奶源丰富的东北、华北等部分地区，如黑龙江、河北、北京等，尤其是一、二线城市中消费者生活水平的提高，将拉动巴氏奶生产快速增长。而青海、新疆等西部地区，受经济发展缓慢、食品营养等消费意识薄弱，未来巴氏奶生产增速较慢，而贮运方便、口味多样的常温奶、乳饮料类发展迅猛。

（二）酸奶

酸奶是以牛奶为原料，经过巴氏杀菌后向牛奶中添加有益菌（发酵剂），经发酵后再冷却灌装的一种牛奶制品，在2℃~6℃的环境下可以保存2周左右。在中国，酸奶因为比牛奶更有营养价值、更健康和有助于减肥而备受青睐，其认可度正日益提升，销售额已追上牛奶。根据 Euromonitor（欧睿）的数据统计，2017 年国内市场的酸奶销售额将首超牛奶，约为1192 亿元，同比增长 18%，如图 3 - 11 所示。预计到 2020 年，中国酸奶市场规模将达到 1900 亿元，在液态乳中比重将超过 50%，市场潜力巨大。

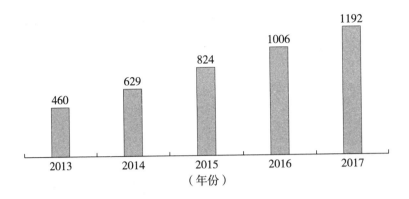

图 3 – 11　2013—2017 年酸奶销售收入（亿元）

资料来源：Euromonitor。

为了摆脱冷链束缚，酸奶企业推出了常温酸奶，常温保质 100 天以上。可以在常温条件下运输，储存与销售。作为我国目前市场上最知名的常温酸奶产品之一，光明的莫斯利安在 2010 年正式上市销售，率先打破了常规酸奶供应的地域性限制。其他品牌的常温酸奶还包括蒙牛的纯甄、伊利的安慕希等。从光明推出莫斯利安以来，常温酸奶子品类一直处于高速成长期。尤其是 2013 年伊利、蒙牛加入竞争后，常温酸奶加速成长，2015 年规模已超过 130 亿元，常温酸奶在酸奶品类的占比也逐年增加。2017 年 9 月 10 日，由蒙牛冠益乳主办、今日头条协办的"开启功能酸奶新时代·冠益乳 BB – 12 新品上市发布会"在北京召开。会上，有关专家预测，5 年后中国酸奶市场容量将占整体乳业市场的 1/3，而其中功能性酸奶有望成为最大品类。

（三）冰激凌

冰激凌是以饮用水、牛乳、奶粉、奶油（或植物油脂）、水果、蔬菜、果仁、薄饼脆筒、食糖等为主要原料，加入适量食品添加剂，经混合、灭菌、均质、老化、凝冻、硬化等工艺制成的体积膨胀的冷冻饮品。

我国冰激凌行业起步较晚，和国外相比仍存在较大差距，但经过多年发展，冰激凌已从传统的季节性消费转向日常休闲消费，行业潜力正逐渐被挖掘出来。据 2018 中国冰激凌冷食展暨中国冷冻食品展组委会对外公布数据，2017 年前 10 个月，我国冰激凌市场产销量高达 451.42 万吨。2014—2017 年，冰激凌和冷冻冷藏食品的消费量以年均 16.27% 的速度增长。2017 年，我国冰激凌市场规模约 400 亿元。未来随着行业转型，冰激凌市场规模将进一步扩大。如图 3 - 12 所示。

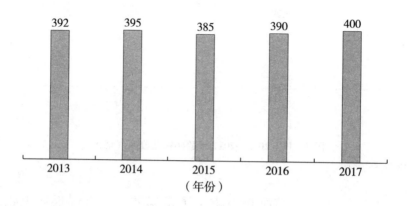

图 3 - 12　2013—2017 年冰激凌市场规模（亿元）
资料来源：大德上智咨询。

从市场竞争结构来看，冰激凌市场基本形成了"三足鼎立"的局面。一是以和路雪、雀巢、明治为代表的外资品牌，约占全国 25% 的冰激凌市场；二是以伊利、蒙牛、天冰、红宝莱、龙凤、思念等企业为代表的全国品牌，约占全国 45% 的冰激凌市场；三是由各个地方小型企业生产的产品占据约 30% 的市场份额。

具体市场占有率方面，伊利、和路雪、八喜、蒙牛品牌主导冰激凌市场，市场占有率均在 10% 以上，光明冰激凌、梦龙冰激凌等高品质软冰品牌也异军突起，市场占有率及店面规模增长率均有明显提升。如图 3 - 13 所示。

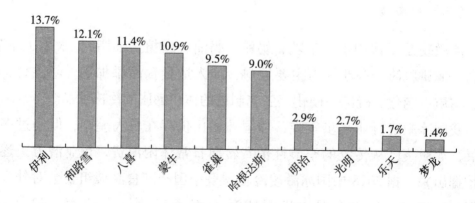

图 3 - 13　2017 年中国冰激凌十大品牌占有率
资料来源：公开信息整理。

二、乳制品冷链需求特点

1. 实现原奶冷链运输困难度高

原奶从奶牛养殖场、奶站到乳制品加工企业过程中，目前大部分为常温运输，难以实现完全冷链运输，主要原因是目前我国奶牛养殖没有实现工业化养殖，大多依然实行奶牛分散养殖，养殖场数量多，分布广，对于养殖户而言，冷链运输成本过高。但随着的奶牛专业合作社的逐渐普及，奶源的冷链运输也逐渐被重视。

各大鲜奶厂鲜奶运输车辆大部分是以奶罐车和普通货运车为主，冷藏车的数量严重不足。冷链设施发展严重滞后，落后的鲜奶物流配送设施使鲜奶的损失率居高不下，严重影响了鲜奶物流配送的发展。

2. 乳品冷链具有区域性

生鲜乳生产的区域性以及低温乳制品严格的冷链物流配送期限、半径限制以及保质期限制，使得乳制品加工业具有一定的区域性特征。如表 3 - 2 所示，我国乳制品工业分为五大区域。

表 3 - 2　　　　　　　　　　　我国乳制品工业布局

产区	区域范围	基本情况	产品
东北、内蒙古产业区	黑龙江、吉林、辽宁、内蒙古	全国重要的奶源基地和主要的乳制品工业基地。奶牛存栏量大，饲草饲料资源丰富，分散饲养比重大，与主销区运距远	重点发展乳粉、干酪、奶油、超高温灭菌乳等，适当发展巴氏杀菌乳、酸乳等
华北产业区	河北、山西、山东、河南	新兴的奶牛优势产区和奶源生产基地。地理位置优越，饲草饲料资源丰富，加工基础好，是都市与基地结合性乳业产区。但牛奶品种杂，单产水平低	重点发展乳粉、干酪、奶油、超高温灭菌乳、巴氏杀菌乳、酸乳等
西北产业区	西藏、陕西、甘肃、青海、宁夏、新疆	奶牛养殖和牛奶消费历史悠久，牛奶商品率偏低，奶牛品种杂，养殖技术落后，单产水平低	主要发展便于储藏和长途运输的乳粉、干酪、奶油、干酪素等乳制品，适度发展超高温灭菌乳、酸乳、巴氏杀菌乳，鼓励发展具有地方特色的乳制品

续　表

产区	区域范围	基本情况	产品
南方产业区	江苏、浙江、安徽、福建、江西、湖北、湖南、广东、广西、海南、四川、贵州、云南	奶牛存栏量较少，水牛存栏量大，经济发展程度相对较高，人口密度大，是牛奶的主要消费区	主要发展巴氏杀菌乳、干酪、酸乳，适当发展炼乳、超高温灭菌乳、乳粉等乳制品，鼓励开发水牛奶加工等具有地方特色的乳制品
大城市周边产业区	北京、天津、上海、重庆	奶牛养殖现代化水平高，牛群良种化程度高，奶牛单产水平高，人口集中，消费市场大，加工能力强，都市型乳业产区	主要发展巴氏杀菌乳、酸乳等低温产品，适当发展干酪、奶油、功能性乳制品

资料来源：工业和信息化部、国家发展和改革委员会。

3. 冷链运输制约巴氏奶的普及

目前国内巴氏奶的产量约占液态奶产量的 30%，未来发展空间巨大，但巴氏鲜奶需要全程 2℃~6℃ 冷藏，保质期只有 5~7 天，由于上述限制，其销售半径只有三五百千米。一般巴氏鲜奶的奶源主要来自较近的规模牧场，且需要每日配送，保证新鲜及营养。

目前乳制品企业一般采用的冷链方式是"乳制品企业 + 第三方冷链物流企业"或者"乳制品企业 + 自营冷链物流"模式。

4. 配送频率高，时间较为固定

一般情况下，生产的鲜奶都需要运至乳品厂进行加工，属于鲜度要求严格的商品，天天都要配送。如果运输不当，会导致鲜奶变质，造成重大损失。为保证质量，鲜奶运输有特殊的要求，为防止鲜奶在运输中温度升高，尤其在夏季运输，一般选择在早晚或夜间进行。

5. 运输标准严格，外包意愿低

运输工具一般都是专用的奶罐车。为缩短运输时间，严禁中途停留。运输容量要严格消毒，避免在运输过程中污染，容器内必须装满盖严，以防止在运输过程中因震荡而升温或溅出。正因为如此，为了能保证质量，专业奶类企业大都是希望自己运输，外包物流的意愿不是很高。即使外包，也大多是部分区域短途配送和路线运输外包，而且对技术和质量的要求比较高。

6. 对企业组织协调性要求高

由于乳制品保质期通常都比较短，更加注重时效性，因此很难进行远距离运输，这就要求在乳制品的生产、运输乃至销售等整个过程，更要具有组织的协调性。

第四节　零售、电商市场现状与冷链需求分析

2017 年，全国社会消费品零售总额为 36.63 万亿元，比上年净增 3.4 万亿元，同比增长 10.2%，连续第 14 年实现两位数增长。最终消费对经济增长的贡献率为 58.8%，连续第四年成为拉动经济增长的第一驱动力，继续发挥着对经济增长的基础性作用。

其中，网上零售额为 7.18 万亿元，比上年增长 32.2%，增速比上年加快 6 个百分点。其中，实物商品网上零售额 5.48 万亿元，增长 28.0%，占社会消费品零售总额的比重为 15.0%；在实物商品网上零售额中，吃、穿和用类商品分别增长 28.6%、20.3% 和 30.8%。以上可以看出，网上零售增速明显高于线下，传统品牌销售渠道正在电商化，线上零售增长还会持续下去。

一、生鲜电商规模

电商需要冷链运输的商品一般为生鲜产品，在互联网用户红利褪去的大背景下，生鲜作为高顾客黏性、高消费频次的品类，成为电商巨头抢夺存量用户的武器。纵观国内生鲜电商的发展历程，其爆发始于 2012 年，随后两年保持着超高增速，2013 年国内生鲜电商市场交易额 130 亿元，同比增长率高达 221.5%，2014 年仍然保持较高的增速。整体看，2013—2017 年生鲜电商交易额年均复合增长率超过 80%。2013—2017 年生鲜电商交易规模总额如图 3 - 14 所示。

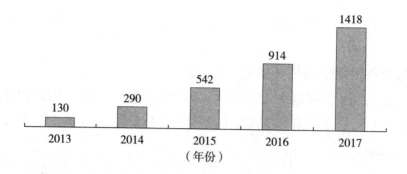

图 3 - 14 2013—2017 年生鲜电商交易规模总额（亿元）

资料来源：Analysys 易观。

二、生鲜电商经营模式及冷链需求特点

（一）生鲜电商供应链

生鲜电子商务不仅仅是一种销售方式的创新，也是对整个生鲜农产品供应链的重塑。与传统渠道相比，电子商务能够缩短供应链，提高感官质量，提升食品安全水平，丰富商品类别，同时节约消费者时间，大大增强了便利性。

在传统流通方式下，生鲜农产品从农田到餐桌需要经历多个环节，一方面延长了流通时间，导致生鲜农产品质量下降甚至可能出现腐败变质（没有做全程的保鲜系统）；另一方面层层加价之后，最终的零售价格可能达到地头价格的 3 ~ 10 倍，损害了城乡居民的利益，增加了生活成本。

在电子商务环境下，由于在网上展示的是实物照片，不需要像传统渠道一样将商品实物展示给顾客，接受顾客的挑选，相对降低了库存管理的难度和成本，电子商务企业通过对需求的预测和对订单的分析，可以实现库存的最优化甚至按照订单采购商品。同时通过深入到源头，自建基地或者达成合作关系，缩短供应链，有效监督商品质量和安全，缩短周转时间，提高商品感官质量和安全水平，进而提升消费者满意度。如图 3 - 15 所示。

（二）生鲜电商企业经营模式

目前，国内生鲜电商企业众多，业务模式并不相同，各个生鲜电商企

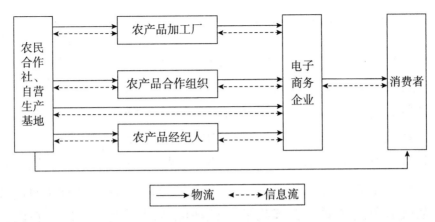

图3-15　生鲜电商供应链

资料来源：大德上智咨询。

业的销售规模、盈利水平也有很大差距。经营模式主要有以下五种。

其一是以淘宝、天猫、京东、1号店、亚马逊等为代表的全品类型电商，其模式主要是吸引各个生鲜厂家入驻自己的平台，并由入驻厂家自行负责冷链配送，平台只是负责监管，生鲜配送对其来说属于战略性亏损的品类。

其二是垂直类生鲜电商，包括中粮我买网、优菜网、沱沱工社、本来生活网等。以生鲜产品为主打，并自建冷链配送体系，这类生鲜电商主打生活品质，保证生鲜食品优质、高端。然而，由于成本等各项考量，垂直类生鲜电商主要在一个或几个城市运营，具有明显的区域特征。

其三是物流企业，以顺丰优选为代表。利用自己已经拥有的物流体系为基础，依托自身强大的物流优势，发展生鲜电子商务活动，此类企业发展生鲜电商实则是为自己的冷链物流体系建设铺路。

其四是线下超市，以沃尔玛、物美超市为代表。依托自己的体系优势发展线上生鲜服务，对这类企业而言，线上业务重在宣传，它利用门店辐射范围进行配送，减少了成本，缩短了配送周期，但大部分业务仍在线下。

其五是时下正兴的新零售模式，以阿里系的盒马鲜生、京东系的7 Fresh、永辉系的超级物种为代表。这类带有"堂食"模式的生鲜超市，涵盖超市、便利店、餐饮、电商送货等多类业态的购物体验，是线上线下加速融合的产物。

（三）生鲜电商企业冷链物流分类

对于当前生鲜电商的冷链物流配送，一类是以易果生鲜、顺丰优选、两鲜、每日优鲜、沱沱工社为等代表的自建物流模式；另一类是以本来生活、一米鲜、喵鲜生、拼好货等为代表的第三方物流模式，还有两类分别是以自建物流与第三方物流结合的方式以及众包物流方式。

一是自建物流配送模式，代表企业：易果生鲜、中粮我买网。自建物流的方式相对于第三方物流以及众包物流的方式，对于商品品质的把控能力强。从服务角度来看，自建物流不仅在配送时间上有保障，在配送服务上也能更好地进行把控，它能够大幅提升用户的消费体验，增强用户黏性。其短板是自建物流需要大量的成本投入，对于平台业务的扩张速度也会产生一定的影响。

二是第三方物流配送模式，代表企业：本来生活、一米鲜。与自建物流配送不同，本来生活、一米鲜等平台选择了与第三方物流合作的配送方式。其特点是不需要自建配送、仓储中心等，节约了搭建线下的仓储成本，但却大大提升了冷链配送成本，而且对于第三方物流的配送服务质量也无法把控。当前，为生鲜电商提供第三方物流的服务商有中远全速、黑狗物流等企业。

三是自建物流与第三方物流结合模式，代表企业：天天果园。天天果园在上海自建物流，其余城市则由第三方物流运输。选择此模式，生鲜电商一方面可以通过自建物流打造更好的用户体验；另一方面又能实现快速规模化扩张。

四是众包物流模式，代表企业：爱鲜蜂、田鲜。爱鲜蜂、田鲜等生鲜电商平台采用了物流众包模式，意图打造更轻的生鲜电商平台。所谓众包物流，就是把原由企业员工承担的配送工作，转交给企业外的大众群体来完成，通过招揽有空闲时间的人员"顺路捎带，随手赚钱"，成为兼职快递员，完成"最后一公里"的配送。此模式与第三方物流配送具有同样的优势，不用自己养团队，大幅降低了平台的成本。相比第三方物流配送，众包物流配送的服务更加不够专业，不光服务质量和服务水平难以把握，最重要的是这种模式在服务安全上还存在隐患。

从以上四种不同冷链物流的配送模式来看，自建冷链物流模式会具有更大的优势，但是自建冷链物流需要巨大的资金投入，一般平台无法承受，再加上投资回报期较长，如果不能拿到巨额的融资，大多数生鲜电商平台恐难以支撑下去，行业洗牌只会加剧，将会有越来越多的平台面临倒闭。

（四）生鲜电商冷链需求特点

1. 生鲜电商市场空间巨大，但冷链建设成本高，赢利困难

随着我国电子商务的不断发展，居民深刻体验到了电商渠道商品的丰富度与送货上门的便利性，对生鲜商品也产生了同样的需求，生鲜电商应运而生。2005 年，我国最早的生鲜品类电商易果生鲜成立，此后各种类型的生鲜电商纷纷涌现，至 2012 年开始更是爆发式增长。有数据显示，虽然生鲜电商的电商渗透率已从初期的不到 1%，增长到如今 5% 左右，但对比整个电商行业 20% 以上的渗透率，市场空间巨大，可以说生鲜电商是仅存的还没有被电商巨头充分渗透的万亿级行业。

然而到了 2015 年，生鲜电商企业倒闭、供应链断裂等消息频出。全国生鲜电商 4000 多家企业中，95% 以上亏损，实现赢利的低于 5%。持续的亏损让很多中小型生鲜电商终究难以为继，菜管家、鲜品会、美味七七、花样生活、正源食派、果蔬帮等电商平台相继破产倒闭。此外，果多美、一米鲜被百果园收购，美家鲜生被每日优鲜收购，爱鲜蜂被中商惠民网收购。

生鲜受季节、产地、仓储运输等因素限制，需要大量投入人力物力财力等建造冷链配送体系。此外，生鲜冷链物流的成本较普通商品高出 1~2 倍，冷链成本占销售额 20%~40%。因此对于生鲜电商来说，不仅整个冷链物流建设成本高，回报时间也较长，大多数生鲜电商都难以承受如此巨大的成本压力。

2. "两超多强" 的竞争格局正在形成

随着阿里、京东大肆投资生鲜领域，当前的生鲜电商市场已基本形成"两超多强"的新格局，两超指阿里系和京腾系，多强指百果园、天天果园等商家。

盒马鲜生是阿里巴巴对线下超市完全重构的新零售业态，主打高复购率的生鲜和餐饮，配套超市杂货。从模式上看，盒马既是生鲜超市、便利店，又是餐饮店，也是送货到家的电商品牌，消费者可到店购买，也可以在盒马 App（应用程序）下单。而盒马最大的特点之一就是快速配送：门店附近 3 千米范围内，30 分钟送货上门。

此外，阿里还多轮投资易果生鲜。2017 年，易果生鲜已经成为了天猫超市生鲜频道的独家运营商，并且在未来相当长一段时间，易果都将和天猫生鲜业务体系深度融合。易果联合创始人金光磊曾表示，"易果将打造一个大的供应链生态平台"。2017 年易果动作频频，上游端，易果联合农产品种植户打造产品示范田；中游流通运输环节，易果进一步加强了安鲜达冷链物流基础设施建设；下游端，易果不断在打造线上线下的新零售项目，不仅运营天猫生鲜、苏宁生鲜、易果生鲜等线上电商平台，线下还联合收购了北京好邻居连锁便利店，又投资哈米科技入局无人货架领域。

另一边，京东于 2016 年 1 月成立生鲜事业部，独立发展生鲜业务，并在 2018 年年初推出了其线下生鲜超市 7 Fresh，同样"生鲜 + 餐饮 + 超市"的模式，被业界普遍认为对标盒马鲜生。尽管在自营的线下生鲜超市布局较晚，但京东早在 2015 年 8 月就以 43 亿元入股以生鲜产品又多又新鲜著称的永辉超市，占股 10%；2017 年 12 月 11 日，在京东的牵线搭桥下，腾讯也入股了永辉超市，这也是腾讯首次在商超领域进行投资。

除此之外，腾讯还多轮投资生鲜电商每日优鲜，后者的前置仓模式已成为行业典范。

3. 新业态相继涌现，巨头领衔的线下新战场来临

盒马鲜生、7 Fresh、超级物种这些新兴业态相继涌现，生鲜电商越来越多地涌向线下，落子门店，然后辐射周围生活半径，用数据优化供应链。

2016 年 1 月，盒马鲜生首店在上海金桥店开业；2017 年盒马在全国 7 个城市开出了 25 家门店，并宣布将在 2018 年在北京再开 30 家门店。

2017 年 1 月 1 日，永辉旗下的"超级物种"正式登陆福州，首店营业面积 500 平方米，门店单品数量超过 1000 种，引入了鲑鱼工坊（自营餐饮品牌）、波龙工坊（海鲜食材体验店）、盒牛工坊（现切现煎、原汁原味的牛排体验店）、麦子工坊（主打软欧包的烘焙店）、咏悦汇（红酒）、生活厨房（食品辅料）、健康生活有机馆和静候花开花艺馆 8 大物种。公开资料显示，2017 年，超级物种开出 26 家门店，平均每个月开 2.17 家门店，已布局北京、上海、深圳、福州、成都、厦门、重庆、南京、杭州等一线城市以及新一线城市，其中福州作为永辉超市超级物种的大本营，门店数量

最多。

2018年1月4日，京东打造的首家线下生鲜超市7 Fresh在北京亦庄正式开业，总面积超过4000平方米，生鲜占比超过75%。据京东集团高管表示，未来3~5年，7Fresh将在全国铺设超过1000家门店。

与7Fresh同期开业的还有位于成都、北京、南京的三家苏宁旗下的苏鲜生精品超市，此前，苏鲜生已经落地三家门店，除常规商品外，苏鲜生精品超市内还设有餐饮专区和鲜花专区。

此外，本来生活首家线下旗舰店于2017年7月7日在成都开业，采用"线上+线下、餐饮+超市"的模式；美团点评也划分了大零售事业群，统筹包括生鲜零售在内的业务，旗下的掌鱼生鲜超市也于同月在北京开首店；天天果园在2017年推出了"四位一体"的消费场景战略，涵盖城市超市、社区生鲜店、无人售货机以及线上平台；另外，还有已经默默发展16年，全国门店数超过2800家的生鲜零售线下巨头百果园。2018年1月11日，百果园宣布获得B轮15亿元融资，同时百果园宣布向社会开放加盟，全力追求速度和规模。

除以上"超市+餐饮"的生鲜经营模式外，还有不少生鲜电商将产品寄存在超市及便利店进行售卖，或在社区自建经营站点，在轻资产模式下实现O2O经营。

4. 供应链和物流建设将成竞争焦点

随着竞争更加激烈，包括物流在内的供应链建设已成为生鲜电商发展的关键。2018年开年以来，生鲜零售行业就不断传来重磅消息。其中，水果零售巨头百果园获15亿元以上B轮融资，此轮融资的资金主要用于果品研发与品类品牌建设，打造先进果业供应链与生态体系，以及持续加强产业互联网的投入。不仅如此，零售巨头国美也紧跟其后，在1月18日与中国优质农产品开发服务协会签署合作协议，双方将共同推进地方优质农产品的公用品牌建设及线上线下流通渠道建设。由此看出，生鲜巨头越来越不甘心只担任销售渠道的角色，纷纷试水上游产业链。历经洗牌期后的生鲜电商逐渐进入转型升级的成长期，众多生鲜实体零售商和电商平台开始加码供应链生产端，借此提高企业的核心竞争力。未来新零售比拼的重点将会在供应链、冷链物流的建设上。

生鲜作为低单价高频次的消费，对储运要求十分严格，加上容易损耗，造成每单履约成本比较高。据业内人士称，目前生鲜电商在冷链配送、流通环节的损耗率行业平均水平高达 25%。因此，通过物流提高周转速度，缩短产地和消费者之间的距离，确保生鲜产品的质量和新鲜度，降低损耗，可以说是生鲜电商的生命线。这就意味着，拥有强大的冷链物流体系是生鲜电商发展的关键。只有冷链物流问题得到有效解决，生鲜电商市场才能真正繁荣起来。比如京东冷链配送可以根据商品的不同，提供深冷、冷冻、冷藏、控温四大温层，分别匹配包括蔬果、海鲜水产、肉禽蛋奶、巧克力、冰激凌、原浆啤酒等的全品类生鲜产品。

再以京东和阳澄湖大闸蟹的合作进一步说明供应链和物流建设的重要性。近年来，京东和阳澄湖大闸蟹行业协会进行了合作，由京东提供大闸蟹物流行业解决方案，依托京东的冷链配送体系为阳澄湖大闸蟹提供包含物流、运营和营销在内的全套解决方案。京东专门在阳澄湖设立中转站，根据蟹农的出货时间从上午 10 时到晚上 8 时，2 小时一次安排循环接货，保证当天出水的活蟹，在阳澄湖本地快速使用京东自主研发的温控设施与包装材料包装分拣，最大程度为大闸蟹配送保鲜，马上进入配送环节。全程冷链的阳澄湖大闸蟹配送时间被压缩到 48 小时之内，其中京东在超过 170 个城市提供次日达服务，其他城市可以实现隔日达。像是上海等个别重点核心城市，通过大数据以及强大仓储能力的支持，生鲜最快能够实现上午下单，晚上送达，工作日晚上下班回来就能收到白天购买的生鲜食材。在这样的物流系统保驾护航下，大闸蟹"超级品类日"当天，京东自营大闸蟹全额预订数就有上百万只。

第五节　餐饮市场现状与冷链需求分析

随着我国经济的快速发展，居民收入水平不断提高，为餐饮业的快速发展提供了前提条件。中央"八项规定"出台后，公务接待、公款消费直线下降，高端餐饮受阻，而大众化餐饮作为刚性需求增长稳定，更因其经济实惠、方便快捷的特点越来越得到市场的认可和欢迎，成为推动整个行业企稳回暖的中流砥柱。

一、餐饮产业分析

2017 年，我国餐饮收入达到 3.96 万亿元，同比增长 10.7%，高于同期社会消费品零售总的增速 10.2%。其中，限额以上单位（年营业额 200 万元及以上餐饮企业）餐饮收入 9751 亿元，同比增长 7.4%，如图 3 – 16 所示。而作为带动餐饮收入增长的主要业态之一，外卖行业较上一年增长超两成。

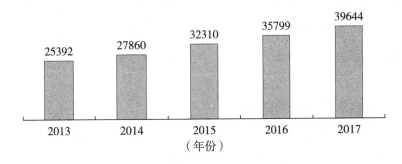

图 3 – 16　2013—2017 年餐饮行业收入（亿元）

资料来源：国家统计局。

中国烹饪协会表示，2017 年餐饮市场增长平稳，市场规模持续扩大，餐饮消费者信心进一步提升。目前，餐饮行业发展存在的问题是人民日益增长的美好餐食需要和餐饮行业发展不平衡不充分之间的矛盾。供给侧结构性改革、质量效益提升工程，大众餐饮消费升级等将是 2018 年餐饮行业的新亮点。

二、餐饮行业运行特点及冷链需求分析

（一）餐饮行业运行特点

1. 餐饮市场稳定，增长较快

随着供给侧结构性改革深入推进，餐饮行业呈持续平稳较快发展态势。2017 年，全国餐饮收入同比增长 10.7%，较上年同期略低 0.1 个百分点。限额以上单位餐饮收入 9751 亿元，同比增长 7.4%，比上年同期大幅提升

1.4 个百分点，品牌餐饮引领作用显著。并且，餐饮业还在扩内需、促消费、稳增长、惠民生方面作用强劲。2017 年，餐饮市场将与整个消费市场发展速度（10.2%）的领先优势扩大至 0.5 个百分点，餐饮收入总规模占到社会消费品零售总额的 10.8%，餐饮市场对整个消费市场增长贡献率达到 11.3%，拉动消费市场增长 1.2%。

2. 发挥能效，加强用工管理

餐饮行业整体规模以较快速度发展，但是餐饮网点数量和从业人数增长并不同步，且 2017 年增速继续下降，但降幅有所收窄。据测算，中国平均每个餐厅仅有约 3 名从业人员，而美国有 14 人左右，日本则不到 8 人。在各项成本费用均攀高的情形下，餐饮企业投资和扩张更加慎重，全力激发和调动每个餐饮网点的发展动能，而且调整高位责任制、精准用工则成为重要管理手段。

3. 区域特色餐饮优势明显

2017 年，在全国餐饮市场趋缓趋稳的大环境下，一些千亿元级传统餐饮产业大省纷纷放慢发展步伐，都出现不同程度增速下滑的迹象。预计 2018 年，山东省将赶超广东省成为餐饮产业第一大省。也有省区仍不失活力，北京市、上海市上升幅度较大。在"一带一路"倡议和地方政策激励下，西部地区充分发挥当地特色餐饮优势，增长较高速。如表 3-3 所示。

表 3-3　　　　　　　　2017 年全国主要省市区餐饮市场发展状况

序号	地区	餐饮收入（亿元）	同比增速（%）	统计口径
1	山东省	30602.6	10.50	
2	广东省	3680.3	5.90	
3	江苏省	3127.0	11.40	含住宿
4	浙江省	2558.0	13.80	
5	四川省	2487.8	12.40	
6	湖南省	1841.6	11.80	
7	辽宁省	1574.1	3.60	
8	福建省	1329.4	8.90	
9	安徽省	1225.2	10.60	
10	内蒙古自治区	1211.9	15.40	
11	重庆市	1181.6	12.30	

序号	地区	餐饮收入（亿元）	同比增速（%）	统计口径
12	北京市	1028.8	7.70	
13	上海市	1025.4	7.90	含住宿
14	吉林省	998.4	12.50	
15	天津市	920.9	11.00	含住宿
16	江西省	891	9.00	
17	云南省	857.2	13.00	
18	陕西省	840.1	11.90	
19	广西壮族自治区	748.1	12.00	
20	甘肃省	717.6	14.10	
21	山西省	626.5	8.80	
22	河南省	513.4	11.60	
23	湖北省	495.4	14.50	
24	新疆维吾尔自治区	287	10.50	
25	海南省	276.1	11.30	
26	宁夏回族自治区	151.6	13.30	
27	贵州省	82.5	10.40	
28	青海省	7	0.80	

资料来源：各省统计局发布数据。

4. 消费升级激发市场活力

在消费不断升级、新一代消费群体崛起的形势下，餐饮市场各业态品类百花齐放、百家争鸣。中式正餐仍居强势主导地位，地方菜系地域限制被淡化，逐渐由区域内向全国更广范围拓展；而休闲简餐高歌猛进，格调年轻、时尚、高雅的精品店层出不穷；西餐、日本料理、韩国料理等国际美食也逐渐发展壮大。如图 3 - 17 所示。

5. 市场竞争上升至品牌竞争

随着消费者越来越关注产品和服务的质量，餐饮消费逐渐由价格导向转为品牌导向，餐饮业最核心的竞争力还是产品和服务。餐饮企业愈加重视品牌塑造和深耕，以及品牌维护和传承。市场竞争从业态品类进化为品牌之争，充分体现出餐饮行业发展已上升至一个新阶段。

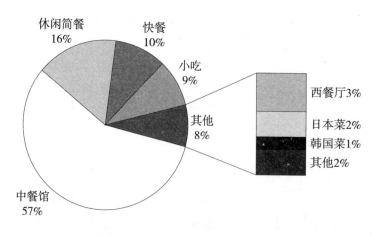

图 3 - 17　2017 年餐饮业态分布情况

资料来源：国家统计局。

6. 外卖外送由量变转向质变

餐饮外卖外送正步入稳定发展期。根据艾媒咨询发布的数据，初步测算 2017 年全国在线外卖市场规模约 2045 亿元，同比增长 23%，增速放缓，在线餐饮外卖用户规模超过 3 亿人，市场规模占整个餐饮市场的比重持续上涨，2017 年达到 5%。外卖外送开始从价格导向往品牌导向转移，现正处于由量变到质变的过程中，且消费新格局蔓延至全时段场景。

7. 互联网 + 创新又出新花样

摩拜单车等知名 IP 跨界混搭餐饮，还有新餐饮新模式分外显眼。借助互联网思维和大数据应用进行服务升级，提升运营效率和营销转化率，打造现代供应链体系，向零售化转变，业务全面覆盖"堂食 + 外卖 + 外送 + 包装食品"；新零售火爆异常，并持续发酵，将食材销售、餐饮体验融为一体，越发成为电商巨头们的重点竞争领域；尝试共享经济新模式，共享厨房在外卖外送强劲市场需求下应运而生。

8. 中华饮食文化助力行业发展

文化底蕴是传统餐饮服务业发展之魂，现代餐饮服务业更是要继承和发扬中华饮食文化。当前，工匠精神备受推崇，区域特色美食、菜系风味向全国各地广泛蔓延，借助旅游业、餐饮文化博物馆和餐饮文化节目进一步拉动餐饮消费。

同时，中国餐饮走出国门更是以中华饮食文化为载体，文化先行为中餐进入海外市场奠定了基础。根据中国外文局于 2018 年 1 月发布的《中国国家形象全球调查报告 2016—2017》，中餐已成为海外受访者眼中最能代表中国文化的元素。目前，"中餐走出去"发展模式主要有：与海外企业合作开店；自主品牌，自我投资；与商业地产开展战略合作；投资收购参股海外企业；以劳务作为投资；以品牌、技术作为投资；多家企业联合专项投资。

9. 行业发展环境持续优化

在供给侧结构性改革战略部署下，政府部门不断出台利好政策，改善行业发展政策环境，保障餐饮业科学可持续发展。商务部发布数据显示，2017 年住宿和餐饮业税收收入 583 亿元，同比降低 11.9%，"营改增"减轻税负效果明显，而且企业减负还由"减税"逐渐向"减费"扩展延伸。2017 年全国餐饮行业食品安全状况稳中向好，食品安全监管机制进一步规范完善，不仅加强食品安全、谣言防控和治理工作，还出台相关规定加强网络餐饮服务食品安全监督管理。

（二）餐饮行业冷链需求特点

1. 餐饮业对冷链的需求将进一步提高

近年来，政府对餐饮行业高度关注，食品安全监管进一步升级，冷链物流的重要性得到凸显。而食品安全需依托整个餐饮供应链的协同保障，因此餐饮供应链的安全监管将会成为未来政策的重点。另外，我国人民生活水平的日益提高，"饮食健康"意识逐步增强，从食材的安全性、新鲜度到最终饮食的营养价值等，正在成为人们选择餐厅的重要考量指标。在此情况下，餐饮行业对供应链的品控要求将越来越严格，对冷链的要求将进一步提高。

从餐饮行业看，随着消费升级和市场规模扩大，餐饮企业的冷链物流体系进入了升级发展阶段，大量的资本开始关注餐饮冷链物流体系发展，尤其是在冷链园区和中央厨房建设方面投入巨资。现阶段，更合理、更优化的冷链物流模式正在涌现，冷链物流体系也在逐步完善。

2. 共享型中央厨房正在兴起

自建中央厨房能够保证餐饮企业的食材供应全程冷链不断链，但是这种规模并不适合所有的企业采用，对于中小型连锁餐饮企业来说，自建中央厨房耗费资金众多，需要更多的人力、物力用于管理和运营上，势必会造成一定的负担，影响核心业务的发展。在此背景下，共享型中央厨房正在悄然兴起。

共享型中央厨房一般是以冷链物流园区为依托，由冷链园区负责建设和经营，餐饮企业只需要以租赁的形式获取中央厨房的使用权即可。从前端的原材料采购，到中央厨房内部的收货、存储、拣货、配送一系列操作，均可委托冷链物流园区完成，同时餐饮企业也可以选择仅仅租赁场地自行管理。

这种模式下，餐饮企业完全能够实现集中采购、规模管理、统一配送，高度实现资源共享，并享受到更为专业的第三方冷链物流服务，实现冷链物流轻资产运营。

3. 餐饮新模式正在涌现

从盒马鲜生开始，近两年大批商家投资、入局生鲜新零售，参与企业主要分为两大类：一类是以永辉、天虹、步步高、百联、大润发等为代表的线下传统商超；另一类是以阿里巴巴、美团、京东等为代表的线上巨头。通过梳理可以发现，大部分生鲜新零售业态都没有摆脱盒马鲜生主推的"超市＋餐饮"模式。究其原因，一方面，让超市与餐厅共存，满足超市部分的顾客需求以外，为他们提供餐厅的附加值；另一方面，这也为希望用餐的消费者群体，提供服务场所。如表3－4所示。

表3－4　　　　　2017—2018年1月主要省市餐饮新模式市场发展状况

商家	品牌	业态布局	首店开业日期
阿里巴巴	盒马鲜生	超市＋餐饮	2016年1月15日
永辉	超级物种	超市＋餐饮	2017年1月1日
保利商业	保利商业YOOYA	超市＋餐饮	2017年1月14日
天虹	spa@ce	超市＋餐饮	2017年1月21日
新华都	海物会	超市＋餐饮	2017年5月10日
步步高	鲜食演义	超市＋餐饮	2017年6月25日
百联	RISO	超市＋餐饮＋音乐＋书店	2017年6月26日
高鑫零售	大润发优鲜	超市＋餐饮	2017年7月7日
北京本来工坊	本来生活	超市＋餐饮	2017年7月7日
美团	掌鱼鲜生	超市＋餐饮	2017年7月19日
联华华商	鲸选未来	超市＋餐饮＋社交	2017年8月15日

商家	品牌	业态布局	首店开业日期
物美	联想桥店、金宝街店	超市＋餐饮	2017年10月25日
华润万家	Ole'合生汇店	超市＋餐饮	2017年12月22日
苏果	奥体庐山路	生鲜＋餐饮	2017年12月29日
苏宁	苏鲜生	超市＋餐饮	2017年12月29日
京东	7Fresh	超市＋餐饮	2018年1月4日
复华商业	地球港	超市＋餐饮＋科技互动终端	2018年1月20日

资料来源：公开信息整理。

由此来看，以"超市＋餐饮"为基础的跨界创新已成为当前生鲜新零售业态经营的普遍思路，而且发展势头迅猛，其鲜明的商业模式不仅引发业内广泛关注，对餐饮行业的发展也必将带来深刻影响。

4. 城市多温共同配送（多温层产品的共同配送）迎来春天

为保证食材口味统一及控制成本，餐饮企业大多建立起标准化全自动生产线。但要确保食品品质及保障食材质量安全，采取全程冷链物流、建设食品安全追溯体系等全产业链运作手法必不可少。当前，很多连锁和加盟品牌开始从一线城市逐渐向二、三线城市下沉，可现有的冷链物流网络不足以支撑。

随着第三方物流企业不断提升自身的配送能力，逐步建立可覆盖全国大城市的温控配送网络，达到日配日销的水平。而餐饮企业为降低物流成本，共同配送是最好的发展路径。

第六节 食品进出口市场现状与冷链需求分析

近年来，中国食品进出口规模逐年扩大，进口食品已越来越受到消费者的喜爱，国内的食品也远销至海外上百个国家和地区。中国消费者之所以如此钟情于进口食品，除了对国外产品的过度依赖和推崇之外，主要还是对产品品质和质量安全方面的看重。当前，中国的食品安全问题，不仅来自生产等方面，也来自于运输和管理等方面，而冷链业发展滞后，则是造成食品安全问题不可忽视的重要方面。

为了占据中国食品进出口冷链业的高地，一些食品销售巨头，正谋划在中国进行冷链业布局，特别是港口、物流、冷库建设等，以此适应中国进出口食物不断增多、不断扩张的需要。

一、食品进出口产业分析

近几年，我国食品进出口规模逐年扩大。据海关总署数据显示，2017年我国食品进出口总额为1160亿美元，其中出口额为621亿美元，进口额为539亿美元。而根据国家统计局数据，2013年我国食品进出口总额为964亿美元。2013—2017年，我们食品进出口总额累计增长了20%。如图3-18所示。

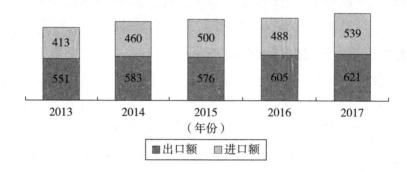

年份	2013	2014	2015	2016	2017
进口额	413	460	500	488	539
出口额	551	583	576	605	621

图3-18　2013—2017年食品进出口规模（亿美元）
资料来源：国家统计局、海关总署。

（一）水产品进出口情况

据海关数据统计，2017年我国水产品进出口总量923.65万吨，进出口总额324.96亿美元，同比分别增长11.56%和7.92%，均创历史新高。

出口方面，全年出口量433.94万吨，出口额211.50亿美元，同比分别增长2.40%和1.99%。其中，一般贸易是主要组成部分，2017年水产品一般贸易出口量307.02万吨，出口额156.42亿美元，分别占水产品出口量和出口额的70.75%和73.96%。2017年我国水产品一般贸易主要出口品种如表3-5所示。

表 3 - 5　　　　　　　2017 年我国水产品一般贸易主要出口品种

品种	出口数量（万吨）	数量同比增减（％）	出口金额（亿美元）	金额同比增减（％）
头足类	49.87	5.61	33.07	6.17
对　虾	16.26	4.58	19.13	8.35
贝　类	23.48	-10.68	13.16	-7.61
罗非鱼	40.8	3.47	12.38	1.21
蟹　类	6.47	3.71	8.97	3.47
鳗　鱼	4.14	1.85	8.61	-1.7
鲭　鱼	37.72	16.27	7.2	16.2
藻　类	6.25	-6.86	4.46	3.2
大黄鱼	3.13	-11.86	2.14	-8.26
淡水小龙虾	1.89	-19	2.14	-18.34

资料来源：海关总署。

主要出口市场有起有落，对日本、美国、欧盟、中国台湾出口均为量额齐增，出口额分别为第 1、2、4、6 位。出口额列第 3、7 位的东盟、韩国市场出现一定下降。东盟市场受"一带一路"倡议和中菲关系转暖的积极影响，2017 年上半年我国对其水产品出口量额同比双增，但从 7 月开始，由于对泰国出口量额持续下滑，2017 年我国对东盟市场的出口额为 27.32 亿美元，同比下降 2.77%。如表 3 - 6 所示。

表 3 - 6　　　　　　　2017 年我国水产品主要出口市场

出口市场	出口数量（万吨）	数量同比增减（％）	出口金额（亿美元）	金额同比增减（％）
日本	62.74	2.53	38.47	3.88
美国	55.43	1.72	32.21	5.88
东盟	66.93	6.56	27.32	-2.77
泰国	17.88	-29.17	8.4	-24.84
印度尼西亚	10.63	92.5	2.36	81.95
欧盟	55.11	-0.97	23.74	2.3
中国香港	18.69	-13.83	18.56	-7.8
中国台湾	13.8	-0.85	18.02	7.9
韩国	47.92	-9.69	15.88	-3.57

资料来源：海关总署。

进口方面，2017 年，我国水产品进口量 489.71 万吨，进口额 113.46
亿美元，同比分别增长 21.17% 和 21.03%。从进口结构看，鱼粉和食用水
产品进口大增。2015 年同期鱼粉进口大跌之后，国内行情逐渐回暖。2017
年鱼粉进口量额大涨，进口量 157.16 万吨，进口额 22.17 亿美元，同比分
别增加 51.55% 和 37.41%。除鱼粉外，其他以一般贸易方式进口（主要供
国内食用）产品进口量 99.40 万吨，进口额 42.57 亿美元，同比分别增长
22.52% 和 23.71%。其他方式（边境小额贸易、保税区仓储等）进口量
128.29 万吨，进口额 23.87 亿美元，同比分别增长 17.22% 和 16.34%，继
续保持双增态势。

从主要进口市场看，普遍出现量额双增情况。受冻鲱鱼、冻鳕鱼、冻
大马哈鱼等进口量额激增的影响，我国从俄罗斯进口量额分别上涨 11.13%
和 2.78%；受饲料用鱼粉进口量额大增的影响，2017 年我国从秘鲁进口量
额同比分别上涨 96.54% 和 78.38%。由于 2017 年下半年我国从东盟，尤其
是越南进口的加工鱼类、鲜冷冻鱼类量额大增，2017 年我国从东盟进口量
额同比分别增加 3.69% 和 13.72%。由于从新西兰进口头足类、小龙虾数额
大幅下降，2017 年我国从新西兰进口量额同比分别减少 10.89% 和 6.09%。
如表 3 - 7 所示。

表 3 - 7　　　　　　　　2017 年我国水产品主要进口国家和地区

国家和地区	进口数量（万吨）	数量同比增减（%）	进口金额（亿美元）	金额同比增减（%）
俄罗斯	107.28	11.13	15.52	2.78
美国	53.29	8.37	15.05	21.28
秘鲁	98.59	96.54	14.94	78.38
东盟	64.8	3.69	14.27	13.72
印度尼西亚	27.94	3.59	4.9	11.23
越南	23.26	20.8	3.98	30.12
加拿大	11.48	15.36	7.54	22.56
智利	18.46	12.75	5.98	16.9
挪威	19.87	22.31	4.74	30.21
新西兰	7.6	-10.89	4.22	-6.09
欧盟	13.09	45.92	3.56	45.35

资料来源：海关总署。

（二）畜产品进出口情况

据农业部数据统计，2017 年我国畜产品进出口额增加，逆差进一步扩大。其中，出口额 63.56 亿美元，同比增长 12.7%；进口额 256.16 亿美元，同比增长 9.5%，畜产品贸易逆差 192.60 亿美元，同比增长 14.98 亿美元。

生猪产品出口量 28.93 万吨，同比增长 6.1%，出口额 11.60 亿美元，同比下降 1.6%；进口量 249.96 万吨，同比减 19.7%，进口额 44.00 亿美元，同比减 24.3%。在出口产品中，加工猪肉和鲜冷冻猪肉分别占出口总量 32.8% 和 15.5%；在进口产品中，鲜冷冻猪肉和猪杂碎分别占进口总量 48.7% 和 51.3%。其中，鲜冷冻猪肉净进口 116.55 万吨。2017 年，鲜冷冻猪肉出口量 5.13 万吨，同比增长 5.7%，出口额 2.59 亿美元，同比增长 2.0%，主要出口到我国香港地区；猪肉进口量为 121.68 万吨，同比下降 24.9%，进口额为 22.21 美元，同比下降 30.4%。主要进口国为美国、德国、西班牙、丹麦、加拿大、波兰、法国和智利。

家禽产品出口额 16.72 亿美元，同比增长 10.6%；进口额 10.51 亿美元，同比下降 20.1%，进口以禽肉及杂碎为主；其中，出口量 24.05 万吨，同比增长 6.2%，主要出口地为香港地区。主要出口省份是辽宁、广东、山东和湖南；进口量 45.19 万吨，同比下降 23.8%。主要进口国为巴西和美国；加工家禽以出口为主。2017 年，出口量 26.73 吨，同比增 15.5%，主要出口地为日本。

牛产品贸易逆差 32.07 亿美元，较上年同期贸易逆差增加 5.63 亿美元，增加 21.3%。进口产品以牛肉为主，约占进口额的 91.3%。其中，出口牛肉 921.87 吨，同比下降 77.8%，出口额 789.75 万美元，同比下降 80.4%，主要出口我国香港、吉尔吉斯斯坦和朝鲜。进口 69.51 万吨，同比增长 19.9%，进口额 30.65 万美元，同比增长 21.8%，主要从巴西、乌拉圭、澳大利亚和新西兰进口；加工牛肉净出口 1.07 万吨。2017 年，出口量 1.13 万吨，同比下降 5.4%，出口额 7948.98 万美元，同比增长 7.2%，主要出口到日本和我国香港地区；牛杂碎贸易以进口为主，牛杂碎进口减少。2017 年，进口量为 2.04 万吨，同比减 3.2%，主要来源国为澳大利亚和乌拉圭。

羊产品进出口均以羊肉为主。2017 年，羊产品出口量为 5260.74 吨，同比增长 26.1%，主要出口地为香港地区；进口量为 24.91 万吨，同比增长 13.0%，主要进口国为新西兰和澳大利亚。

蛋产品贸易顺差下降，我国蛋产品贸易以出口为主。2017 年，我国蛋产品出口量 5.63 万吨，同比增长 9.2%。在出口产品中，鲜蛋和加工蛋分别占出口量的 73.1% 和 26.9%。贸易顺差 1.86 亿美元，比上年增加 179.4 万美元。

乳品进出口同增，贸易逆差扩大。2017 年我国乳制品出口量 3.26 万吨，同比增长 5.8%；出口额 4819.00 万美元，同比增 1.8%。其中鲜奶出口量 2.32 万吨，增长 1.8%；酸奶出口量 0.22 万吨，增长 175.0%；乳清出口量 0.02 万吨，增长 100.0%；炼乳出口量 0.23 万吨，与上年持平；奶油出口量 0.17 万吨，增长 54.6%；进口量为 247.00 万吨，同比增长 13.5%；进口额 88.0 亿美元，同比增长 37.9%。其中鲜奶进口量 66.76 万吨，增长 5.3%；酸奶进口量 3.42 万吨，增长 62.7%；乳清进口量 52.96 万吨，增长 6.5%；奶油进口量 9.16 万吨，增长 11.9%；炼乳进口量 2.56 万吨，增长 28.2%。

（三）蔬果产品进出口情况

据农业部数据，2017 年我国蔬菜出口 155.2 亿美元，同比增 5.4%。进口 5.5 亿美元，增 4.3%。贸易顺差 149.7 亿美元，增 5.5%；水果出口 70.8 亿美元，同比减 0.9%。进口 62.6 亿美元，增 7.6%。贸易顺差 8.2 亿美元，减 38.3%。

而据中国食品土畜进出口商会发布的数据，2017 年我国鲜果出口 354.4 万吨，出口额 48.9 亿美元，同比下降 2% 和 4%。我国鲜果出口额排名前八位目的国及地区为：越南、泰国、印度尼西亚、俄罗斯联邦、中国香港、菲律宾、马来西亚、哈萨克斯坦。向以上国家及地区鲜果出口额占我国鲜果总出口额的 74%。其中对印度尼西亚出口额同比增长 57%，哈萨克斯坦同比增长 37%；对泰国出口额同比下降 17%，马来西亚同比下降 35%，波动幅度较大。全年鲜果出口额前五位的品类为：鲜苹果、鲜葡萄、其他柑橘、其他鲜梨、葡萄柚。进口方面，2017 年我国鲜果进口 440.5 万吨，进口额 55.9 亿美元，同比增长 12% 和 5%。我国鲜果进口额前十的货源地国家为泰国、智利、越南、菲律宾、美国、新西兰、澳大利亚、南非、秘鲁及厄瓜多尔。从以上十国鲜果进口额占我国鲜果总进口额 89%。2017 年我国鲜果进口额前八位的果品为：鲜樱桃、鲜葡萄、香蕉、鲜榴莲、鲜龙眼、鲜火龙果、橙、鲜猕猴桃。进口额均在 3 亿美元以上，占全年鲜果进口总额的 72%。其中香蕉、鲜龙眼、橙同比分别增长 17%、52% 以及 61%，增幅较大。樱桃、鲜葡萄、鲜榴莲同比下降 7%、8% 以及 23%，降幅较大。目前我国进口水果 90% 以上由上海、广州等南方港口入关，一般都会采用空运和海运两种方式。

二、食品进出口冷链需求分析

（一）食品进出口冷链运输方式

1. 海洋运输

当前，食品进出口的运输方式越来越多样化，公路、铁陆、海运、航空四种运输方式各有自己的优势。海洋运输是国际贸易中最主要的运输方式，占国际贸易总运量的 2/3 以上，我国绝大部分进出口货物也都是通过海运完成。

海洋运输的优点是运量大、运费低，缺点是速度慢、航行时间长。这对比较注重保质期的食品来说，是一个极大的挑战。要解决食品进出口海洋运输途中质量问题，冷冻冷藏集装箱的运用就必不可少。根据国际知名机构的预测，未来几年国际上冷冻冷藏集装箱仍将保持稳定增长，年复合增长率在 4% 左右，且大部分需求来自中国，中国的增长将大于 4%。冷冻冷藏集装箱主要用来运输食品类，如香蕉、橙子、水果、蔬菜，肉禽类，包括牛肉、羊肉、猪肉等，还有一些牛奶制品、奶酪，以及水产品。

2. 铁路运输

对于中亚、东南亚、东欧等一些内陆国家来说，食品进出口冷链运输更多采用铁路来解决。走陆路铁路进出口食品，极端的气候会对食品运输产生严重影响，为了解决这种问题，2016 年，"一带一路"上出现了低温班列——中欧班列。班列首次采用冷链运输技术，经过高低温差异大的地区始终保持恒温恒湿储存运输。俄罗斯的液态牛奶、法国的红酒、哈萨克斯坦的面包等食品，在经过新疆、中亚和俄罗斯等地区出现极端高温、极端低温、气温干燥等情况，都能保证食品的新鲜度，实现了长途冷藏运输。

铁路运输更多受到陆路国与国之间的贸易限制，所以同空运和海运相比，铁路运输会受到更多国际政治因素影响。

3. 航空运输

航空冷链运输的对象一般为高价值目标，比如医药，普通的食品进出口很少通过航空运输。但有些食品对新鲜度要求特别高，单位价值也达到航空运输的需求，会采用包机的形式进行外贸运输。2017 年，来自塔斯马尼亚的樱桃，通过南航的班机全程冷链出口到中国。南航货运提供的是全程冷链服务，樱桃自冷库运出后，全程冷链至空运仓库，再由空运仓库运至飞机机舱内直飞中国，通过正规清关及检疫手续，进入中国冷库，再由国内物流公司包装后派送。

4. 多式联运

当前，单一的运输方式很难满足越来越规模化的食品进出口需求，食品进出口是一个很长的运输链，单一的运输方式一般都是"站到站"，很难做到"点到点"运输，因此发展多式联运非常必要。如在郑州国际陆港，中欧班列为了实现点到点运输，在国家"一带一路"大好政策带动下、加上技术的突破，实现了海铁联运，出口的食品从国内的点送到国外一百多个点中任何一点可以全程控制，不用"倒柜"，真正地做到了食品进出口运输过程中冷链不断链。

（二）食品进出口冷链需求特点

1. 进出口食品种类繁多，对冷链温度要求多样

当前，我国进口食品的种类越来越丰富。2016 年，我国进口食品贸易额列前 10 位的食品种类分别为：肉类、水产及制品类、油脂及油料类、乳制品类、粮谷及制品类、酒类、糖类、饮料类、干坚果类和糕点饼干类，占我国进口食品贸易总额的 90% 以上。不同的食品对冷链物流的需求不一样，肉类、海鲜、乳制品等易腐食品对冷链物流的需求要高于其他普通食品。

2. 进出口食品口岸集中

近年来，我国进口食品贸易的进口口岸主要集中在沿海省市。2016 年，进口食品贸易额列前 10 位的省市区分别是：广东、上海、天津、山东、辽宁、江苏、福建、浙江、北京和广西，占我国进口食品贸易总额的 95%。这些地区冷链物流相对更为发达，可以有效保障食品在进出口运输过程中

的质量。

3. 进口来源地区域性特征明显

目前，中国已经成为进口食品的最大市场之一。2016 年，我国从 187 个国家和地区进口食品，其中进口食品贸易额列前 10 位的分别：欧盟、东盟、美国、新西兰、巴西、加拿大、澳大利亚、俄罗斯、韩国和智利，共 380 亿美元，占我国进口食品贸易总额的 80%，其中欧盟、东盟和美国占比超过一半。东盟主要出口到中国的食品为油脂、水果、咖啡、坚果等。

4. 商品进出口受政治因素影响较大

食品进出口与中国开放进口的国家和区域政策的流向密切相关，比如中国与东盟签署自由贸易协定之后，东南亚运往中国的水果随之暴增，冷链物流的需求也跟着增长。再如中国与菲律宾的两国贸易，中国一直是菲律宾农业贸易的最大合作伙伴，且 2006—2011 年菲律宾出口中国的前五大商品中，香蕉、椰子油等农产品均"榜上有名"。而在 2012 年中菲黄岩岛对峙后，中国对从菲律宾进口的水果加强管制，从此菲律宾对华的前五大出口商品中就不再有香蕉等农产品。直到 2016 年 10 月，随着菲律宾总统杜特尔特成功访华，中菲两国关系改善，中国恢复了 27 家菲律宾企业对华热带水果的出口。

5. 进口冷链食品对港口检验检疫设施要求高

检验检疫部门在进口冷链产品的通关环节起着十分重要的作用。为保证食品质量、安全，进口冷链食品需要在低温条件下进行检验检疫，如果没有冷链查存一体化设施，整个物流过程就可能存在"两头冷、中间断"现象，这不但会带来质量风险，通关速度也会大大降低。

如宁波检验检疫局在宁波港冷链物流中心设立指定查验点，实施驻点查验。宁波港冷链物流中心设有 12 个全自动集装箱靠泊口，0℃～10℃低温穿堂长 180 米、宽 16 米，面积达到 2880 平方米，满足低温查验要求，设计的日查验量达 100 个集装箱。按照国家质检总局相关要求，冷链物流中心配备了查验场地、现场快速检测实验室、检疫处理区等。其中查验场地又分别设置待检区、扣箱区、查验区，可实现全程低温查验，且配备冷链车送样。装有冷链食品的集装箱卸船落地后，无须运至码头冷藏箱区堆存，而是可以直接拉出港区，运送到宁波港冷链物流中心。这样既避免了冷链断链现象的出现，又降低了进口商的滞箱、还箱成本，更关键的是缩短了通关时间，从而达到"口岸零等待"的目标。

第四章　2017 年中国冷链仓储情况分析

　　从田间到餐桌的整个供应链条中，冷库是最重要的流通节点，也是企业最重要的业务载体。如果对冷链仓储过程的控制不够准确，将会导致商品品质降低，以及组织结构上的改变、颜色的改变、碰撞挤压中的损伤以及微生物的繁殖等。因此，为充分保障商品品质，完善冷链仓储管理具有重要的现实意义和经济价值。

　　本章重点梳理了国内冷库容量、区域分布、技术特点、应用成本、发展特点及趋势、港口冷库现状等情况。分析发现，我国冷库容量已跻身全球第三，仅次于印度和美国，但人均库容量与发达国家相比还存在较大的差距。此外，行业集中度低、区域分布不均、能耗偏高等问题依然存在。随着生鲜行业迅速发展，为冷链物流可持续发展带来巨大的成长空间，冷库作为冷链物流中不可或缺的一环也迎来了持续向好。

第一节　2017 年冷链仓储概况

一、冷库总量与人均冷库容量分析

　　2017 年，全国冷库容量达到 4775 万吨，折合约 11937 万立方米，比 2016 年增加 575 万吨，折合约 1437 万立方米，同比增长 14%。近 5 年来，我国冷库容量呈逐年增长的态势，整体增速先扬后抑，现已趋于平稳。分年份看，由于 2014 年冷链行业政策放宽、财政支持加强，使冷库容量达到井喷式增长；从 2015 年开始，增长率呈下滑态势，市场趋于理性发展；2017 年，市场重拾信心，增速呈现上扬，但近三年波幅不大。如图 4 – 1 所示。

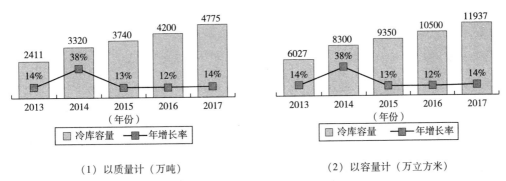

（1）以质量计（万吨）　　　　　（2）以容量计（万立方米）

图 4 - 1　2013—2017 年冷库容量

资料来源：中物联冷链委。

判断一个地区冷库水平是高是低，不能仅看它的绝对总量，也要看这个地区的人口数量，以及区域特性（是产地还是销地）等指标。2013—2017 年，我国人均冷库容量由 177.2 吨/万人上升至 343.5 吨/万人，累计增长了近一倍，发展迅猛，如图 4 - 2 所示。而根据国际冷藏库协会（IARW）公布的数据显示，全球最大的冷库产业排名前三位的分别是印度、美国和中国。中国目前冷库总量已经与美国持平，但人均冷库容量只占美国的 1/4，人均冷链资源水平还有待改善。

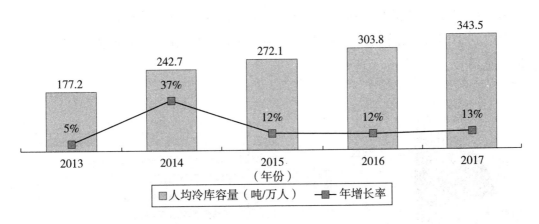

图 4 - 2　2013—2017 年人均冷库容量

资料来源：大德上智咨询。

冷库容量与各地区的经济发展水平和消费能力正相关，受此影响我国各省份的冷库发展呈现不均衡的特征，从图 4 - 3 中可以看出，上海、天津和北京位列人均冷库容量前三甲，而新疆、宁夏的冷库容量相比其他城市较少，但由于这两个地区的人口数量并不多，因此这两个地区的人均库容仍排在全国中上等水平。

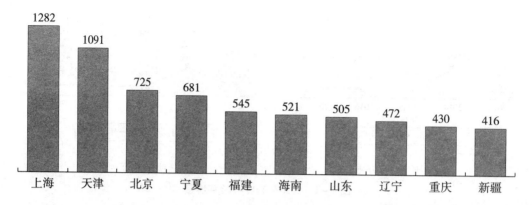

图 4 - 3　2017 年全国人均冷库容量排名前十省市（吨/万人）
资料来源：中物联冷链委。

二、冷库区域分布情况分析

受经济发展的地域性特点影响，我国冷库主要集中在华东地区，华东现有的冷库容量占到了全国总容量的 38%；以按库容量排名前十的省市中，华东地区有 5 个，达到半数。华北、华南、华中地区的库容量占比位于第二梯队，且冷库拥有量相差不大。西南、东北、西北的冷库容量较少，占比均未达到 10%。我们预计，随着"一带一路"的建设，沿途地区冷库容量会迅速增长。如图 4 - 4 所示。

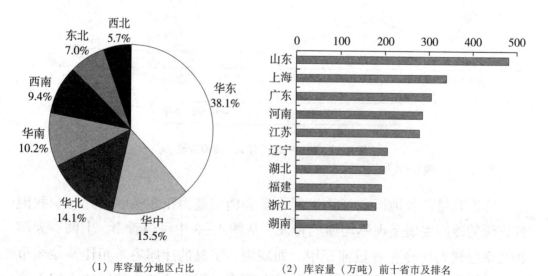

（1）库容量分地区占比　　　　（2）库容量（万吨）前十省市及排名

图 4 - 4　2017 年冷库容量按地区分布及排名
资料来源：中物联冷链委。

从各省份冷库容量增长情况来看，山东、天津、重庆、海南等地区增长幅度不大，说明这些地区冷库市场总体达到供需平衡。贵州、青海、宁夏、山西、湖南、河南等地区增幅较大，有的甚至出现翻倍增长的情况，说明这些地区对于冷库还有很大需求，而且这些地方大多数是食品生产大省或者农业生产大省。其他地区冷库总体保持稳定增长态势。

一线城市冷库总量增长不明显，部分二线城市、农产品产地，以及临港地区冷库增长显著。这主要得益于城市化进程提速、消费升级、生鲜电商需求扩张、食品进出口业务持续增长等原因。

三、全国主要省市冷库租赁价格与成本分析

由于政府加强监管，对违建冷库加大拆除力度（2017 年北京尤为明显），城市中物流用地批复减少或无冷库建设用地，而冷链市场需求增加，多方面因素导致冷库资源紧张，必然会推动冷库租金上涨。

当前，北京、南京、上海、昆明、海口、乌鲁木齐冷库租赁价格较高，济南、合肥、银川、太原等城市冷库租赁价格偏低，其他城市冷库租赁价格差距不大。各地冷库租赁价格差别较大，反映出冷库市场的主要问题是局部区域冷库分布不均衡，供大于求。如图 4－5 所示。

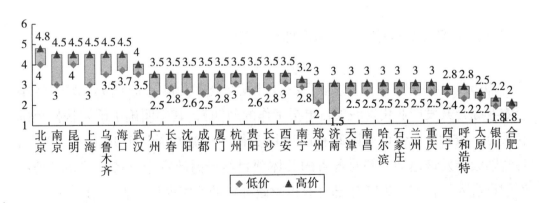

图 4－5　2017 年全国主要城市冷库租赁价格区间（元/平方米·天）

资料来源：中物联冷链委、链库。

我国冷库建设、运营成本居高不下，企业经营压力大。以万吨冷库为例，建设成本预算约 4200 万元，年运营成本约为 1400 万元，运营成本中电

费、人力成本是最大项目，而人工等大部分成本费用还将逐年上涨。冷库（自建）经营成本占比及影响因素如图4－6所示。

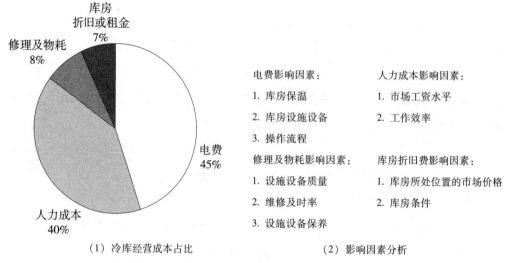

（1）冷库经营成本占比　　　　　　　　　（2）影响因素分析

图4－6　冷库（自建）经营成本占比及影响因素

注：按库体结构50年、机电设备10年计算。

资料来源：中物联冷链委、链库。

第二节　2017年中国冷链仓储发展特点与趋势

一、国家政策利好，推动冷库建设提速

2016年10月12日，国家农业综合开发办公室发布《关于做好2017年国家农业综合开发产业化发展项目申报工作的通知》，其中明确了国家扶持范围和重点，鼓励冷库建设等财政补助项目实行"先建后补"管理方式。随后，各省陆续转发该通知，并对各省的具体项目给予财政资金支持，推动各地冷库建设进入快行道。2017年部分获得财政补贴的冷库项目如表4－1所示。

表4－1　　　　　　　　　　　2017年部分获得财政补贴的冷库项目

序号	省份或自治区	项目名称	财政补助额度（万元）
1	山西	大同市南郊区600立方米蔬菜恒温冷库扩建项目	30

序号	省份或自治区	项目名称	财政补助额度（万元）
2	山西	临汾市翼城县1500吨果品保鲜库配套设施建设项目	50
3	山西	临汾市翼城县450吨果品保鲜库建设项目	40
4	山西	忻州市原平市1200吨果品保鲜贮藏库配套设施建设项目	30
5	山西	晋城市阳城县60万千克中华寿桃储藏保鲜库建设项目	30
6	山西	晋中市祁县800吨果品保鲜贮藏库建设项目	28
7	山西	晋中市祁县新增700吨酥梨保鲜冷库扩建项目	84
8	山西	朔州市怀仁县年贮藏2000吨冷鲜羊肉保鲜库扩建项目	50
9	山西	运城市盐湖区600吨果品保鲜贮藏库建设项目	40
10	宁夏	银川市兴庆区1000平方米花卉保鲜库新建项目	80
11	宁夏	银川市贺兰县400平方米蔬菜冷藏保鲜库新建项目	45
12	宁夏	吴忠市青铜峡市1500平方米保鲜冷藏库新建项目	50
13	宁夏	中卫市沙坡头区3000吨果品冷藏保鲜库新建项目	55
14	宁夏	中卫市沙坡头区3000吨果蔬冷藏保鲜库新建项目	48
15	宁夏	中卫市中宁县800吨果品冷藏保鲜库新建项目	50
16	湖北	钟祥市九曲河种植专业合作社500吨冷库建设项目	70
17	湖北	钟祥市年处理30000吨蔬菜储藏保鲜新建项目	84
18	黑龙江	绥化市宝山蔬菜保鲜项目	＊200
19	黑龙江	绥化市中豆蔬菜储藏保鲜项目	＊500
20	黑龙江	安达市日昇蔬菜保鲜项目	＊500
21	黑龙江	大兴安岭加格达奇区蔬菜保鲜库项目	＊600
22	吉林	白城市洮南市金龙辣椒专业合作社4000吨鲜椒冷藏加工扩建	40
23	吉林	白城市洮南市融金辣椒专业合作社4000吨冷冻鲜椒加工扩建	36
24	吉林	长春市德惠市2500只肉鸡屠宰加工扩建项目（其中：新建加工车间及速冻库1462平方米；封闭式冷库站台500平方米）	120

注：＊表示含中央财政补助。

资料来源：各省财政厅、农业综合开发办公室。

此外，2017年内包括中共中央、国务院等多个部委陆续推出相关政策，对冷链仓储发展起到极大地推动作用。

二、行业集中度低，拉低行业整体赢利水平，未来整合空间大

2016年，中国冷链物流百强企业的冷库总量合计为1057万吨，约占全国冷库总容量的25.2%，尚未出现具有超强整合能力的行业巨头。如图4－7所示。进一步分析发现，百强冷库中绝大部分为区域分拨、城市配送型冷库。这反映出我国冷库市场集中度还不够高，小冷库多、规模以上冷库少，流通型冷库多，产地型、市场型冷库少。

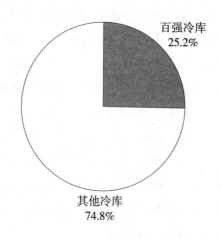

图4－7　2016年百强冷库占比

资料来源：中物联冷链委。

运营分散使得企业各自为政，无法形成规模效应进行优化调度，拖累了行业整体的盈利水平。且中国冷库企业服务内容单一，很多冷库仅限于肉类、鱼类的冷冻和储藏，增值服务少，难以形成规模效应，普遍利润率在10%左右。而发达国家的冷链流通率更高，冷链体系健全，冷库企业利润率达到20%~30%。

随着今后几年冷链市场需求的增长，企业之间的竞争也将愈来愈激烈，市场也会逐步得到规范和整合，目前很多证件资质不全的中小冷库企业将不再具备竞争优势，面临被淘汰或者整合并购的趋势。未来具备全国性网点的冷库企业，其在价格、运营、调度等多方面的优势才能体现得淋漓尽致，接下来很长时间，国内外大型冷库企业之间比拼的就是快速的冷库网

点扩张能力、整合收购能力和运营管理能力。从目前国内冷库行业的现状来看，预计未来整合空间大。

三、"最先一公里"重要性突出，产地型冷库增长迅速

冷链物流"最先一公里"是指农产品采摘、屠宰之后，进行的预冷、清洗、分级、加工、包装等一系列操作环节，目的是最大可能性实现产品的标准化。"最先一公里"的概念提出要比"最后一公里"晚 3 ~ 5 年时间，长期以来业内往往只注重运输、仓储和配送环节，相关政府部门也是局限于大物流政策的出台，往往很多食品安全事故和浪费的原因发生在"最先一公里"，一旦在产业链前端某个环节发生"脱冷"，即便后面全程冷链也是无用功，反而浪费了冷链资源。

随着全国很多偏远产地的优质农产品开始"走出去"，"最先一公里"的重要性日益突出。2017 年 6 月 8 日，农业部、财政部发布《关于做好2017 年中央财政农业生产发展等项目实施工作的通知》，提出中央财政安排农业生产发展资金，继续实施农产品初加工补助政策，其中包括对建设农产品产地型冷库给予补贴。从图 4 – 8 可以看出，我国区域分拨型、城市配送型冷库占比正趋于合理，但产地型冷库比例偏低，说明当前冷链"产地一公里"水平还比较薄弱。可以预见，随着政策和资金将向农产品"最先一

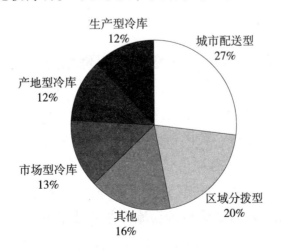

图 4 – 8 不同类型冷库占比

资料来源：中物联冷链委。

公里"倾斜，今后几年在主要农产品产区，田间地头冷库、预冷间等配套冷链基础设施将得到大力发展。

四、果蔬冷链需求大，气调库发展潜力大

我国冷库产业经过多个时期的发展，目前已经形成了超低温库、冷冻库、冷藏库、果蔬气调库等主要冷库类型。从应用冷库的产品来看，果蔬和肉制品的占比最大，两者合计超过了一半的份额。其中，果蔬的产销量巨大，在冷库市场占据30%的比例，主要以樱桃、葡萄、杨梅等高附加值水果和冷冻蔬菜为主。可以预见，随着人们对健康饮食的日益关注，果蔬、乳制品的冷库占比会进一步提高。而气调库作为目前最先进的果蔬保鲜储藏方法，必将得到重视和发展。

气调库是冷库一种，在普通冷库基础上，增加气体成分调节，通过对储藏环境中温度、湿度、二氧化碳、氧气浓度和乙烯浓度等条件的控制，抑制果蔬呼吸作用，延缓其新陈代谢过程，更好地保持果蔬新鲜度和商品性，延长果蔬贮藏期和保鲜期。通常气调储藏比普通冷藏可延长储藏期0.5～1倍，果蔬出库后保鲜期（销售货架期）可延长21～28天，是普通冷藏库的3～4倍。美国气调储藏果蔬比重高达75%，法国约为40%，英国约为30%。我国气调库起步较晚，伴随着果蔬保鲜需求的增长必将成为发展新宠。

五、一线城市率先启动冷库升级，节能环保是发展主题

冷库经营成本中，45%来自电费消耗，因此节电已经成为冷库节能中不可忽视的因素。据了解，我国每年冷库的耗电量超过150亿千瓦时，而且随着冷库建设的提速，其总耗电量还会不断攀升。目前我国冷库能耗的水平参差不齐，对于节能推广和节能技术的应用不充分，因此未来先进智能解决方案中的节能技术将成为冷链物流行业的技术方向。

2017年10月以来，北京顺义、通州、大兴等区政府开始清退、关停无证照、资质不全的仓库企业，很多冷库在整顿之列。上海、广州等一线城市同样面临这样的问题。一线城市冷链需求持续增长，但资源越发有限，

这种情况下一大批老库旧库将被淘汰，未来 3～5 年北上广深将大力发展绿色、高效、可持续的"节能冷库"。

六、发展智慧型冷库是趋势

近年来，随着冷链物流的发展，冷库功能变化巨大，已由最初的单一存储转变为适应连锁商超、快速分拣的多温区配送冷库，向智能化管理方向发展。具体表现，一是物流作业的智能化，从之前的码垛堆放到现在的货架和自动穿梭车的应用，提升了冷库的拣选效率和空间利用率；二是设备运行的智能化，基于物联网的发展，冷库的可视化管理发展迅速，结合管理平台、智能软件加入，在冷库能耗控制等方面可以为管理者提供非常透明的数据；三是冷库信息系统智能化，主要是冷库信息化的管理。目前，国内应用信息化系统的冷库较少，如很多租赁型冷库信息化程度较低，原因在于品类单一、业态简单，因此在仓储管理系统的推广和使用上具有广阔的空间。

综上所述，随着人工成本不断攀升、节能环保等要求，智慧型冷库的发展将会成为一个趋势。第一代储存型冷库建设会越来越少，集仓储、加工、分拣、包装、办公等多功能的现代化配送中心会成为重点，数字化、智能化、节能化是冷库升级和改造的关注点。

第三节　2017 年中国港口冷库现状

当前，由于我国人民生活水平的日益提高以及对国内食品安全问题的顾虑，以肉类、水产品、红酒、奶制品、果蔬为代表的进口食品受到空前重视。而港口承担着装卸运输、沟通海陆贸易往来的重要作用，为了保证进口生鲜易腐食品的安全，发展港口冷链必不可少。在巨大的海外易腐食品进口预期前，企业及资本极度看好冷链市场，冷链设施被看作发展潜力巨大的朝阳产业。其中，港口冷库设施作为进口冷链在国内的仓储、分拨、分割、包装的平台，成为如普菲斯、普洛斯等跨国物流巨头以及众多央企、地方国企的关注热点，也逐渐成为港口经济发展的新亮点。

港口包括海港、陆港、空港、河港四类，以国家质量监督检验检疫总局发布的信息来看，冷库在我国四类港口中都有涉及，尤其以海港占比最大，说明我国港口冷链以海运为主。以下以《进口肉类指定口岸、查验场名单》和《进口冰鲜水产品检验检疫口岸名单》为基础，分析我国港口冷库现状。

一、海港冷库情况

如图4-9所示，受自然条件限制，我国海港口岸专用冷库集中分布于东部、南部沿海地区。其中，山东省和天津市分布最为集中，专用冷库容量超过10万吨。下面介绍各主要省市情况。

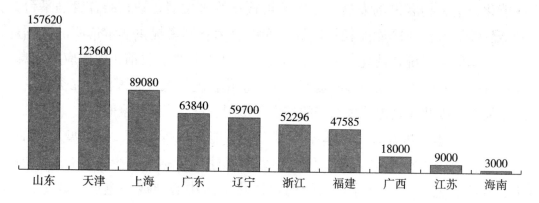

图4-9 进口肉类及冰鲜水产品指定海港口岸/查验场专用冷库容量（吨）排名前十省市
资料来源：国家质量监督检验检疫总局。

（1）山东省。海港口岸众多，指定口岸涵盖进口肉类和进口冰鲜水产品，海港专用冷库容量居全国之首。指定口岸包括黄岛前湾港口岸、青岛口岸、荣成石岛口岸、石岛新港口岸、荣成龙眼港口岸等。库容量较大的集冷链查验和储存一体化的有青岛联合华通贸易有限公司、青岛师帅冷链物流股份有限公司、青岛港怡之航冷链物流有限公司，专用冷库容量均超过2万吨。

（2）天津市。天津港是全国重要的进口肉类指定口岸，其中泰达行（天津）冷链物流有限公司、天津金三国际物流有限公司、天津东疆港大冷链商品交易市场有限公司、天津港首农食品进出口贸易有限公司等专用冷库容量均在2万吨以上。

（3）上海市。海港口岸为进口肉类指定口岸，其中上海大宛食品有限公司专用冷库容量达到3.5万吨，另有上海同华冷链物流有限公司、上海联和冷链物流有限公司、上海长兴润稼农产品批发市场3家冷链查验点专用冷库容量均达到或超过1万吨。

（4）广东省。海港口岸众多，除深圳蛇口口岸的招商局国际冷链（深圳）有限公司可同时进行肉类及水产品的查验及储存外，其他均为进口肉类指定口岸。各专用冷库容量大多在1万吨以下，仅深圳市瑞源冷链有限公司达到1.1万吨。

（5）辽宁省。海港口岸主要是大连大窑湾港口，其中大连港毅都冷链有限公司、大连獐子岛冷藏物流有限公司专用冷库容量均超过5万吨。

（6）浙江省。海港口岸主要是宁波北仑港和舟山港综合保税区，其中舟山港综合保税区舟保物流有限公司、太古冷链物流（宁波）有限公司冷库规模较大，专用冷库容量均接近2万吨，另有浙江蓝雪食品有限公司专用库容量1万吨。

（7）福建省。福建省是我国重要的水产品进出口窗口，拥有漳州港、平潭港、泉州石井港、厦门东渡码头等众多进口冰鲜水产指定口岸，其中福建东海岸公共保税仓有限公司、福州开发区福鑫实业有限公司、福建闽台农产品市场有限公司、厦门万翔物流管理公司冷库规模较大。

二、陆港冷库情况

我国陆港口岸专用冷库主要分布于黑龙江、广东、新疆、河南、陕西等省市区，其中黑龙江冷库容量13.53万吨，远高于其他地区。如图4-10所示。

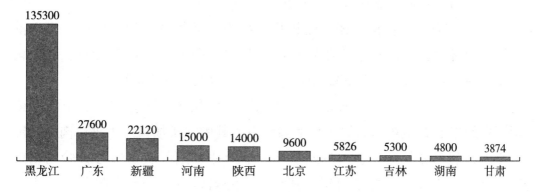

图4-10　进口肉类及冰鲜水产品指定陆港口岸/查验场专用冷库容量（吨）排名前十省市区
资料来源：国家质量监督检验检疫总局。

（1）黑龙江省。陆港口岸主要是黑龙江大庄园指定查验场，该查验场位于肇东市绿色食品产业大园区，占地 6000 平方米，冷库容量 13.5 万吨，居全国陆港之首。

（2）广东省。陆港口岸分布于佛山、深圳、珠海三地，拥有佛山国通海峡冷冻链管理有限公司、深圳市瑞源冷链服务有限公司、中粮集团（深圳）有限公司、深圳市瑞源冷链服务有限公司、珠海市隆盛冷冻仓储有限公司等多个冷库设施，专用冷库容量均在 1 万吨以内。

（3）新疆维吾尔自治区。是我国西北重要的进口冷鲜水产进口通道，拥有霍尔果斯、吉木乃、塔城巴克图、其拉甫等陆港口岸，其中伊犁恒信国际贸易物流有限责任公司霍尔果斯分公司、新疆永盛国际物流有限责任公司水产品存储冷库、喀什牧峰生物科技有限公司冷库规模较大。

（4）河南省。陆港口岸主要是漯河指定查验场、焦作进口肉类指定查验场，冷链查验和储存一体化设施为河南双汇投资发展股份有限公司和河南德众保税物流中心有限公司，专用冷库容量分别为 1 万吨、5000 吨。

（5）陕西省。西安陆运口岸为陕西省唯一进口肉类指定口岸，冷链查验和储存一体化设施包括西安国际陆港中纽冷链物流有限公司、西安国际陆港保税物流投资建设有限公司，专用冷库容量分别为 1 万吨、4000 吨。

三、空港冷库情况

我国空港口岸较多，与海港或陆港相比，空港专用冷库容量普遍较小，且大多用于进口冰鲜水产品存储。空港专用冷库容量大于 3000 吨的省市有广东、上海、河南。如图 4 - 11 所示。

（1）广东省。包括广州白云机场、揭阳潮汕机场、深圳机场 3 个空港口岸，全部为进口冰鲜水产指定口岸。其中深圳市友信崧锋实业有限公司专用冷库容量最大，达到 3000 吨，其他冷库容量均在 1000 吨以内。

（2）上海市。包括机场口岸、浦东国际机场查验场站口岸、上海西郊国际贸易中心查验场站口岸 3 个空港口岸，其中除机场口岸为进口肉类指定口岸外，浦东国际机场查验场站口岸、上海西郊国际贸易中心查验场站口岸都是进口冰鲜水产指定口岸。其中，上海名联冷冻仓储有限公司专用冷库容量 3600 吨，其他冷库容量均在 1000 吨以内。

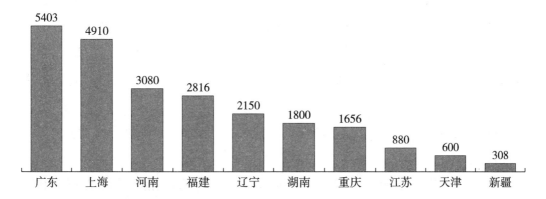

图4-11 进口肉类及冰鲜水产品指定空港口岸/查验场专用冷库容量（吨）排名前十省市区
资料来源：国家质量监督检验检疫总局。

（3）河南省。仅有一个郑州机场口岸，配套存储冷库包括河南紫鼎食品有限公司、河南民航客货服务中心、河南众品生鲜物流有限公司、雏鹰农牧集团股份有限公司，专用冷库容量分别为300吨、30吨、1500吨、1250吨，全部用于进口冰鲜水产存储。

四、河港冷库情况

我国河港口岸专用冷库主要分布于江苏、广东、安徽三省，如图4-12所示。

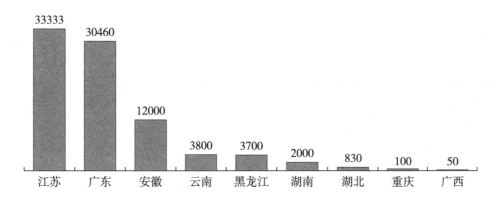

图4-12 进口肉类及冰鲜水产品指定河港口岸/查验场专用冷库容量（吨）排名前九省市区
资料来源：国家质量监督检验检疫总局。

（1）江苏省。河港口岸包括南京口岸、太仓口岸、张家港口岸、镇江口岸，全部为进口肉类指定口岸。其中，南京元亨食品有限公司专用冷库容量达到 1 万吨，是全省河港中最大的冷链查验和储存一体化设施。

（2）广东省。河港口岸包括虎门港口岸［东莞（国际）货柜码头］、番禺莲花山港口岸、佛山口岸、江门外海外贸码头口岸、南海港货运口岸、新会港口岸、中山港外运口岸，全部为进口肉类指定口岸。其中，广州市番禺区新昌冷库容量达到 1.2 万吨，为全省河港之最，其他冷库容量均在 1 万吨以内。

（3）安徽省。河港口岸包括马鞍山口岸、芜湖口岸，全部为进口肉类指定口岸。其中，马鞍山瑞泰保税物流有限公司、安徽江海通供应链管理有限公司，专用冷库容量分别为 1 万吨和 2000 吨。

五、其他

除以上单一口岸类别外，另有部分指定口岸/查验场同时为空港、陆港，或同时为河港、陆港，详细信息如表 4-2 所示。

表 4-2　　　　　　　　全国进口肉类指定口岸/查验场名单

指定口岸/指定查验场	类别	冷链查验和储存一体化设施	专用冷库容量（吨）	指定口岸类别
郑州指定查验场	空港陆港	郑州新郑综合保税区仁宏投资管理有限公司冷库	20000	进口肉类
沈阳桃仙机场口岸	空港陆港	毅都（沈阳）冷链物流发展有限公司沈阳冷鲜港查验点	1200	进口肉类
武汉东湖综保区保税物流园指定查验场	河港陆港	武汉金宇综合保税发展有限公司	30000	进口肉类

资料来源：国家质量监督检验检疫总局。

第五章 2017年中国冷链运输情况分析

随着冷链产品全球化、多元化、定制化的需求发展，冷链运输的方式随之多样化，按所使用的运输工具，大致可分为公路冷链运输、铁路冷链运输、航运冷链运输、航空冷链运输等。这些冷链运输方式运营特点不同、市场规模不同、发展前景也不同，彼此之间形成既互补又相互竞争的关系。

各冷链运输方式之间的竞争显而易见，互补则体现在多式联运上。多式联运简单来说就是公路、铁路、航运、空运等有效联合的方式，如公铁冷链联运、海铁冷链联运、公航冷链联运等。作为一种集约高效的运输组织方式，多式联运可以充分发挥各种运输方式的比较优势和组合效率。2017年，在国家层面的指导意见下，冷链物流迎来多式联运的推广大潮，多种冷链运输方式协同发展的格局正在形成。

第一节 公路冷链物流发展情况分析

我国冷链运输以公路为主力，公路冷链运输和其他冷链运输方式之间存在着较大的竞争，并在竞争中快速发展。就目前来看，公路冷链运输相对灵活、时效性强，在短途货物集散运转上，公路冷链运输比其他运输方式具有更大优势，尤其在可以实现"门到门"的运输中。另外，公路冷链运输投资资金少、回报快，技术门槛相对较低等优点都是其他冷链运输方式无法比拟的。

一、2017年公路货物运输市场概况

2017年，全国公路货物运输量完成368亿吨，同比增长10.2%，增速比去年上涨4.1个百分点；公路货物运输周转量66713亿吨公里，同比增长9.0%，增速比去年上涨3.8个百分点。公路货运量和周转量连续两年双双

上升，说明货运市场正健康发展，对于公路货运的需求仍在增长。其次，从新改建公路里程来看，2017 年新改建公路里程 313607 公里，其中高速公路 6796 公里，说明中国对于公路货运支持力度和投资信心仍维持在较高位。如图 5 - 1 所示。

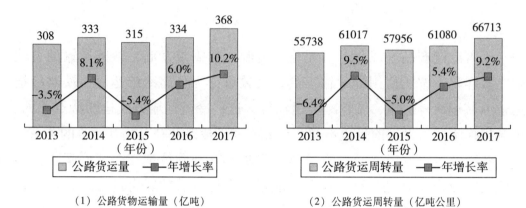

（1）公路货物运输量（亿吨）　　　　（2）公路货运周转量（亿吨公里）

图 5 - 1　2013—2017 年我国公路货物运输情况

资料来源：交通运输部。

根据国家统计局数据，2017 年全国货物总运输量 479 亿吨，货物运输周转量 196130 亿吨公里。公路货运是全国各种运输途径货运量中占比最大的，占到全国货物总运输量的 76.8%。随着高速公路通车里程不断增加，将进一步巩固公路货运在我国货运市场中的主导地位。

二、公路冷链物流发展现状和趋势

（一）公路冷链运输货物周转量快速增长，市场容量增大

2016 年我国公路冷链运输货物周转量为 1000 亿吨公里，同比增长 13.6%。2017 年公路冷链运输货物周转量达到 1180 亿吨公里，同比增长 18.0%。如图 5 - 2 所示。

（二）公路冷藏及保温车产量加速，公路冷链运输发展潜力大

据中物联冷链委统计数据，2016 年我国冷藏车保有量为 11.54 万台，而 2017 年预计新增 2.5 万台，总量达到 14 万台，同比增长 21.7%。由于公路冷藏车及保温车保有量快速增长，其占公路营运载货汽车拥有量的比重

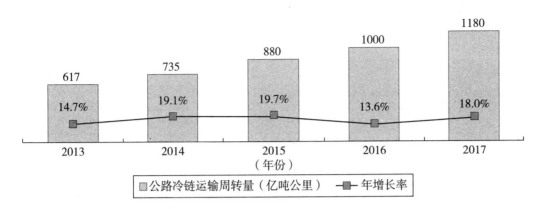

图 5 - 2 2013—2017 年我国公路冷链运输货物周转量

资料来源：中物联冷链委。

已经由 2013 年的 0.4% 上升至 2017 年的 1.0%，未来增长空间巨大。如图 5 - 3 所示。

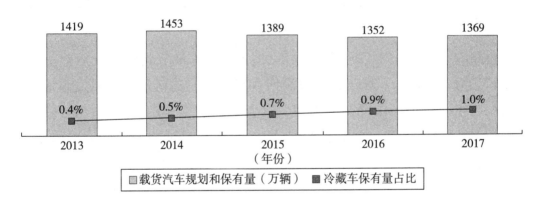

图 5 - 3 2013—2017 年我国载货汽车保有量及冷藏车占比

资料来源：中物联冷链委。

（三）公路干线运输网络已形成，公路冷链运输时效性增强

交通部数据显示，2017 年我国公路通车总里程达到 477 万公里，其中高速公路达到 13.6 万公里，全年新增高速公路 5000 公里。目前，我国"五纵七横"高速公路国道主干线已经全线贯通，绝大多数城镇及地市级行政中心实现与国家高速公路相连接。已基本建成全国范围的公路冷链物流运输网络，并贯穿全国 31 个省、自治区、直辖市，这个运输网络为全国冷藏、冷冻产品跨区域长途运输提供快速便捷的主通道，使中国冷链物流进入快

速发展新时期。如表 5 - 1 所示。

表 5 - 1　　　　　　　　**2017 年全国各省高速公路新建及开通计划**

序号	地区	建设项目及开通计划
1	北京市	首都地区环线高速（通州—大兴）、G110 二期、京秦高速等
2	天津市	将开通唐廊高速天津段一期、津汉高速、津港高速二期等
3	河北省	推进太行山、京秦高速建设，计划开工建设延崇高速河北段等
4	山西	开工建设静乐丰润至兴县黑峪口、太原东二环、祁县至离石高速公路
5	辽宁	推进辽宁中部环线高速公路铁岭至本溪段、丹东大东港疏港高速等
6	江苏	开工建设溧阳至高淳、常州至宜兴高速公路一期等
7	湖南	开通岳阳至望城、永顺至吉首等高速公路
8	广东	广中江高速公路二期、揭惠高速公路等
9	四川	开通简蒲高速、雅康高速草坝至泸定段等
10	甘肃	续建兰州南绕城、兰海高速渭源至武都段、张掖至汶川国家高速等

资料来源：各省交通厅。

公路冷链运输主要以经济圈内部的城市配送和南北向干线运输为主，其中环渤海、长三角、珠三角、成渝四大经济圈是冷链运输主要发生区域，经济圈内重点城市是主要交通枢纽，有较强的辐射作用。同时，纵向的京港澳高速、沈海高速，横向的沪蓉、沪渝高速构成了我国冷链运输的主干道。如表 5 - 2 所示。

2017 年 7 月 15 日，京新高速公路正式开通，缩短两地 1300 多千米的路程，能够节省一天半到两天时间，对于物流企业来说，缩短时间意味着产品能够更快配送到目的地，企业的市场竞争力会更大。

表 5 - 2　　　　　　　　**我国主要经济圈主干道分布情况**

序号	经济圈	主要高速干线
1	环渤海经济圈	京沪高速、沈海高速
2	长三角经济圈	杭州湾环线高速、甬舟高速公路
3	珠三角经济圈	珠三角环线高速、莞佛高速
4	成渝经济圈	成渝环线高速、渝蓉高速公路

资料来源：各省交通厅。

（四）公路冷链运输由"一超多强"逐步走向多式联运

现阶段，我国南方的冷链物流市场几乎全部由公路运输垄断，许多长距离、高附加值赶市场的水果、蔬菜都采用公路冷链运输。果品、蔬菜等易腐货物的运约 3/4 被公路挤占，短途运输几乎全部被公路包揽。

但是，从另一方面考虑，公路的运输效率已经到达巅峰状态，现在公路长距离运输可以做到 24 小时无休，速度也达到了极致，所以提升空间很小，而且长距离公路运输还存在太多不确定性。随着铁路结构性改革的推进，以及航运和空运在冷链运输领域的快速发展，公铁联运、公航联运等冷链运输的方式将会成为未来冷链运输的重要途径。

2016 年，交通运输部印发的《综合运输服务"十三五"发展规划》，以及《关于推进供给侧结构性改革、促进物流业"降本增效"的若干意见》中，都明确提出要大力发展多式联运。2016 年 6 月，交通运输部与国家发改委联合公布了第一批多式联运示范工程项目名单。2017 年 11 月，交通运输部和国家发展改革委联合公布了第二批 30 个多式联运示范工程项目名单。如表 5-3 所示。

表 5-3　　　　　2017 年全国各省高速公路新建及开通计划（部分）

序号	项目名称	牵头企业	联合企业
1	天津港中蒙俄经济走廊集装箱多式联运示范工程	天津港（集团）有限公司	北京铁路局、天津中远海运集装箱运输有限公司、天津中铁联合国际集装箱有限公司
2	河北省长久物流商品车公铁水联运示范工程	唐山长久物流有限公司、北京长久物流股份有限公司	中铁特货运输有限责任公司沈阳分公司
3	太原铁路局"一核两网三联四通"铁海公集装箱多式联运示范工程	太原铁路局、山西中鼎物流（集团）公司、山西晋云现代物流有限公司	—
4	山西方略保税口岸型国际内陆港"一园双网两级多维"大宗货物集装箱多式联运示范工程	山西方略保税物流中心有限公司	—

序号	项目名称	牵头企业	联合企业
5	"西北地区—京津冀区域"铁路多功能车智慧公铁水多式联运示范工程	神华铁路货车运输有限责任公司	贵阳货车帮科技有限公司、朔黄铁路发展有限责任公司、神华包神铁路集团有限责任公司、中车齐齐哈尔车辆有限公司、中车山东机车车辆有限公司、中物华商集团股份有限公司
6	液体化工（甲醇、成品油）罐式集装箱铁公海多式联运示范工程	中铁泰吉利石油化工有限公司	中铁联合物流股份有限公司、中化天津港石化仓储有限公司、内蒙古华通现代物流集团有限公司、河北国源石油销售有限公司、潍坊港集团有限公司
7	吉林省华航集团打造一汽物流供应链服务体系多式联运示范工程	吉林省华航实业集团有限公司	沈阳铁路局、中谷海运集团有限公司
8	黑龙江省牡丹江国际（国内）陆海联运通道集装箱多式联运示范工程	牡丹江对俄贸易工业园区华晟国际物流有限公司	—
9	南京区域性航运物流中心"连长江、通欧亚、对接沿海、辐射中西部"多式联运示范工程	南京港（集团）有限公司	中铁集装箱运输有限责任公司上海分公司、安吉汽车物流股份有限公司
10	顺丰航空集装器空陆联运示范工程	浙江顺路物流有限公司	顺丰速运有限公司、顺丰航空有限公司、深圳市丰泰电商产业园资产管理有限公司

资料来源：国家发展改革委。

第二节　铁路冷链物流发展情况分析

长期以来，由于铁路冷链运输灵活性差，运输时间长，运价机制不灵活，且不能提供全程物流服务，导致铁路冷链物流服务能力严重不足，在冷链运输市场中份额较小。但是，随着我国高速铁路的相继建成运营，加上既有限运能力的逐步释放，铁路冷链物流正充分发挥铁路特货长距离、全方位、大运量、安全高效的运输优势。

一、2017 年铁路货物运输市场概况

2017 年，铁路客货运输均表现出强劲增长。客运方面，全国铁路完成旅客发送量30.8 亿人，比2016 年的28.1 亿人增长了9.6%。货运方面，全国铁路货物总发送量36.9 亿吨，同比增长10.7%，铁路货物总周转量26962.2 亿吨公里，同比增长13.3%。如图 5 - 4 所示。

截至 2017 年年底，我国铁路营业里程达到 12.7 万公里，其中高速铁路2.5 万公里，占世界高铁总量的66.3%，铁路电气化率、复线率分别居世界第一和第二位。

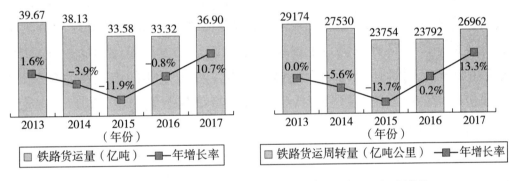

（1）铁路货物运输量　　　　　（2）铁路货运周转量

图 5 - 4　2013—2017 年我国铁路货物运输情况

资料来源：交通运输部。

二、铁路冷链物流发展现状和趋势

（一）铁路冷链运输市场概述

1953 年，中国铁路正式开办了冷藏运输业务。从最初的年运量 110 万吨，到 1991 年的 1669 万吨，铁路冷链运量达到高峰，占全国冷链总运量的70% 以上。但随着高速公路的快速发展，以及国家出台公路"绿色通道"扶持政策、免收鲜活农产品的过路过桥费用等，使铁路冷链物流在运价、

时效性、灵活性等方面的竞争力明显下降，冷链运量逐年下滑，低谷时只有 40 余万吨。

为了挽回铁路冷链运输的颓势，中国铁路总公司把发展铁路冷链物流作为推进供给侧结构性改革的一项重要内容。2016 年 2 月，《铁路冷链物流网络布局"十三五"发展规划》正式向社会发布，全面阐述了铁路对冷链运输的战略思考和定位，描绘出了铁路冷链运输的发展蓝图，标志着铁路冷链运输发展进入了新的时代。在 2017 年年初的铁路总公司工作会议上，铁路总公司党组书记、总经理陆东福提出"探索拓展新型冷链"的要求，并定下当年冷链运量达到 100 万吨以上的目标，为全路发展冷链物流运输按下了加速键。

当前，我国铁路货运主要由中国铁路总公司旗下的中铁集装箱运输有限责任公司、中铁特货运输有限责任公司、中铁快运股份有限公司 3 家专业运输公司承担，其中承接冷链运输的只有前两家。中铁特货运输有限责任公司作为中国铁路总公司的直属企业，承担了我国大部分的铁路冷链货运，其冷链运输以铁路机保车为主，2017 年冷链货物发送量超 100 万吨；中铁集装箱运输有限责任公司的冷链物流业务主要由下属的中铁铁龙集装箱物流股份有限公司承担，该公司冷链运输以冷藏集装箱为主，2017 年冷链货物发送量约为 13 万吨。

作为我国铁路货运的代表，中欧班列的发展举世瞩目。自 2016 年统一品牌以来，中欧班列快速发展，开行质量不断提升，货值显著增加，回程班列快速增长，有效地促进了沿线各国间的经贸往来。据国家发改委统计，2017 年中欧班列建设发展取得重要阶段性成果，开行数量迅猛增长，全年开行 3673 列，同比增长 116%，超过过去 6 年的总和。另外，中欧班列服务范围也快速拓展。目前，国内开行城市 38 个，到达欧洲 13 个国家 36 个城市，较 2016 年新增 5 个国家 23 个城市，铺画运行线路达 61 条；运行效率提升，铺画了时速 120 公里中欧班列专用运行线，全程运行时间从开行初期的 20 天以上逐步缩短至 12 ~ 14 天；运行成本不断降低，整体运输费用较开行初期下降约 40%。此外，中欧班列货源品类不断丰富，由开行初期的手机、电脑等 IT（信息技术）产品逐步扩大到衣服鞋帽、汽车及配件、粮食、葡萄酒、咖啡豆、木材等品类，涵盖了沿线人民生产生活的多个方面，其中众多商品都需要冷链运输，极大促进了我国铁路冷链物流的发展。

（二）铁路冷链物流设备现状

铁路冷藏运输装备从载运方式上可以分为冷藏车和冷藏箱两大类；从控温方式上可分为：机冷车（箱）、冰冷车（箱）、蓄冷车（箱）和隔热车（箱）等几种；从供电方式上可分为：成组集中供电和单节独自供电两种。各种车型均各有优点和缺点，各有相适应的市场。

就冷藏车而言，主要包括机械冷藏车（B10、B22 等）、BX1K 型专用平车等。就冷藏集装箱而言，基本类型可分为耗用冷剂式冷藏集装箱、机械式冷藏集装箱、制冷加热集装箱、隔热集装箱、气调冷藏集装箱、低压冷藏集装箱等。按照集装箱长度可以分为 10 英尺、20 英尺、30 英尺、40 英尺、45 英尺，30 英尺集装箱一般不使用，使用最多的长度尺寸为 20 英尺、40 英尺的集装箱。

当前正在运营及使用的冷藏设备主要包括 B10、B22、BX1K、冷藏集装箱（20 英尺、40 英尺、45 英尺），主要参数特征如下：

1. B10 型机械冷藏车

B10 型机械保温车，是武昌车辆厂在 1999 年在 B10 型机保车的基础上生产的改进型号，其采用国产 LFT98NR 型制冷机组。1999 年，原铁道部运输装备部等单位对武昌车辆厂提出的 B10 型机械保温车改进方案和设计图纸进行了技术审查，把改进后的单节机械冷藏车装用美国开利机组的定型为 B10A 型，专用 LFT98NR 机组的定型为 B10B 型。

车组全长 21.93 米，自重 41.1 吨，载重 38 吨，容积 100 立方米，列车运行时在冬季外界温度最低为 −45℃，夏季外界温度最高为 45℃时，冷藏货物车内温度可以控制在 −24℃ ~ −14℃。

2. B22 型机械冷藏车

B22 型机械保温车组是我国在 1986—1993 年间从东德进口的 5 节式机械保温车。进口数量为 200 组，其中 20 组由武昌车辆厂组装。该车能满足各种易腐货物的运输。B22 型机械保温车组编组为 5 辆，中间为乘务发电车，两端各有 2 辆冷藏货物车。在每辆冷藏货物车两端端墙的上部，各装有一台制冷机组，随车乘务员可以在乘务发电车内通过电器装置对其温度进行遥控操作。

车组全长 108 米，货物车单节自重 36.8 吨，载重 46 吨，容积 105 立方米；成组载重 184 吨。列车运行时在冬季外界温度最低为 -45℃，夏季外界温度最高为 45℃ 时，冷藏货物车内温度可以控制在 -24℃ ~15℃。

3. BX1K 集装箱专用平车

BX1K 型车组主要是将 X1K 型平车安装插电线路和设施，由 B23 工作车负责供电。BX1K 型车组有效解决了铁路车辆不能为接运海运冷藏箱供电的问题，标志着中国铁路冷藏箱运输已与国际接轨，打破了海运冷藏箱在国内无铁路运输的历史，填补了中国铁路不带动力冷藏运输货物的空白，实现了海铁联运的无缝衔接。上线投入运营后受到了市场的欢迎。除开展冷藏箱海铁联运业务外，中铁特货公司还租用部分 40 英尺无动力冷藏箱，使用 BX1K 车组延伸开展了国内其他冷藏运输业务。

车组全长 132 米。单节专用平车自重 20.4 吨，载重 61 吨，车辆长度 14.738 米，供电线路最大符合 92 千瓦，为集中供电，构造速度 120 千米/小时，装箱范围为 2 个 20 英尺集装箱或 1 个 40 英尺集装箱或 1 个 45 英尺集装箱。

4. 冷藏集装箱

目前使用的冷藏集装箱主要包括 20 英尺、40 英尺、45 英尺冷藏集装箱，其主要参数如表 5-4 所示。

表 5-4 冷藏集装箱主要参数汇总

参数 类型	自重 （吨）	总重 （吨）	最大载重 （吨）	容积 （立方米）	内部尺寸 （毫米×毫米×毫米）	最大外部尺寸 （毫米×毫米×毫米）
20 英尺	2.75	24	21.25	28.4	5391×2254×2130	6058×2438×2438
40 英尺	4.56	34	29.44	57.9	11590×2294×2554	12192×2438×2896
45 英尺	7.18	34	26.82	74.5	12716×2294×2554	13716×2438×2896

资料来源：公开信息整理。

（三）铁路公司冷链运输发展情况

1. 中铁特货运输有限责任公司

中铁特货运输有限责任公司是中国铁路总公司直属专业运输企业，主要从事商品汽车、大件货物、冷藏货物的铁路运输。该公司配备冷藏运输车 1800 余辆，可承运 -24℃ ~14℃ 冷冻冷藏货物。公司拥有近 3000 名从事铁路冷藏运输工作的运营人员,在全国各铁路局所在地设有分公司,在主要货源发送地设有分支机构。冷藏货物运输主要依靠机械保温车,现有 BX1K、B10、B22 三种型号。

2016 年 7 月 25 日,中铁特货运输有限责任公司与湖南省物流与采购联合会在长沙签订战略合作协议,双方将在湖南共同打造公铁联运冷链物流(鲜活、易腐货物运输)平台,共同开发湖南地区鲜活易腐货物、适合铁路运输的集重超限货物(450 吨以下)运输业务等铁路特货运输业务市场。

2017 年 3 月 22 日,中铁特货运输有限责任公司广州机保段第 195 列机保车载着 184 吨啤酒,从广州铁路(集团)公司霞凝站驶向昆明铁路局祥云站。这是中铁特货公司承运的第五列啤酒列车,标志着该公司与荷兰七箭啤酒(湖南)有限公司冷链物流项目转入常态化推进。2017 年 9 月,铁路总公司划拨 800 辆 X1K 型平车给中铁特货运输有限责任公司,用于改造 BX1K 型冷藏集装箱专用平车。铁路总公司给中铁特货下达了任务,2017 年公司冷链运输要比去年翻一番,要达到 100 万吨,2018 年的任务量预计要达到 200 万吨。

目前,该公司已在全国开通 6 条冷链运输线路,分别是防城港至大红门、沈阳东,霍尔果斯至杭州北,图们至金港,潍坊西至王家营西,黄岛至漯河,呼和浩特至广州。除了蔬菜、禽肉制品和海产品,铁路冷链运输品类已经扩展到水果、啤酒、矿泉水、冰激凌、植物油、白糖、牛奶等。

据该公司统计数据,截至 2017 年 12 月 15 日,公司冷链运量共完成 100.2 万吨,实现运输收入 24919.76 万元,提前 16 天完成全年经营指标。2017 年全年运量为 110 万吨,同比增长 83%,预计 2018 年冷链货运量将达到 150 万吨。

2. 中铁铁龙集装箱物流股份有限公司

中铁铁龙集装箱物流股份有限公司成立于 1993 年,主打特种集装箱物流业务,该公司拥有干散、冷藏、化工罐、木材、汽车箱五大类 10 余个箱型,其中冷藏箱开展了冷鲜全程物流。

2009 年,经铁道部批准,该公司根据国际标准,自主研发 45 英尺冷藏集装箱并投入运营,铁路冷藏集装箱经过多级制冷,实时温控,满足生鲜食品在过程中保鲜的需要,并且适应公路、铁路、海路的多式联运需求。该公司冷藏集装箱业务整体布局为"一列、一园、一网、一路",目前已初具规模。

一列：冷链运输班列，以成组运输或小编组方式运行北京—百色、成都—拉萨、厦门—成都、上海—广州、哈尔滨—昆明、郑州—乌鲁木齐等遍及全国 40 余城市的三十多条线路。2015 年 6 月，中铁铁龙成立了第一批到北京的绿色果蔬冷藏班列，该班列填补了广西地区农产品铁路冷链运输的空白。

一园：中铁铁龙大连物流园。以其为起点，打造全国多个重要冷链物流节点。中铁铁龙在大连的物流区有 130 万平方米，分为冷链物流基地，公路港和铁路专用，其中一期的冷链物流基地，占地 26.7 平方米，主要包括 2 座冷库，投产之后实现 5.8 万吨能力，以开工建设用了 3 亿元，同时获得了开发银行 1.1 亿元的资金支持，物流整体工程在 2018 年年初投入运营。

一网：铁路冷藏集装箱运输网络。依托全国铁路运输网，构建"门到门"物流服务网络，遍布全国 120 个城市。全国接近 1200 个集装箱办理站，先后整合国内 600 家物流服务的供应商，全国 18 个铁路局以及一些大型运输企业建立了良好的关系，构建了全国在 120 个城市 600 余条线路上，为客户提供一体化多式联运为基础的门到门的物流服务。

一路：沿丝绸之路经济带开展铁路冷藏集装箱跨境运输。组织"贯通欧亚大陆的公铁联运冷链物流通道示范工程"，成功入选全国首批 16 家多式联运示范工程项目。

公司在铁路集装箱和多式联运的实践，可以概括成五个首次。就是首次实现了农副产品从田间到市场，冷链集装化运输；首次开启了冷链物流的公铁联运模式；首次填补了农副产品铁路冷藏集装箱运输的空白；首次将物联网技术用于智能集装箱的运输，实现了货物温控的全程可追溯；首次实现铁路冷链运输的跨境运输，开启了国家"一带一路"冷链运输的先河。

（四）铁路冷链物流发展的制约因素

1. 运输组织模式与运输能力不足

由于铁路货运手续繁杂、审批环节多、配车时间长，铁路场站的集装箱办理能力也非常低，无法有效集货，造成货物积压，运输时限长。同样的运输距离，铁路冷链运输效率远低于公路冷链运输效率，这与冷链物流快速、准时的理念相悖，限制了客户的选择空间。

2. 铁路冷链运输装备及技术水平较为落后

目前，中国的铁路冷链运输以机保车为主，而国际上主要以铁路冷藏箱运输为主。相对于冷藏集装箱，机保车在各个方面均存在不足，对价值高和储藏环境要求高的产品无法保证运输质量。另外，国内铁路冷链运输方式之一为成组式的铁路运输专用车组，无法适应"小批量、多批次、高时效"的冷链市场需求。

表 5-5 2017 年全国各省高速公路新建及开通计划

项目	机保车	冷藏集装箱
安全性	一般	高
漏热率	高	低
制冷能力	一般	强
智能化	较差	支持远程温度监控
联运衔接性	接驳要求高、直接对接难度大	可与公路运输无缝对接
货运规模	对货主规模要求高，货运起运基数大	对货主规模要求低，运货起运基数小

资料来源：国家发展改革委。

3. 铁路沿线冷链基础设施不健全

铁路冷链运输要满足启运和到达两端冷库设施建设要求，特别是启运地要具备可集结大量零散冷链货源条件，否则难以满足冷链贸易市场需求，阻碍铁路冷链物流发展。

4. 运价不合理，短距离冷链运输成本高

长期以来，我国货运的运价都是固定不变的，但市场的需求一直在变，520 千米以上的需求才是铁路冷链运输的有效需求。对于冷鲜产品而言，根据我们的测算，在 520 千米以上时铁路冷藏集装箱运输相对公路运输才有成本优势。

5. 铁路冷链物流产业链未形成

完整的冷链物流产业链要由温控保温、冷链仓储、冷链传输、冷链装卸、冷链信息化控制、冷链检疫等多环节组成。而目前各地班列只提供了以冷链运输为主的有限服务，提供不了完整的冷链物流产业链服务。加上冷链运输的各类商品中，生鲜类产品大多是非标准化产品，各种商品对温

度、储存要求不一，各行业没有形成标准，执行存在困难。

6. 冷链通道尚未形成

目前，我国铁路发展冷链物流呈现区域性强、全国联动不足的局面，全国主要方向冷链运输主通道及跨铁路局次通道均未形成，干线运输与区域配送网络尚未建成。铁路亟须根据客户产品产销地的情况形成针对不同需求的冷链运输通道。

7. 铁路冷链运输标准体系有待完善

我国规范冷链物流各环节的管理体系尚未建立，冷链物流各环节的设施、设备、温度控制和操作规范等方面缺少统一标准，信息资源难以实现有效衔接和共享。

为促进铁路发展冷链物流，提高铁路冷链物流效率，应加强铁路冷链物流规章制度和标准体系的制定和完善。

8. 冷藏设施和冷链装备不足

我国铁路原有冷藏运输设备陈旧，对于冷链运载工具、托盘、容器、包装等各类标准化设备，以及预冷机、压缩机、温控等先进技术装备投入有限，无法满足客户对冷链运输的实际需求。

铁路亟须更新陈旧的冷链运输设备，加大对冷链运输先进技术装备的投入，以适应冷链运输市场需求。

就目前来看，铁路货运市场下的冷藏集装箱正被广泛应用，由中铁铁龙于2017年新打造的一批45英尺冷藏集装箱，具备超长、稳定冷藏时效，可满足有跨境铁路长距离冷链运输的客户需求，可谓进一步提升了我国铁路冷链运输市场机遇。

9. 冷链物流人才缺乏

目前，铁路冷链物流的管理和技术人员大多由熟悉机保车技术及作业标准的人员担任，对现代冷链物流的管理、作业技术标准、操作流程缺乏了解，人员素质难以适应现代冷链物流发展需要。

（五）铁路冷链物流发展规划

为适应铁路货运向现代物流转型发展要求，加快推进铁路冷链物流网络布局，进一步改善鲜活农产品流通环境，拓展铁路冷链物流市场，形成布局合理、技术先进、节能环保的铁路冷链物流服务体系，中国铁路总公司发布了《铁路冷链物流网络布局"十三五"发展规划》。

1. 规划目标

第一，到2020年，铁路冷链运量规模达到2000万吨以上，冷库容量规模达到300万~500万吨，冷链物流营业总收入达到500亿~700亿元。

第二，新增新型冷藏车（箱）1000辆，铁路冷链主通道基本形成稳定的运输班列。

第三，构建畅通高效的铁路冷链物流网络通道结构，形成布局合理、功能完善的铁路冷链物流网络。

2. 规划方案

（1）功能定位。根据铁路冷链物流基地在路网中的作用及服务区域不同，主要分为区域级冷链物流基地和地区级冷链物流基地。

首先是区域级铁路冷链物流基地。主要担负全国或区域性冷链货物集散与分拨任务，设置于全国综合交通枢纽或市场需求旺盛地区，到发量100万吨以上，用地200~500亩，冷库容量20万吨以上，具备商务中心、多功能冷藏冷冻及恒温仓储中心、国际食品交易中心、信息结算中心、农副产品加工中心、检验检疫中心、金融及其他增值服务功能。

其次是地区级铁路冷链物流基地。主要担负地区性冷链货物集散任务，选址靠近重要地级市、大型生产制造企业或农贸批发市场附近。年到发量20万~100万吨，用地规模在50~200亩，冷库容量3万~20万吨，具备批发、交易、集散、仓储、修理、加工、集中配送、应急仓储、电子交易、质量监控、配套服务等功能。

（2）规划方案。关于冷链通道，根据全国冷链运输强度，结合运量预测，依据沿线铁路载体城市冷链产品的产销情况，综合考虑铁路冷链运输综合成本，主要形成主、次两级铁路冷链运输通道。

其中，冷链运输主通道针对大批量、固定批次的运输需求，采取"定点、定线、定时、定价、定车次"（按公布开行方案的货物列车）运输方式，减少时间成本，提高时效性，并且争取国家及地方政府财政补贴，建设我国鲜活农产品的"绿色骨干通道"，主要形成"两纵两横三放射"的通道结构。

冷链运输次通道针对小批量、时效要求高的运输需求，重点采取冷藏集装箱的"特需班列"运输组织方式，保证优先装卸，确保运到时限。冷链运输次干道主要围绕区域及铁路冷链物流基地向外发散，形成"十三条"次要冷链通道结构。

关于载体物流基地，综合分析主要运输通道上的地区经济总体水平、冷链货品生产市场规模、冷链市场需求规模、地区货运量规模、铁路场站条件、国家特殊扶持政策等24个指标体系，确定铁路冷链物流基地82个。其中，区域级铁路冷链物流基地14个，地区级铁路冷链物流基地68个。

（3）建设安排。

一是对已纳入《铁路物流基地布局规划及2015—2017年建设计划》的项目，根据冷链物流通道建设以及市场实际供给情况，适时启动建设或者预留冷链设施用地，补充完善冷链物资的运输、中转、分拨功能。

二是对未纳入《铁路物流基地布局规划及2015—2017年建设计划》的项目，根据市场供给、发展需求和场站改扩建条件，按照优势互补、合作共赢的原则，进一步完善铁路冷链物流基地布局。

（4）配套设施。

第一，争取政府支持。争取地方政府土地、财政、税收扶持政策，协调地方交通部门为铁路冷链物流基地提供货物集散和配送服务的公路车辆，享受高速公路减免费用和补贴政策，促进冷链物资多式联运发展。

第二，整合冷链资源。有效整合铁路、公路、港口、航空资源，解决全程冷链物流链条衔接不畅问题，逐步建立多方协同，优势互补联动机制。积极与农业合作社、供销社、农产品批发市场、冷链电商平台、冷链地产企业建立战略联盟合作关系，拓展多元化发展渠道，形成运输、商贸一体化的冷链供应链企业。

第三，拓展生鲜电商。依托中国铁路95306网，打造铁路冷链网络平台，拓展铁路冷链电子商务、跨境电商、过境电商、创新发展模式，充分挖掘和扩大铁路冷链物流需求。通过B2B、B2C、O2O等电商商业模式，吸引货源，做大市场。

第四，提升设备水平。按照节约、环保、高效、节能原则，加快研制冷藏运载工具、托盘、容器、包装等各类标准化设备，引入预冷机、压缩机、温控等先进技术设备，进一步拓展装载空间；积极推进车头供电及平板车可插电技术升级，实现通用性、服务多温区、减少维修率，为铁路冷链服务水平的不断提高提供设备支撑。

第五，完善冷链标准。制定完善冷链作业规范、冷链温控标准等，在冷链基础、冷链管理、冷链设施、冷链技术等层面落实规范标准，加快推动铁路冷链标准化、专业化，与国际冷链运输物流标准接轨。基于铁路既有信息技术，逐步构建铁路冷链信息技术标准体系，实现全程信息互联互通。

第三节　航运与港口冷链物流发展情况分析

自金融危机以来，全球经济及国际航运业进入"三低"新常态。首先，世界经济依然处于低速增长区间，经济环境依然复杂多变；其次，国际石油价格以及国际大宗商品价格持续处于低位，且保持中低位震荡态势；最后，航运市场持续处于低谷，运价达到历史低点。"三低"的叠加出现，给航运企业带来诸多挑战，引发包括港口传统集装箱物流在内出现发展瓶颈，亟须开拓新的发展领域。

2017年8月，交通运输部印发《关于推进长江经济带绿色航运发展的指导意见》，指出以集装箱、商品汽车铁水联运为重点，深入开展铁水联运示范工程，加快推进铁水、公水等多式联运发展。依托黄金水道，鼓励冷链物流企业探索"水运＋冷藏班列"铁水联运等联运新模式，优化物流通道布局，促进形成与国际海运、陆海联运、国际班列等有机结合的联运服务模式。

目前，河南、广东、山东等地港口均积极推动冷链物流建设，不少港口已经走在时代前列。如大连港在争做冷链物流"中国第一"的目标下、创新提出"海运＋冷藏班列＋公路短驳"联运模式；而宁波、青岛等港口也相继表明了做大冷链物流配套设置的决心和举措。

一、2017年航运与港口货物运输市场概况

（一）2017年港口货物吞吐量

2017年，全国规模以上港口完成货物吞吐量126.4亿吨，同比增长6.8%，增速较去年上涨14个百分点，结束了增速连续三年下滑的局面，形

势开始好转。如图 5 - 5 所示。

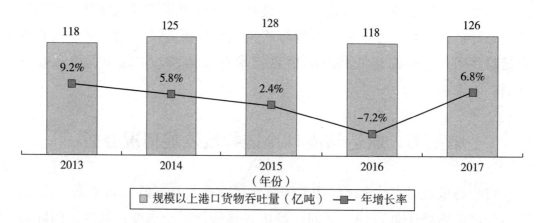

图 5 - 5　2013—2017 年全国规模以上港口完成货物吞吐量
资料来源：交通运输部。

从港口货物吞吐量排名来看，宁波—舟山港卫冕中国也是世界货物吞吐量冠军宝座，并且成为世界上第一个也是唯一一个吞吐量超过 10 亿吨的港口；上海港增速乏力；苏州港凭借内河航运位列三甲；广州港以两位数的亮眼增速升至第四位；唐山港凭借钢铁、煤炭等"重量级"货运品类位居第五，并且在钢铁煤炭不景气的大背景下，依旧保持了 9.6% 的增速；青岛港近两年来增速乏力，渐渐被广州、唐山拉开了差距。如表 5 - 6 所示。

表 5 - 6	2017 年全国港口货物吞吐量排名（不含港澳台地区）		
排名	港口	2017 年吞吐量（亿吨）	同比增速（%）
1	宁波—舟山港	10.1	9.8
2	上海港	7.1	1.4
3	苏州港	6.1	5.3
4	广州港	5.9	13.5
5	唐山港	5.7	9.6
6	青岛港	5.2	4
7	天津港	5.1	-7.2
8	大连港	4.5	4.7
9	日照港	4	14.3
10	营口港	3.7	5.7

资料来源：交通运输部。

（二）2017年港口集装箱吞吐量

2017年，受外贸进出口持续向好的影响，我国港口集装箱吞吐量增长强劲，全国规模以上港口完成集装箱吞吐量23680万标准箱，同比增长8.6%，增速较2016年同期加快5.6个百分点。如图5-6所示。

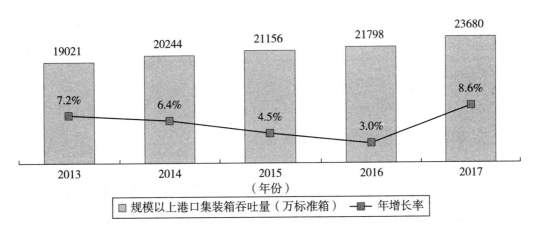

图5-6 2013—2017年我国规模以上港口完成集装箱吞吐量

资料来源：交通运输部。

具体来看，港口集装箱吞吐量前10名排名变化不大，上海港以超过4000万标准箱排名第一，大幅领先第二名，优势明显。同时，上海港也是全球第一个突破4000万标准箱大关的港口；深圳港位列第二名；宁波—舟山港集装箱业务发展迅速，增速超过了20%，打进前三名；广州港2017年形势不错，货物吞吐量和集装箱吞吐量都保持了较高增速，且都位于第四名；青岛港货物总量和集装箱吞吐量双线乏力，尤其是集装箱业务几乎没有增长，排名第五；前十强中，苏州港是唯一的河港，25.8%的增速高居第一，成为增长最快的港口。如表5-7所示。

表5-7 　　　　　**2017年全国港口集装箱吞吐量排名（不含港澳台地区）**

排名	港口	2017年吞吐量（万标准箱）	同比增速（%）
1	上海港	4030	8.5
2	深圳港	2600	7.3
3	宁波—舟山港	2597	20.4
4	广州港	2030	9.2

排名	港口	2017 年吞吐量（万标准箱）	同比增速（％）
5	青岛港	1830	1.6
6	天津港	1520	4.8
7	厦门港	1030	7.3
8	大连港	990	3.2
9	营口港	620	3.2
10	苏州港	590	25.8

资料来源：交通运输部。

二、航运与港口冷链物流发展现状

目前，我国航运与港口冷链物流总体处于起步晚、服务附加值低的阶段。即使是大型港口，冷链物流也不是其主要业务，对冷链物流的发展相对滞后，投入不足。此外，航运与港口冷链物流链断裂现象表现得尤为突出，由于运载模式的局限，部分地区甚至没有水路运输的专用港口，水路集装箱不能做到"门到门"运输，导致了换装次数较多，给货物质量和运输成本都带来了一定的影响。即便存在船舶停泊的港口，想要从港口到销售点实现"门到门"的运输必须由其他的方式继续承运，要保证其冷链不断裂具有难度。

随着人们生活水平的提高，消费者对食品保鲜的要求越来越严格，冷链物流开始加速发展。国家也出台了一系列政策刺激港口冷链物流，鼓励港口兴建冷库等基础设施，完善港口航运与铁路、公路的多式联运，大力发展集约化、便利化的特种冷藏集装箱等。各个港口企业开始意识到发展冷链物流的重要性，纷纷转型升级，并布局冷链物流产业。

国内港口中，天津港、青岛港是最早发展冷链运输、仓储的港口，上海港、大连港、宁波港、深圳港也比较重视冷链物流，近年冷链建设较快。以上是中国发展冷链物流较好的港口企业，下文将分别予以介绍。

（一）宁波—舟山港

2017 年，宁波—舟山港成为全球首个年货物吞吐量突破 10 亿吨级的大港，且连续九年货物吞吐量位居世界第一。同年，宁波口岸进出口食品175万吨，货值22.92亿美元。其中，全年出口59.63万吨，主要出口食品种类为水产及制品类、蔬菜及制品类、水果制品类，水产及制品类占宁波地区出口食品贸易的半壁江山；进口食品货值11.94亿美元，进口品种主要是为水产及制品类、粮谷及制品类、肉类、酒类、乳制品类。这些产品大部分都是易腐易坏，对港口冷链的需求较高。宁波市主要口岸及冷库信息如表5－8所示。

表5－8　　　　　　　　　宁波市主要口岸及冷库信息

类别	查验存储一体化设施/冷库	专用冷库容量（吨）	指定口岸类别
海港	宁波兴港冷链物流有限公司	3100	进口肉类
海港	太古冷链物流（宁波）有限公司	16000	进口肉类
海港	招商局物流集团宁波有限公司	6000	进口肉类
海港	浙江蓝雪食品有限公司	10000	进口肉类
空港	宁波翔鹰投资有限公司机场货站分公司	20	进口冰鲜水产

资料来源：国家质量监督检验检疫总局。

为了推动港口冷链物流的发展，宁波—舟山港于2013年投资建设了宁波港冷链物流中心，于2014年完工正式投入运营。该中心实现了码头船、车直卸功能，海关、检验检疫等部门提供现场查验服务。国外的货品到港后，不需要堆放在码头等待查验，而是直接运到冷链中心等待查验，保障冷链不断链。该冷链中心的储藏量可达4万吨，以20~25天一个周期算，年冷链储藏量可达50万吨。宁波港冷链物流中心是宁波港内第一家为冷藏品提供专业服务的单位，它的出现有效弥补了宁波港临港冷链物流服务的"短板"。2016年，宁波港冷链物流中心进出口货物约10万吨，价值近9亿元，初步形成市场采购出口和进口冷链物流两大产业"双轮驱动"，进口冷链物流约占全市的70%。

除了宁波—舟山港自有的冷库外，距离宁波港冷链物流中心不远处还有太古冷链公司投资建设的冷库，该冷库是宁波市引进的重大外资冷链项目，总建筑面积52648平方米，冷库分为南北共2幢，共能提供超过7万托板的温控存储空间，提供 –25℃~15℃多温区存储。此外，还有位于宁波镇海港区附近的宁波远东冷藏公司，建设仓库容量2.5万吨。据估算，整个宁波—舟山港口岸的冷库容量已达到 30 万吨。

（二）青岛港

近年来，青岛港以创新驱动港口转型升级，融入国家"一带一路"倡议，率先建成了世界一流的全自动化集装箱码头，同时大力发展港口冷链业务。目前，青岛港冷库容量已达 8 万吨，青岛港冷链中心是港区内最大的冷库设施，库容达 6.5 万吨。该中心具备进口肉类和水产类货物查验存储资质和进口水果的查验资质，是全国第二大进口肉类存储冷库。青岛市主要口岸及冷库信息如表 5-9 所示。

表 5-9　　　　　　　　　　青岛市主要口岸及冷库信息

类别	查验存储一体化设施/冷库	专用冷库容量（吨）	指定口岸类别
海港	青岛联合华通贸易有限公司	25000	进口肉类
海港	青岛师帅冷链物流股份有限公司	20100	进口肉类
海港	青岛港怡之航冷链物流有限公司	50000	进口肉类
空港	中外运（青岛）空港物流有限公司冷库	10	进口冰鲜水产
海港	青岛远洋鸿池物流有限公司	5000	进口肉类
海港	青岛新大地冷藏有限公司	8000	进口肉类
海港	青岛天驰仓储有限公司	14000	进口肉类
海港	青岛冠宇生态农业有限公司	8000	进口肉类
海港	青岛天驰仓储有限公司	2000	进口冰鲜水产

资料来源：国家质量监督检验检疫总局。

青岛港冷链中心冷库由青岛港与冰岛怡之航合作建设，是一座现代化冷藏冷冻物流中心，于 2007 年 10 月正式开业，建筑面积 5.5 万多平方米，建有温度 -25℃ ~ -4℃冷藏库房 36 个，根据货种不同，冷库占地及配套堆场面积 2.45 万多平方米。2014 年，双方借助中国和冰岛签订自由贸易协定为契机，共同投资成立了合资公司来经营冷链物流业务，加快发展青岛口岸冷链物流。

2016 年 5 月，青岛港与中铁特货、中远物流等强强联合，成功开通的首列青岛港至漯河的进口冷链专列。满载 8 节进口冻肉的冷藏箱专列，从青港货运海铁联运中心缓缓驶出，开往河南漯河。由此，填补了青岛港海铁联运进口冷链业务的空白，为海铁联运发展再添新亮点。

2017 年 5 月，由青岛港携手承办的"青岛口岸冷链物流推介会"在青岛举行。国内外冷链知名企业代表、肉类、水产、果蔬等冷链客户近两百人参加了此次会议。此次推介会就海关及国检相关政策、港口冷链物流服务、中远海冷藏箱航线布局等内容，向国内外冷链进出口贸易商推介青岛口岸冷链项目，推进青岛港口冷链物流新一轮大发展。

目前，青岛港冷链中心冷库库容达 6.5 万吨，具备进口肉类和水产类货物查验存储资质和进口水果的查验资质，是全国第二大进口肉类存储冷库，也是青岛港最大的存储冷库，年查验能力可达 64 万吨，连续多年保持全国沿海港口第一位。

（三）大连港

大连是我国重要的冷链集散中心。近年来，大连港凭借其得天独厚的区位优势，完备的集疏运条件，密集的航线网络，丰富的冷链货源以及自贸区、保税港等政策优势，率先在大窑湾建成了全国沿海规模最大、功能最全的保税冷库群。大连市主要口岸及冷库信息如表 5-10 所示。

表 5-10　　　　　　　　　大连市主要口岸及冷库信息

类别	查验存储一体化设施/冷库	专用冷库容量（吨）	指定口岸类别
空港	大连国际机场集团有限公司	1000	进口冰鲜水产
海港	大连港毅都冷链有限公司	1000	进口冰鲜水产
海港	大连獐子岛冷藏物流有限公司	700	进口冰鲜水产
海港	大连毅都集发冷藏物流有限公司	1400	进口肉类
海港	大连经济技术开发区金山水产有限公司	1300	进口肉类
海港	恒浦（大连）国际物流有限公司	1500	进口肉类
海港	大连獐子岛中央冷藏物流有限公司	3000	进口肉类
海港	大连港毅都冷链有限公司二期	35000	进口肉类
海港	大连宝泉食品有限公司	15000	进口肉类

资料来源：国家质量监督检验检疫总局。

2003 年，由大连港集团和大连毅都集团共同投资组建大连港毅都冷链有限公司。该公司一期冷库项目占地面积 9 万平方米，拥有储量 4 万吨的冷库及 7 万平方米的冷藏集装箱堆场。

2014 年，大连大窑湾保税港区獐子岛中央冷藏物流项目一期工程正式投入使用，总占地近6万平方米，一期存储能力5万吨，冷库投入使用后大窑湾保税港区冷库规模达到13.5万吨。

2016年3月，大连港首开全国第一组冷藏海铁联运班列，改变了过去到港冷藏集装箱只能通过汽车运到内陆的方式，开启了国内冷链物流运输的新模式。同年8月，大连港首发运作大连—俄罗斯过境冷藏中转班列，该班列运用了"海运＋冷藏班列＋公路短驳"联运模式，在使冷链运输更加安全、准时的同时，实现了"一单到底、物流全球"的目标，有利于冷链物流全流程标准化的管理，为企业大大节省了运输时间和成本。

2017年，大连港毅都冷链二期项目1号冷库完成竣工验收，并相继获批国家质检总局进境水果指定查验场地、进境肉类产品备案库作业资质。2018年1月，1号冷库及集装箱堆场顺利通过"海关监管场所"验收，成为大连海关辖区内第一个在"232号新管理办法"下获批的"海关监管作业场所"，标志着二期项目在监管层面已具备投产条件。毅都冷链二期场地投产后，为口岸增加12万吨的冷库库容、60个温控查验平台。其中10.5万吨低温库和1.5万吨高温库的有效规划，将实现二期项目智能化仓储系统的分温层控管升级。

目前，大连港已经形成国内沿海规模最大、功能最齐全、技术最先进的大窑湾保税港区冷链物流中心，也是国内唯一一个集保税港区、专业冷藏船泊位、集装箱码头及冷库群于同一区域的专业化冷链物流中心。包括大连港毅都冷链公司在内的百余家国内外物流企业产品驻入大窑湾冷链物流园，服务功能涵盖水产品、水果、肉类等各货种的保税仓储、国际中转、国际贸易与分拨配送，冷链物流园区内冷库规模已达40万吨，预计2020年形成100万吨级冷库群及冷链物流配套产业群。

（四）上海港

2017年，上海港完成货物吞吐量7.1亿吨，集装箱吞吐量完成4030万标准箱，同比增长8.4%，连续8年保持了集装箱吞吐量世界第一。随着自贸区的成立，上海港计划大规模冷库冷链建设，利用其贸易便利化的优势，港口可开展仓储物流业务。比如，上海港就计划建设大规模的冷链仓库，引进台湾的优质农产品，发挥贸易分拨中心的功能，让消费者享受实惠。上海市主要口岸及冷库信息如表5－11所示。

表 5－11　　　　　　　　　　上海市主要口岸及冷库信息

类别	查验存储一体化设施/冷库	专用冷库容量（吨）	指定口岸类别
海港	上海外联发国际物流有限公司冷链查验点	3600	进口肉类
海港	上海长兴润稼农产品批发市场冷链查验点	10000	进口肉类
空港	上海机场浦虹国际物流有限公司冷链查验点	30	进口肉类
空港	上海机场实业投资有限公司	100	进口冰鲜水产
空港	上海大众交通国际物流有限公司大众查验场站	600	进口冰鲜水产
空港	上海西郊国际农产品交易有限公司	580	进口冰鲜水产
空港	上海名联冷冻仓储有限公司	3600	进口冰鲜水产
陆港	上海西郊国际农产品交易有限公司冷链查验点	3000	进口肉类
海港	中外运普菲斯物流（上海）有限公司冷链查验点	4000	进口肉类
海港	上港集团冷链物流有限公司冷链查验点	4480	进口肉类
海港	上海同华冷链物流有限公司冷链查验点	18000	进口肉类
海港	上海联和冷链物流有限公司冷链查验点	12000	进口肉类

资料来源：国家质量监督检验检疫总局。

上海港口集团在 2013 年 10 月出资组建了上港集团冷链物流有限公司，公司为客户提供包括冷链仓储、运输、报关报检、进口配额、中文标签备案整改、代理申请食品卫生证等"一站式"冷链物流服务。公司下属全资子公司上港冷链贸易（上海）有限公司，专门围绕新鲜蔬果、海产肉类以及预包装食品，开展国际贸易、全球采购，参与 B2C、B2B 模式的贸易业务，并打造自有品牌"上港尚鲜"。

（五）天津港

天津港是我国三大进口冷冻肉口岸之一，具有非常好的冷链贸易基础，天津港东疆港区已先后获批商务部"国家进口贸易创新示范区"、天津市"津台冷链物流试点园区"，质检总局水果、冻肉、冰鲜水产品、花卉种苗等产品指定进境口岸，同时正在申请药品指定进境口岸；天津自贸区推出的一系列提升通关、通检新政为冷冻、生鲜产品进境提供了便利。据统计，2015 年天津港进出口冷藏箱为 16.6 万标准箱，2016 年天津港进出口冷藏箱为 21.2 万标准箱，2017 年前三季度天津港进出口冷藏箱 15.8 万标准箱，初步统计 2017 年天津港进出口冷藏箱为 21.1 万标准箱。天津市主要口岸及冷库信息如表 5 - 12 所示。

表 5 - 12 天津市主要口岸及冷库信息

类别	查验存储一体化设施/冷库	专用冷库容量（吨）	指定口岸类别
海港	泰达行（天津）冷链物流有限公司进口肉类冷链查验和储存一体化设施	30000	进口肉类
海港	天津滨海新区海鼎宏农副产品冷链有限公司	10000	进口肉类
海港	天津金三国际物流有限公司	20000	进口肉类
海港	天津东疆港大冷链商品交易市场有限公司	100	进口冰鲜水产
海港	天津东疆港大冷链商品交易市场有限公司进口肉类冷链查验和储存一体化设施	25000	进口肉类
海港	天津港首农食品进出口贸易有限公司	25000	进口肉类
空港	天津宝鲜物流有限公司	300	进口冰鲜水产
空港	天津空港华宇航空货运站有限公司	100	进口冰鲜水产
空港	天津空港货运有限公司	100	进口冰鲜水产
空港	中国国际货运航空有限公司天津运营基地	100	进口冰鲜水产
海港	天津海吉星农产品物流有限公司	10000	进口肉类
海港	天津港强集团有限公司进口肉类冷链查验和储存一体化设施	3500	进口肉类

资料来源：国家质量监督检验检疫总局。

目前，天津港进出口冷藏箱 20 英尺和 40 英尺箱型比例约为 20% 和 80%。按照 20 英尺冷藏集装箱（1 个标准箱）装载冻品 15 吨、40 英尺冷藏集装箱（折算 2 个标准箱）装载冻品 25 吨，对天津港的冷藏箱装载冷链商品进行整体折算，平均 1 个冷藏标准箱装载冻品量为 13 吨。初步测算 2017 年天津口岸冷链进出口商品为 274.3 万吨。

作为天津市冷库规模最集中的区域之一，天津港已形成了包括肉制品、水产品、水果、海鲜、花卉、医药等产品，涵盖了从航运物流、仓储、交易、配送到综合服务的完整上下游产业链条。天津港的东疆港区、北疆港区已落地多个冷链设施项目，包括港大冷链（一期）项目、首农食品冷链项目、华锐冷链项目、泰达行冷链项目、普菲斯冷链项目、大洋冷链项目、首农饲料及冻肉项目，全部投入运营后将形成 20.6 万吨冷链仓储规模，并且另还有港大冷链（二期）项目等储备项目在谈。此外，天津港周边的中新生态城中心渔港也建设了近 20 万吨的冷库仓储规模。

2017 年年末，天津召开中心渔港商港开通发布会。该商港的开通，将以食品、牛羊肉、奶酪、葡萄酒、蔬菜等食品冷链物流为主，打造北方冷链物流与水产品集散中心。目前，已建成冷库容量近 20 万吨，预计 2018 年总容量将达 35 万吨。中心渔港区域两个进口肉类冷链查验与储存一体化设施已顺利通过天津局预验收，将进一步丰富和提升天津口岸的功能和综合竞争力。根据规划，随着中心渔港主航道的逐渐建成，预计 2020 年，港口吞吐能力有望达到 100 万吨，进一步推动滨海新区建成北方国际航运中心。

另据天津检验检疫局统计，天津口岸进口食品业务连续三年保持两位数增长，2017 年进口食品 14 万批次，重量超过 490 万吨，货值达 68 亿美元。从天津口岸进口肉类、食用油、乳制品、酒类等排名全国前列。2017年天津口岸进口肉类 136 万吨，连续六年全国第一；进口食用油 163 万吨，全国第二；进口乳制品 36 万吨，全国第五；进口酒类 13 万吨，全国第五。

（六）深圳港

深圳港作为内地易腐食品运往香港的主要口岸，冷链物流已成为重点发展项目。目前，深圳规模以上冷库容量为 22 万吨左右，其中深圳港港区冷库容量达到 9 万吨。深圳港区冷库主要分布在盐田港区、蛇口港区和前海湾保税区。如表 5 - 13 所示。

表 5 - 13　　　　　　　　深圳市主要口岸及冷库信息

类别	查验存储一体化设施/冷库	专用冷库容量（吨）	指定口岸类别
海港	深圳市顺记冷链物流有限公司	2000	进口肉类
陆港	深圳市瑞源冷链服务有限公司	1300	进口冰鲜水产
空港	深圳市友信崧锋实业有限公司友信冷库	3000	进口冰鲜水产
陆港	深圳市海吉星国际农产品物流管理有限公司	6000	进口肉类
陆港	深圳市友信崧锋实业有限公司友信冷库	5000	进口肉类
海港	招商局国际冷链（深圳）有限公司	3000	进口冰鲜水产
海港	招商局国际冷链（深圳）有限公司	3000	进口肉类
海港	招商局国际冷链（深圳）有限公司	7000	进口肉类
陆港	中粮集团（深圳）有限公司	3000	进口冰鲜水产

类别	查验存储一体化设施/冷库	专用冷库容量（吨）	指定口岸类别
陆港	中粮集团（深圳）有限公司中粮冷库	6000	进口肉类
陆港	深圳市瑞源冷链服务有限公司	1300	进口冰鲜水产
海港	深圳市保惠物流有限公司	3500	进口肉类
海港	深圳市瑞源冷链有限公司	11000	进口肉类
海港	深圳市锋润锋投资有限公司同乐冷冻库	2000	进口肉类

资料来源：国家质量监督检验检疫总局。

盐田港区冷库容量为6.4万吨，主要冷库为瑞源冷库和保惠物流冷库。位于盐田路的保惠冷链物流园1号冷库，第一期冷冻仓库建筑面积34000平方米，容量为3.4万吨，其中高温库6000吨，低温库29000吨，干货仓5000吨。冷库及配套冷藏集装箱堆场具备海关保税仓、出口监管仓、低温仓、超低温仓（−70℃～−45℃）以及加工车间等功能，是一个多功能立体化仓库。瑞源冷库是深圳盐田港唯一一家获得检验检疫局认证批准的进境肉类与水产品指定存储冷库。主要为从事冻肉、食品、农副产品及其他有温控需求的产品经营企业提供产业链服务。在盐田港口岸自有3万平方米的冷冻冷藏仓库2座，库容量3万吨，温度可调节，最低可达−25℃。

蛇口港区和前海湾保税区冷库是由商局集团下属企业招商局国际冷链（深圳）有限公司负责建设运营，共建设冷库容量3万吨。其中，位于蛇口港区的华南冷库，总面积约2万平方米，库容量2万吨。华南冷库2007年年底国检局被批为"进口冻品指定查验仓"，并在本冷库设立检验办公室，深圳西部蛇口通关环境改善，客户可享受"一站式"通关服务、冷藏价格优惠，从SCT（上海集装箱码头有限公司）码头到华南冷库不用经长途运输。

深圳前海湾保税港区位于深圳西部港区，由招商局集团下属企业具体运营，已经建成投入使用的仓库有6栋，建筑面积约26万平方米，其中保税冷库约1.2万平方米，库容约为1万吨。在保税港区冷库内建立深圳关区第一个冷冻品海关专用查验台，方便经营企业对冷冻品的物流运作。

第四节　航空冷链物流发展情况分析

近几年，我国经济发展进入新常态，民航货运的发展也相应进入一个新阶段。航空冷链运输作为航空货运的一部分，市场需求越发高涨。一方面来自消费市场对冷藏保鲜商品总需求的日益壮大；另一方面来自消费市场对商品品质要求的不断提高，来自全球各地的鲜活易腐货物、生物制剂、医药用品以及精密仪器等关系到消费者食用和使用安全的温敏商品亟待航空冷链运输。

航空冷链运输，虽然具有运输容量小、运输成本高、受气候影响大等缺点，但由于其运送速度快、运送距离远、安全性高，在运送一些附加值高或者出口的易腐产品时，优势显著，已成为冷链运输不可缺少的环节。

一、2017 年航空运输市场概况

据民航局发布的《2017 年民航机场生产统计公报》统计显示，2017 年，全国颁证运输机场 229 个（不含港澳台），其中定期航班通航机场 228 个，定期航班通航城市 224 个；年内定期航班新通航新增城市 10 个；全年完成货邮吞吐量 1618 万吨，比上年增长 7.2%（如图 5-7 所示）。分航线看，国内航线完成 1000.1 万吨，比上年增长 2.7%（其中内地至香港、澳门和台湾地区航线完成 99.0 万吨，比上年增长 5.8%）；国际航线完成 617.6 万吨，比上年增长 15.2%。

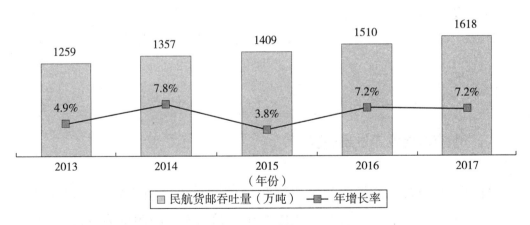

图 5-7　2013—2017 年全国民航完成货邮吞吐量
资料来源：中国民用航空局。

各机场中，年货邮吞吐量 10000 吨以上的机场有 52 个，较上年净增 2 个，完成货邮吞吐量占全部境内机场货邮吞吐量的 98.5%，较上年提高 0.2

个百分点，其中北京、上海和广州三大城市机场货邮吞吐量占全部境内机场货邮吞吐量的49.9%，较上年提高0.3个百分点。年货邮吞吐量10000吨以下的机场有177个，较上年净增9个，完成货邮吞吐量占全部境内机场货邮吞吐量的1.5%，较上年下降0.2个百分点。如表5-14所示。

表5-14　2017年全国主要机场货邮吞吐量排名前十城市（不含港澳台地区）

排名	机场	2017年货邮吞吐量（万吨）	同比增速（%）
1	上海/浦东	382.4	11.2
2	北京/首都	203.0	4.4
3	广州/白云	178.0	7.8
4	深圳/宝安	115.9	2.9
5	成都/双流	64.3	5.1
6	杭州/萧山	58.9	20.8
7	郑州/新郑	50.3	10.1
8	昆明/长水	41.8	9.2
9	上海/虹桥	40.7	-5
10	南京/禄口	37.4	9.7

资料来源：中国民用航空局。

2017年，国内各地区货邮吞吐量的分布情况是：华北地区占比15.4%，同比上年下降0.4%；东北地区占比3.4%，同比下降0.1%；华东地区占比41.2%，同比上升0.8%；中南地区占比26.2%，同比下降0.2%；西南地区占比10.1%，同比下降0.1%；西北地区占2.5%，同比增长0.1%；新疆地区占比1.2%，与上年持平。

二、航空冷链物流发展现状

目前，我国航空冷链物流的发展程度整体偏低，温敏货物运输索赔情况较为严重。据统计，空运中产品腐坏占比22.2%，包装损坏占比21.7%，搬运、地面运输、装载、卸载、堆垛占比不足10%；温度、包装、产品相容性、设备等造成的损坏占比将近一半。

为了规范航空冷链物流各环节市场主体行为，2014年，中国民用航空局发布了《航空货物冷链运输规范》，从设备设施、包装、货物接收、仓储、装机、运输、卸机等方面，对冷链运输做了详细规范。《航空货物冷链运输规范》标准的出台，对改善冷链空中运输与地面运输的衔接，提高民航高端货物运输市场占有量具有重要意义，不仅对从事冷链运输的物流企业形成利好，对于冷链运输设备的制造商也有积极影响。如表 5 – 15 所示。

表 5 – 15　　　　　　　航空冷链温度范围分类及运输代码

序号	分类	运输代码	温度范围（℃）
1	室温	AMBT	15 ~ 20
2	冷藏	COOL	2 ~ 15
3	冰温	ICE Temp	– 2 ~ 2
4	冷冻	COLD	– 10 ~ – 2
5	深冷冻	FROZ	– 10 以下

资料来源：中国民用航空局。

2017 年，随着全球经济一体化趋势的发展，再加上消费转型升级，跨境电商给我国航空货运业带来巨大商机，中国迎来了航空货运业务的强劲增长。另外，航空货运的发展，伴随着航空冷链业务需求的增长。当前，我国航空冷链物流还处于初始阶段，整个行业存在诸多问题，制约着航空冷链物流的发展壮大。

第一，航空冷链运输缺乏行业标准。航空冷链政策不够规范，主要是相关法律少且技术指标不明确。近年来，国际航空运输协会一直努力在推行 Cargo 2000 项目，Cargo 2000 的测量措施能帮助确保承运人履行承诺，对冷链有严格的监控，能够提高航空公司温敏物资运输流程效率的标准流程体系。不过对于还未形成体系的我国航空货运来说，要建立起航空冷链的行业标准，显然任重而道远。

第二，航空冷链运营管理人才十分缺乏。由于各种原因，航空公司和机场在引进人才与培养机制上都是"重客轻货"，造成航空冷链环节出现无人可用的现象。尤其是现代物流管理与供应链管理更为专业的细分市场与产品管理方面，更是缺乏专业人员。航空冷链物流的地面服务管理和作业人员更是捉襟见肘，更加无法设计相应的服务产品。

第三，在流程上不能满足航空冷链的要求。在现有的航空货运流程中，只有通过操作流程标准化，才有可能满足航空冷链的发展要求。我国实行的是机场与航空公司并行的两套服务管理体制，要保证航空冷链物流的无缝对接，显然困难得多。如果进一步考虑到温敏物资的进出境问题，那么现有的海关与检验检疫管理制度与服务要求，离航空冷链的要求相去甚远。安检过程未能使温敏物品在其所需温度下接受检验，海关、检验检疫部门也没有针对航空冷链运输的"个性化服务"；国内机场冷库温度大多数未分区，特别是温敏物品储存所需的冷冻、冷藏、室温三个温区；机坪没有针对温敏物品运输设立快速通道用于温敏物品装机和卸机。

第四，在航空冷链技术上还存在严重滞后。国内的货运航空公司均缺乏完备的航空冷链运输方案，不能提供主动隔温的集装箱，无法保证温度敏感型货物在运输全途中的温度。从我国货航和航空物流企业来看，采集温敏物资状态的信息，普遍采用人工录入的方式；运输温敏物资的集装箱都是被动制冷集装箱，具有良好温控效果的主动制冷集装箱还未被批准使用。

虽然我国航空冷链物流存在着诸多问题，但对于快速崛起的冷链物流市场，国内各个航空公司都不愿错过商机，纷纷开拓航空冷链物流业务。下面以国内四大航空货运公司为例，对我国航空冷链物流市场情况进行分析。

（一）中国国际货运航空公司

中国国际货运航空有限公司（以下简称国货航），总部设在北京，以上海为远程货机主运营基地，是中国唯一载有国旗飞行的货运航空公司。至2017年6月，国货航拥有8架B777F货机，3架B747-400货机，同时，国货航拥有4架B757-200SF货机投入货邮包机运营，还独家经营中国国航全部600多架客机腹舱。国货航依托中国国航的全球航线网络，在全球的空运航线达到425条，全球通航点达到190个。另外，国货航在欧洲、美国、日本、亚太等全球各地，还拥有1500余条全球地面卡车航线作为货机和客机腹舱网络的补充，使货物快速通达全球各地。

2015年，国货航启动冷链运输项目，冷链运输货物主要种类：蔬菜、鲜花、乳制品、医药产品、蛋类。2017年大闸蟹上市季，国货航与京东物流合作，联合推出了"大闸蟹头等舱"服务，国货航特别为京东冷链物流运送的大闸蟹开辟了绿色通道，将大闸蟹两端机场总交接时间由原来的平均 6 小时缩短了至少 3 个小时。除了机场绿色通道，借助于京东物流与国货航的深度合作，在大闸蟹运输过程中还首次使用机坪恒温车，保证大闸蟹在机场各环节操作中也能身处控温环境中，确保大闸蟹全程冷链不间断，这次合作在行业内首次解决了生鲜航空货运断层问题，全面提升了运输时效和冷链服务品质。

2018 年 1 月，国货航与京东物流签署深度业务合作协议，双方将以构建采运销一体化的完整产业链为目标，共同提供以生鲜冷链为主的航空供应链解决方案。

国货航冷藏冷冻设施情况，如表 5 - 16 所示。

表 5 - 16　　　　　　　　　国货航冷藏冷冻设施情况

地区	冷库类别	面积（平方米）	温度区间（℃）
北京货站	冷藏库	726	2 ~ 8
	冷冻库	314	- 15 ~ 0
天津货站	冷藏库	206	2 ~ 8
	冷冻库	125	- 10 ~ 0
杭州货站	冷藏库	40	2 ~ 8
	冷冻库	20	- 15 ~ 0

资料来源：国货航官网公开信息整理。

（二）东方航空物流有限公司

东方航空物流有限公司（以下简称东航物流），是中国东方航空集团有限公司旗下的现代综合物流服务企业，总部位于上海。东航物流旗下拥有中国货运航空、东航快递、东航运输等子公司及境内外近 200 个站点及分支机构，员工 6000 余人。东航拥有 600 余架客机的腹舱和 9 架全货机，在上海虹桥和浦东机场均设有运营基地，拥有六个近机坪货站总面积达 125 万平方米。在昆明、西安、北京等东航主要枢纽机场还设有多个异地货站。

2013 年，东航物流完成重组，并将高净值生鲜业务定位为转型后的关键市场。2013 年 7 月，推出了产地直达的生鲜冷链运营模式，该模式采取 C2B（消费者到企业）预售、自营航空干线运输、自营报清关、自营快递派送和实时信息跟踪的全产业链运作模式，压缩一切可能的中间环节，使美国西北地区樱桃在 48 小时内即可完成从农场采摘、装箱、运输、检验到商场上架整个过程。高效快捷、全程可控的冷链运输保证了樱桃以最佳状态、原汁原味地进入国内市场。据有关数据统计，2016 年 80% 的空运智利车厘子都是通过东航产地直达快速供应链平台运输到国内，在其他产品方面东航物流还直供了南美的白虾、牛油果和澳洲的牛肉等产地直达物流模式。

目前，东航物流冷链运输货物主要种类为：水果、蔬菜、鲜花、乳制品等温度敏感型和鲜活易腐货物。

东航物流冷藏冷冻设施情况，如表 5 - 17 所示。

表 5 - 17　　　　　　　　　　东航物流冷藏冷冻设施情况

地区	冷库类别	面积（平方米）	温度区间（℃）
浦东北区货站	冷藏库	98	2 ~ 8
	冷冻库	38	- 8 ~ - 2
浦东东区货站	冷藏库	1370	0 ~ 10
	冷冻库	242	- 20 ~ 0
浦东西区货站	冷藏库	1370	0 ~ 10
	冷冻库	242	- 20 ~ 0
浦东物流中心货站	冷藏库	570	0 ~ 10
	冷冻库	570	- 10 ~ 0

资料来源：东航物流官网公开信息整理。

（三）中国南方航空公司

目前，中国南方航空公司（以下简称南航）拥有 12 架货机，13 条货运航线，并在中国、欧洲、北美、中东、澳洲、日本地区建立卡车联运网络。在欧洲地区，通过阿姆斯特丹、法兰克福、维也纳、伦敦的卡车联运，可将货物送达至西欧、北欧、东欧的 100 多个城市；在北美地区，通过芝加哥、洛杉矶、温哥华的卡车联运，可将货物送达至北美 90 多个主要城市；此外，在中东 10 个、大洋洲 7 个、日本 5 个城市建立卡车分拨网络。

作为航空货运中的一员，南航大力推广"南航快运"、温控产品、手机航班等服务产品，并在广州枢纽推行货物全流程跟踪管理系统。对于对温度敏感的生鲜类货物，南航货运专门打造了温控产品服务，可为客户提供个性化的温控方案及操作。昆明的松茸、鲜花，美国的帝王蟹、车厘子，欧洲的龙虾，澳新的三文鱼、鲜奶，国内的高端药品等都是定制南航货运温控产品的常客。

2017 年年初，来自塔斯马尼亚的樱桃作为南航货运跨境物流试水跨境进口生鲜领域的首例商品，成为客户追捧的热点。南航货运可根据不同生鲜货物的温度要求，提供 24 小时的冷库温控服务、一站式中转服务，满足生鲜货物的保鲜要求。针对塔斯马尼亚的樱桃，南航货运提供的是全程冷链服务，也就是说自冷库运出后，全程冷链至空运仓库，再由空运仓库运至飞机机舱内，直飞中国，通过正规清关及检疫手续，进入国内冷库，再由国内物流公司包装后派送。

目前，南航货运冷链运输货物主要种类：水果、蔬菜、鲜花、乳制品等温度敏感型和鲜活易腐货物。

（四）华夏航空股份有限公司

华夏航空股份有限公司（以下简称华夏航空）于 2006 年正式成立，在贵阳、重庆、大连、呼和浩特、西安建立了五个运营基地。截至 2017 年 3 月，公司机队规模达 30 架，开通航线 78 条，其中支线航线占比 85%，飞往全国 80 个航点。

华夏航空自 2015 年起，就开始开展生鲜农产品业务，与各通航地政府及农户开展合作，采购当地优质生鲜农产品，通过飞机腹舱全程冷链运输，销往全国各地经销商、超市。为此不仅成立了负责生鲜产品运输的部门，还打造了生鲜产品供应链，通过华夏航空的运输，内蒙古的羊肉、西北的大枣、百色的杠果、天水的樱桃和苹果等当地特色产品成功打开了营销以及航空运输通道。如今，华夏航空电商平台已销售天水"花牛"苹果 4.5 万多千克。

2017 年 7 月，华夏航空位于西安咸阳国际机场内的两个中转仓正式投入使用，此次华夏航空西安中转仓包括一个冷冻仓、一个冷藏仓，该中转冷链仓的投入使用，将有力保障华夏航空供应链板块的各类业务需求，尤其是生鲜货品的在途保障，同时，还将有力提升西北区域生鲜货品市场的整体货品品质，将发展成为华夏供应链西北区域的重要集散中心。西安冷链仓是华夏航空的首个内场冷链仓，与普通冷链仓不同的是，内场冷链可以有效缩短航空中转的运输时效，并在较短的中转时效上实现最大化的冷链覆盖，平均时效比外场冷链库提升 4 小时以上，冷链覆盖增加 3 小时以上；同时减少货物的颠簸频次，降低破损率。目前，华夏航空在北京、重庆、三亚、西安均已建立了冷链库，形成了初步的全国化网络布局。

三、航空冷链物流发展趋势

（一）设备设施趋于智能化

一方面，随着科学技术水平的发展，冷藏冷冻集装箱的技术水平越来越高，各个航空货运公司纷纷开始引入温控型集装器，推动了我国的航空货运转型。国家也出台了相关的集装器适航标准，提高航空货运运输温敏物品的附加值，全程记录运输过程中货物的温度、压力、湿度等。

另一方面，民航局推动建立了统一的航空冷链物流信息平台。采用统一的条码标签，利于温敏物品运输过程中信息采集。航空冷链需要承运人、地面代理、机场等进行运输和操作，采用统一的数据格式和数据传输接口规范，实现数据传送，并能实现温敏物品的便捷查询和跟踪。

（二）市场趋于规范化

伴随人民生活水平的提高，人们对于食品、生物制品、药品的质量安全越来越重视，对于航空冷链物流全过程管理要求也越来越高，市场正日趋规范化。

一是出台民航业航空冷链运输规范。填补国内航空冷链物流市场空白，把国际通例转化为国内适用规则的有益尝试，推动多式联运的发展，拓展航空冷链的服务区域。

二是加强货运代理人资质管理。航空冷链物流代理人须经相关行业协会进行专业的操作流程、相关设施设备使用方法的培训，经考核合格后，方可发放代理人证书。

三是加强集装器租赁代理人资质管理。我国的集装器租赁人及使用人须满足相关行业协会对其资格的审查，包括航线网络是否丰富；是否能够提供多元化的航空冷链运输方案；是否具有高质量的运营管理人才方面资质审定等。

（三）流程趋于安全高效化

与其他运输方式相比，航空运输是最安全的运输方式。截至 2017 年年底，我国民航运输航空连续安全飞行 88 个月、5682 万小时。在同类型的服务型场站中，航空运输进行安检的级别最高。

在快速方面，全国主要城市可以空陆联运，缩短运输时间，甚至能确保 24 小时送达；从仓储、包装、装机、控制运输、提取，各个环节基本达到无缝对接。航空冷链物流充分利用空中优势，满足温敏物品的温度和时间要求，是能够充分保证温敏物品质量的冷链运输方式。

（四）服务体系趋于完善化

首先，为减少冷藏冷冻产品过关停留时间，航空业制定了已知托运人制度，该制度使海关及检验检疫工作前移、温敏货物免于二次安检。对于民航监管机构认可的托运人或代理，仅须向监管者提交声明（承诺货物经过安全检查，并承担相应责任），免于二次安检；海关及检验检疫在抽检温敏物品时，确保其处于所需的环境。

其次，多式联运便捷化发展，航空冷链运输能够提供门到门的服务。航空冷链物流形成完整的闭环，地面运输有效衔接空中运输，拓展航空冷链的覆盖范围且保障航空冷链的高标准化运输。

最后，有效形成"航空冷链物流运输方案"的专业化团队。航空冷链运输是多个主体参与的一种冷链运输方式，它需要在托运前进行评估，并在托运过程中协调各方并提前制定应急预案。

第五节　物流园区冷链物流发展情况分析

随着国内冷链物流市场规模迅速扩大，生鲜电商、连锁餐饮、新零售、跨境电商等新型终端渠道快速发展，这促使生鲜农产品流通节点逐步由交易聚集地向物流聚集地转变。

在消费升级和政策支持双轮驱动下，冷链物流行业发展模式也日趋多元化，已不再仅仅以物流园区中的一个专业物流功能或单体冷库仓储形式存在，冷链物流园区已逐渐成为未来发展重要趋势。

冷链物流园区通常处于几种冷链物流作业集中与转运衔接的地区，众多与冷链相关的企业聚集在一起，实现专业化和规模化经营，以提供加工、包装、储藏、分拣、配送、交易、信息等一体化服务，冷链物流园区的发展将会对传统的农产品流通渠道产生深刻的影响。

一、冷链物流园区分类

近几年，生鲜农产品流通节点区域正逐渐形成一批各具功能特色的冷链物流园区。

（一）产地型冷链物流园区

产地型冷链物流园区（如图5-8所示）主要面向在生鲜农产品全流通链条中，最复杂、最薄弱、发展空间最大的"最先一公里"环节，是以满足农产品产地检测、分拣、分级、初级加工、包装、预冷、保鲜、产地集散等功能为主，专业服务于生鲜农产品产地标准化作业的冷链物流园区。

图5-8 产地型冷链物流园区示意

（二）加工型冷链物流园区

加工型冷链物流园区（如图5-9所示）内通常会建设大型加工车间及仓储功能冷库，并配套研发、检测、生活服务区，区别于其他类型园区，该类型园区对排污、环保、用水、用电条件有较高要求。加工型冷链物流园区主要提供农产品初加工、深加工、中央厨房等服务功能。

图5-9 加工型冷链物流园区示意

（三）交易型冷链物流园区

互联网的高速发展，加快了交易环节去中间化进程，交易型冷链物流园区（如图5-10所示）是以农产品批发交易为核心服务功能，形成冷链物流与市场交易相互促进、良性互动的服务模式。该类型的园区是传统农产品批发市场深刻变革的体现，传统的现金交易、档口交易方式正被网上支付、无店铺交易所替代，使农产品流通小批量、长链条、多环节、依赖信息不对称而牟利的交易方式不断透明化，未来冷链物流园区与农产品批发交易市场将互为融合，在农产品流通环节，农产品批发市场既是无法被替代的环节，也是未来被变革空间最大的环节。

图5-10 交易型冷链物流园区示意

（四）枢纽型冷链物流园区

枢纽型冷链物流园区（如图 5 – 11 所示）多处于农产品大型产地或销地区域，该类型园区以多式联运为纽带，以区域中转、集储集运为主要功能，承担着区域内大宗生鲜农产品产地或销地的区域集散重任。

图 5 – 11　枢纽型冷链物流园区示意

（五）临港型冷链物流园区

临港型冷链物流园区（如图 5 – 12 所示）多以综合功能园区或业态聚集形式呈现，港口贸易、进出口报关保税等是该类园区的主要功能。近几年，随着进口食品贸易的快速增长，围绕着进出口需求逐步形成对食品进口报关、检验、保税、储藏、转运、跨境贸易等的特色集成服务。同时，基于互联网平台的完善，物流组织方式的多样性，结算方式的灵活性，临

图 5 – 12　临港型冷链物流园区示意

港的含义已不仅仅是临海、临空的实体港概念。近几年，发展迅速的内陆港同样具备临港功能。

（六）区域配送型冷链物流园区

区域配送型冷链物流园区（如图 5 – 13 所示）多数临近大型销地城市，除了承担区域储藏、分拨功能外，主要承担城市配送功能，以多温区、多品类、多频次、共储共配为特点，实现区域配送效率最高、成本最低的优势。

图 5 – 13　区域配送型冷链物流园区示意

二、冷链物流园区发展趋势

（一）多功能一体化

品质保障性、提高时效性、一站式服务是当前社会对冷链行业提出的刚性要求；现代化的冷链物流园区不能够仅仅具备冷库储藏、冷链运输等单一服务，多种功能冷链作业及相关功能聚集在同一园区才能够较好地满足社会需求。因此，高效集合储藏、加工、分拨、检测、展示、体验、餐饮、娱乐、交易、多式联运等多种功能于同一园区内进行模块化组合，成为下一步冷链物流园区发展的一种趋势。

（二）产业集群化

园区聚集着功能不同的冷链企业，依靠地理和区域经济优势，将运输、仓储、货物进出口、物流加工与配送、信息处理及相关设备制造高效集聚集群，形成物流资源高度密集和管理运营极度专业的物流产业链条，从而整体提高区域内所有企业运行效率。

（三）平台网络化

基于大数据、云计算的专业物流网络平台，能够使园区之间实现互联互通，帮助园区企业摆脱"点式经营""信息孤岛"的困境；同时，网络支撑下的冷链物流园区，更能够充分发挥物流交易、电子结算、仓单质押、融资担保等方面的服务功能；园区管理也由单一的房东角色向提供解决方案服务商转变，通过园区平台为入驻企业提供金融、信息、数据、供应链等一体化配套服务。

（四）食品安全监管便利化

冷链物流园区的发展为政府监管部门进行食品安全的集中监管提供了便利条件，对推动食品安全保障体系建设，加强食品安全监管体制功能起到积极作用，能够切实做到来源可查、去向可追、责任可循、安全可靠、集中监管。

第六章 2017 年公路冷藏车辆情况分析

受益于中国城镇化以及消费升级的推动，中央及地方利好政策的引导，我国冷链物流行业发展迅速，冷链运输量逐年增长，冷藏车作为冷链物流的重要基础设施之一，同样呈现逐年递增之势，增速维持在 20% 以上，到 2017 年年底，我国冷藏车保有量接近 14 万辆。（注：本处统计数据为合规冷藏车，不包含二手海柜等非法改装车辆）

但是，由于我国冷链物流起步晚，人口基数大，我国人均占有冷藏车资源仍十分有限，与国际水准相比偏低，按照我国目前的人口基数及冷藏车保有量核算，我国每 1 万人拥有一辆冷藏车，而美国是每 500 人一辆。由此可见，冷藏车行业在我国具有广阔的发展前景，其市场需求必将随着冷链物流的发展而水涨船高。

第一节 2017 年冷藏车辆行业概况

一、冷藏车保有量分析

现阶段我国冷链运输市场仍以公路运输为主，冷藏车依然是冷链物流的核心运载装备。从 2013 年我国冷藏车产量超过万台，并以 20% 的年增长率持续快速增长，截至 2017 年年底，中国冷藏车市场保有量达到 14 万台，较上年增长 2.5 万台，年增长率约 21.7%（如图 6-1 所示）。2018 年第一季度，我国冷藏车增长量为 6447 台，预计 2018 年全年增长量仍将维持在 2.5 万台以上。

2014 年，国家加大了对冷链行业的政策支持力，拉动了冷藏车市场产销量的快速增长，从 2015 年开始，增速呈现放缓趋势，并连续三年维持在 23% 左右。

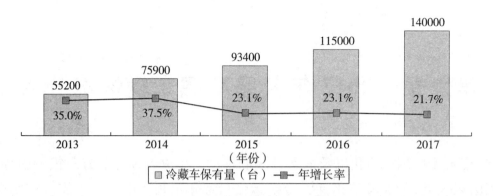

图 6-1　2013—2017 年中国冷藏车保有量

资料来源：中物联冷链委车辆认证中心。

二、2017 年全国冷藏车增长情况分析

（一）全国七大区域冷藏车增长情况分析

2017 年，我国冷藏车市场年增长量为 2.5 万台，从区域分布来看，珠三角、长三角仍是冷藏车需求量增长最快的两个区域，海产品资源丰富、生鲜食品贸易活跃的东南沿海城市，以及经济发展较为成熟的一线城市，对冷藏车的需求依旧旺盛。

由此可见，经济发展不平衡以及区域气候差异等原因，造成我国冷藏车保有量区域分布极不均衡。如图 6-2 所示。

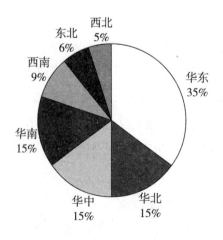

图 6-2　2017 年中国冷藏车区域增长情况分析

资料来源：中物联冷链委车辆认证中心。

从2017年冷藏车新增量来看，各区域所占份额较去年有所变化，华东地区占比35%，略有下降，西南地区在成都等城市高速发展的拉动下，占比有所提升。其中，广东、山东、上海、河南、江苏五省市冷藏车增长量超过2000台，广东更是超过3000台；全国冷藏车增量排名前10的省份，2017年增长量均超过1000台。如图6-3所示。

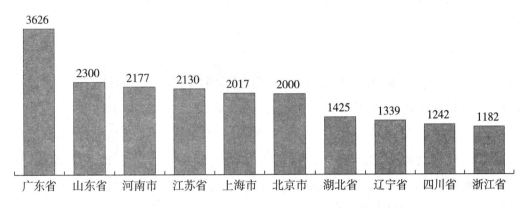

图6-3　2017年中国冷藏车辆增长量排名前十省市（台）

资料来源：中物联冷链委车辆认证中心。

从图6-3可见，食品生产加工基地、经济发达地区以及交通枢纽地区冷藏车增长较快，新增保有量占比较高，而经济欠发达地区占比相对较低。

华东地区经济发展最早，也最为发达，居民生活水平相对较高，近年对高端进口生鲜食品需求的激增，更是拉动了对冷链物流的需求。另外，山东省是农产品、海产品及食品深加工大省，江苏是农产品出口大省，福建是渔业大省，其产业结构对冷链物流的需求同样较高，因此也带动了对冷藏车的需求。其中，上海、江苏、山东三个核心区域，2017年冷藏车增长量均在2000台以上。

华北地区，在京津冀一体化发展的背景下，冷藏车由珠三角、长三角地区向京津冀地区延伸，其中，北京2017年的冷藏车增长量同样超过2000台，河北较去年相比，增长量也有大幅提升。未来，在京津冀一体化、雄安新区建设等大的背景下，华北地区的冷藏车市场将有较大的发展潜力。

华中地区，作为中国地理中心，是全国多条运输干线东西交会、南北沟通的枢纽，也是东部沿海发达地区和西北部经济开发地区过渡的中间地带。河南更是肉类、速冻食品产业大省，其农产品资源丰富，食品加工业发达，鲜肉和速冻食品生产排名靠前，拥有双汇、思念、众品速冻食品品牌；而冰熊、新飞、澳柯玛等冷藏车品牌也集中在河南。在上下游的带动下，河南省冷藏车增长较快，在很大程度上提升了华中地区在冷藏车市场的地位。

华南地区，作为水产品和热带水果优势集中地，对冷链物流需求量大，冷藏车主要集中在广东和广西两省。其中广东省冷链物流比较多元化，包括水果、肉食品、水产、蔬菜、奶制品、花卉等均采用冷链物流，其冷链物流市场正不断发展。

东北地区，冷链物流整体体系相对不完善，黑龙江和吉林虽然是农业大省，但是由于东北地区地理位置特殊，气温偏低，农产品的物流配送以自然配送和常温配送为主，对冷藏车的需求不大。

西南地区，交通条件较为落后，经济规模较低，但随着成都等城市的快速发展及带动效应的影响下，高端人才回流或集聚，消费水平快速提升，冷链物流市场迅速发展。2017 年，西南地区的冷藏车增量超过 2000 台，其中四川一省占比超过 50%。

西北地区，多处于高原山区地带，基础设施不发达，人口密度低。由于经济水平相对较低，对于冷链物流的需求较弱，同时西北地区冷冬时期温度较低，对冷藏车的需求不高。

（二）2017 年冷藏车主要车型增长情况分析

从 2017 年不同车型的增长情况来看，重卡、中卡、轻卡等车型的增速相对稳定，2017 年全年，重卡增长量接近 7000 台，轻卡增长量在 1.8 万台左右。随着互联网，尤其是移动互联网的普及，中国消费者的消费方式发生了巨大的变化，相当一部分交易由线下转到了线上。而新零售、冷链宅配、同城冷链需求的快速增长，订单将越来越小批量、多频次和个性化。轻型冷藏车，作为城市冷链配送的主力，是衔接冷库到终端消费者的主要承接者，其份额正日趋扩大，但从 2017 年的增长情况来看，与轻重卡 3∶1 的比重基本吻合。

从图 6-4 可见，VAN（厢式货车）型冷藏车在冷藏车各车型中的占比为 9%，2017 年的新增量在 2600 台左右，此种车型多用于医药冷链城市配送，受到 GSP、疫苗等政策的影响，管理部门对于医药冷链的管理日益严格，药品冷藏车的增速明显提升。

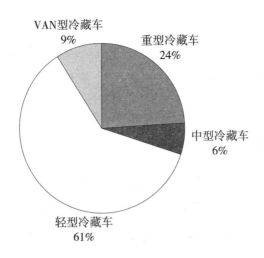

图 6 - 4　2017 年中国冷藏车辆增长量车型分布

资料来源：中物联冷链委车辆认证中心。

第二节　2017 年中国冷藏车辆发展特点与趋势

一、冷藏车行业现有特点

（一）行业竞争激烈，专业冷藏车企业生存艰难

相较于其他专用车，冷藏车社会需求广泛，技术门槛较低，因此产业更为成熟，市场竞争多元化，集中度较低。目前我国冷藏车呈现老牌企业主导、小企业低价生存、大型企业涉足的局面。

老牌企业主导：作为冷藏车的老牌企业，镇江飞驰、康飞、新飞、河南冰熊等企业都已经拥有十余年的生产和销售经验，无论是品牌、技术还是产品质量方面竞争力都很明显，2014 年老牌企业占据冷藏车接近 70% 的市场份额，然而，从 2017 年的数据来看，飞驰、康飞、新飞、河南冰熊等 6 家老牌企业的市场份额被新进企业及小企业进一步挤压，合计所占市场份额不足 40%。

小企业低价生存：冷藏车的广阔前景依然吸引了不少小企业的进入，小企业以相对低廉的价格打入市场，在冷藏车标准法规不健全的时期得以蔓延，甚至一些作坊式企业，长期盘踞在老牌冷藏车生产企业周边，或是冷藏车需求旺盛区域的周边。这些企业的存在，严重扰乱了冷藏车市场的规范竞争，为冷链运输带来了极大的安全隐患。

老牌企业主导，小企业低价生存，大型商用企业涉足以及跨界企业的加入，冷藏车市场的竞争愈加激烈，然而冷藏车的发展空间即便是广阔的，但是在还没有真正地迎来爆发之前的当下，专业冷藏车企业生存艰难。

（二）技术升级是趋势，二手海柜正在被淘汰

随着冷链行业商业模式的不断升级和车联网等新技术的革新应用，冷藏车市场正面临深远变革。车辆设计需要满足冷链＋互联网、智能运输等新兴全产业链服务模式的需要，在车辆发展上，新能源物流、多温保温冷藏、全程温控已是趋势。

长途运输中，目前国内公路运输多采用牵引车加半挂车的组合，在冷链物流中同样如此。对于冷藏挂车而言，因为二手海柜具有成本优势，所以市场占有率很高，使用二手海柜的冷藏挂车占比在90%以上。但随着我国冷链的规范化发展，海柜终将被淘汰。

首先，GB1589对冷厢外廓的限制，最高不能超4米，48英尺的集装箱公告已经被取消，而对于冷藏挂车宽度可以放宽到2.6米；其次，二手海柜自重太大，如48英尺的冷柜，自重5.5吨左右，骨架重6吨，再加上牵引头和冷机，整车自重达到了22吨左右，而同等规格的冷藏车自重在18吨左右，可比海柜多承运4吨货物；最后，二手海柜大多通过切割焊接将2个海柜拼装成一个柜体，密闭性难以保证，因而多无法承接高附加值的冷链运输。目前政府大力提倡冷链物流多式联运，为促进冷链物流各作业环节以及不同交通方式间的有序衔接，已开始推广标准冷藏集装箱，二手海柜的市场空间必将被压缩。

二、2018年冷藏车发展趋势

（一）满足政策要求，向标准化和规范化方向发展

我国冷链物流起步较晚、基础薄弱，总体发展水平不高，冷链"不冷""断链"、交叉污染等现象依然存在。而在冷链运输环节，包括各类冷藏车辆在内的运输装备，虽然经历了近年来的稳步发展，但市场规范性仍有待

进一步提高。

2017 年 4 月，国务院办公厅印发了《关于加快发展冷链物流保障食品安全促进消费升级的意见》，提出构建"全链条、网络化、严标准、可追溯、新模式、高效率"的现代冷链物流体系。2017 年 8 月 24 日，交通部发布了《交通运输部关于加快发展冷链物流保障食品安全促进消费升级的实施意见》，旨在贯彻落实国务院关于加快发展冷链物流的总体部署和要求，并对于行业和冷藏车提出了众多的新要求。

中物联冷链委依据政府要求及行业发展需求，积极推动冷藏车行业的标准化与规范化，通过食品、医药冷藏车选型等标准制定宣贯，开展冷藏车评估认证工作，整体提升冷链物流行业运输装备水平，提高优质冷藏车使用效率，形成行业内的良性循环。

截至目前，已认证车辆接近 15000 台，认证冷藏专用车厂商 12 家（如表 6 - 1 所示），参与认证评估工作的冷链物流企业超过 50 家。

表 6 - 1　　　　　CCLC 冷藏车认证平台已认证冷藏车改装企业名单

序号	企业名称
1	镇江飞驰汽车集团有限责任公司
2	镇江康飞汽车制造股份有限公司
3	中集车辆（山东）有限公司
4	华晨专用车装备科技（大连）有限公司
5	河南新飞专用汽车有限公司
6	河南冰熊专用车辆制造有限公司
7	重庆庆铃专用汽车有限公司
8	宁波凯福莱特种汽车有限公司
9	沈阳华晨专用车有限公司
10	北京北铃专用汽车有限公司
11	青岛中集冷藏运输设备有限公司
12	青岛雅凯汽车工贸有限公司

资料来源：中物联冷链委车辆认证中心。

（二）适应需求变化，车型向轻、重两极分化

针对远程运输和城市配送的不同特点，冷藏车正向重型化和轻量化两

个方向发展。2016 年中国实施新版 GB 1589，对商用车在外廓尺寸、质量限值等多方面的要求进行调整，随后于 9 月 21 日开展治理超限超载的专项行动，更是进一步促进了重型货车的销售，这一刺激一直延续到 2017 年年底。而在 2017 年年中开始在全国范围内实施的国五排放标准，进一步加速重型货车的置换进度，使重型载货车市场得到了多项利好政策的推动。另外，随着高等级公路和高速公路的不断增多，公路通过能力增大，行驶安全性增强，使车辆的行驶速度提高，重型车、半挂车将成为长途、调拨性公路冷藏运输的主要工具。而城市配送冷藏车作为短途、分配性运输的主要工具，为了适应消费者多品种、小批量的需求变化，必然向轻型冷藏车和微型保温车方向发展。由此可见，中型冷藏车将有很大部分被轻、微型和重型车所取代。

当前医药物流和其他高附加值的短途配送需求量增大，对 VAN 类型冷藏车的需求量也在增多，而且对制造工艺提出了更高的要求。VAN 型冷藏车具有乘用车的驾驶舒适度，而且在市区运行方便，加上同城冷链物流具有个性化和小批量、多频次的特点，用轻卡配送浪费空间，使用 VAN 车型冷藏车更利于节约资源。

（三）提高技术含量，向专业化和信息化方向发展

冷链运输属于物流行业里的高端市场，随着消费者对食品安全和品质的要求越来越高，多温层冷藏运输车的需求正出现快速增长。特别是在城市配送领域，货品批量小、品种多，冷藏车需要有效满足当前冷链货物品类复杂、一单多品（多种温度要求）的配送要求。

首先，一辆好的冷藏运输车，不是单纯温度越低越好，而是车厢内温度能够适应货品的运输要求。其次，一些植物类的产品保鲜要求温度精准，冷气风速适中，否则起不到保鲜车的作用。要用不同的技术来满足不同的物品，才是冷链运输技术含量所在。

国务院办公厅在印发的《关于加快发展冷链物流保障食品安全促进消费升级的意见》中明确提出，要结合冷链物流行业发展趋势，积极推动冷链物流设施和技术装备标准化，提高冷藏运输车辆专业化、轻量化水平。并鼓励的车型范围很广，如多温层冷藏车、冷藏集装箱、冷藏厢式半挂车、低温保温容器等标准化运载单元以及轻量化、新能源等节能环保冷藏保温车型。

（四）抓住新能源汽车发展大潮，向环保节能方向发展

2016年12月19日，国务院正式发布《"十三五"国家战略性新兴产业发展规划》，在这份规划中再一次明确了新能源汽车的战略地位。2017年9月20日，交通部、发改委、工信部等14个部门联合发布《促进道路货运行业健康稳定发展行动计划（2017—2020年)》，行动计划要求加强城市配送车辆技术管理，对于符合标准的新能源配送车辆给予通行便利，明确指出国家将全面推动城市货运车辆电动化进程。除了国家政策的支持外，各地方政府也纷纷提出了物流车电动化规划，据了解，目前已经有超过20个省市明确了电动物流车运营规划。

2017年2月，深圳市政府出台了《深圳市大气环境质量提升计划（2017—2020年)》，其中明确规定将在2017年6月底前禁止轻型柴油货车新注册登记及转入，并将逐步扩大轻型柴油货车的限行区域，并允许部分纯电动货车在货车限行路线和区域内行驶。

西部代表城市西安，也为纯电动物流车推广打下政策基础。根据"西安市政办发（2017）21号"文件精神，进一步加快新能源汽车推广应用的实施方案中要求新能源物流汽车每年更新比例不低于30%，以后逐年扩大10%。西安市公安机关交通管理部门发布的"西安三环内禁行车辆的通知"，提出了西安市"黄标车"及老旧车辆提前淘汰的实施细则。另外，西安市政府在第16届2次常务会议研究通过《西安市人民政府关于进一步加快新能源汽车推广应用的实施方案》，强调了完善产业扶持政策，非公共服务领域按1：0.3给予地方财政补贴，根据2017年的国补政策，每台新能源物流车补贴3万元左右。纯电动新能源车辆不限行、不限号并且能享有其专属牌照"绿牌"，新能源汽车特别是物流车已成为趋势。

由此可见，随着新能源汽车行业利好政策的推进和政府对城市配送的管理，冷藏车向新能源转变已是大势所趋。叠加城市污染与交通压力、国家补贴和运营成本的相对低廉等因素，新能源轻型冷藏车、微型冷藏车，以及电动三轮保温车等新型冷链运输工具可有效解决"最后一公里"的配送难题，具有广阔的市场前景。

第三节　2017 年中国新能源冷藏车辆现状与趋势

一、我国新能源冷藏车处于探索阶段

中国能源和环境问题日益严重，社会舆论压力空前，出于应对环境污染治理和解决紧缺的需要，政府实施了新能源汽车补贴政策，即由中央财政安排专项资金，支持开展购买新能源汽车补贴试点。

新能源汽车作为国家七大战略行业之一，在多方利好政策的推动下，无论是乘用车领域，还是公交、环卫、物流等公共领域都取得了一定发展。在物流领域，新能源物流车依靠政府补贴形成的成本优势、路选优势，开始在深圳、成都等城市大范围推广，即便路权不具备明显优势的区域，新能源物流车运营企业同样进行了深度布局，建立运营网络，投放相应新能源车辆。

但是，目前我国新能源冷藏车仍处于探索阶段，并无成熟应用，2017年新能源冷藏车产量为 639 台，但多数并未实际应用。

截至 2017 年，工业和信息化部累计发布了 12 批新能源汽车推广应用推荐车型目录，包括 56 款冷藏车型。进入目录的生产企业共计 31 家，其中以东风汽车公司最为突出，全年累计 6 款车型；其次是山东凯马汽车制造有限公司，全年累计 5 款车型。如表 6 - 2 所示。

表 6 - 2　　2017 年中国新能源汽车推荐目录中冷藏车相关企业及车型

企业名称	商标	产品型号	产品名称
东风汽车公司	东风牌	EQ5070XLCACBEV	纯电动冷藏车
	东风牌	EQ5045XLCTBEV	纯电动冷藏车
	东风牌	EQ5045XLCTBEV2	纯电动冷藏车
	东风牌	EQ5041XLCACBEV	纯电动冷藏车
	东风牌	EQ5045XLCTBEV3	纯电动冷藏车
	东风牌	EQ5041XLCACBEV1	纯电动冷藏车

续 表

企业名称	商标	产品型号	产品名称
山东凯马汽车制造有限公司	凯马牌	KMC5035XLCEVA30D	纯电动冷藏车
	凯马牌	KMC5042XLCEV33D	纯电动冷藏车
	凯马牌	KMC5042XLCEVA33D	纯电动冷藏车
	凯马牌	KMC5035XLCEVK30D	纯电动冷藏车
	凯马牌	KMC5042XLCEVK33D	纯电动冷藏车
成都大运汽车集团有限公司	大运牌	CGC5044XLCBEV1AABJEAHK	纯电动冷藏车
	大运牌	CGC5045XLCBEV1Z1	纯电动冷藏车
	大运牌	CGC5045XLCBEV2Z2	纯电动冷藏车
安徽江淮汽车股份有限公司	江淮牌	HFC5031XLCPV4EV5B3	纯电动冷藏车
	江淮牌	HFC5061XLCP73EV3C5	纯电动冷藏车
	江淮牌	HFC5030XLCEV1	纯电动冷藏车
重庆盛时达汽车有限公司	炫虎牌	DAT5043XLCEVC	纯电动冷藏车
	炫虎牌	DAT5070XLCEVC	纯电动冷藏车
	炫虎牌	DAT5033XLCEVC	纯电动冷藏车
广西玉柴专用汽车有限公司	玉柴专汽牌	NZ5040XLCEV	纯电动冷藏车
	玉柴专汽牌	NZ5070XLCEV	纯电动冷藏车
	玉柴专汽牌	NZ5030XLCEV	纯电动冷藏车
中汽商用汽车有限公司（杭州）	中汽牌	ZQZ5040XLCBEV	纯电动冷藏车
	中汽牌	ZQZ5070XLCBEV	纯电动冷藏车
比亚迪汽车工业有限公司	比亚迪牌	BYD5070XLCBEV	纯电动冷藏车
	比亚迪牌	BYD5030XLCBEV	纯电动冷藏车
厦门金龙旅行车有限公司	金旅牌	XML5036XLCEVD0E	纯电动冷藏车
	金旅牌	XML5036XLCEVD0G	纯电动冷藏车
江苏奥新新能源汽车有限公司	达福迪牌	JAX5027XLCBEVF266LB15M2X1	纯电动冷藏车
	达福迪牌	JAX5024XLCBEVF266LB15M2X1	纯电动冷藏车
襄阳九州汽车有限公司	九州牌	SYC5030XLCABEV	纯电动冷藏车
	九州牌	SYC5040XLCTBEV	纯电动冷藏车
成都通途交通机械实业有限公司	通途牌	CTT5030XLCGC1BEV	纯电动冷藏车
	通途牌	CTT5071XLCGW1BEV	纯电动冷藏车
成都雅骏汽车制造有限公司	通途牌	CTT5060XLCGJ1BEV	纯电动冷藏车
	通途牌	CTT5030XBWGC1BEV	纯电动保温车

企业名称	商标	产品型号	产品名称
江苏九龙汽车 制造有限公司	大马牌	HKL5040XLCBEV	纯电动冷藏车
	大马牌	HKL5042XLCBEV	纯电动冷藏车
中通客车控股 股份有限公司	中通牌	LCK5048XLCEVH7	纯电动冷藏车
湖北新楚风汽车 股份有限公司	楚风牌	HQG5042XLCEV	纯电动冷藏车
上海汽车商用 车有限公司	大通牌	SH5041XLCA7BEV－7	纯电动冷藏车
北汽福田汽车 股份有限公司	福田牌	BJ5049XLCEV1	纯电动冷藏车
一汽解放青岛 汽车有限公司	解放牌	CA5040XLCP40L1BEVA84	纯电动冷藏车
江苏陆地方舟新能源 车辆股份有限公司	陆地方舟牌	RQ5025XLCEVH0	纯电动冷藏车
陕西汽车集团 有限责任公司	陕汽牌	SX5070XLCBEV331L	纯电动冷藏车
江西宜春客车 厂有限公司	中宜牌	JYK5040XLCBEV1	纯电动冷藏车
芜湖宝骐汽车 制造有限公司	智骐牌	WXS5022XLCBEV	纯电动厢式冷藏车
南京特种汽车 制配厂有限公司	金龙牌	NJT5043XLCBEV	纯电动冷藏车
扬子江汽车集团 有限公司	扬子江牌	WG5034XLCBEV	纯电动厢式冷藏车
航天新长征电动汽车 技术有限公司	蓝速牌	BYN5040XLCBEV	纯电动冷藏车
北京华林特装车 有限公司	华林牌	HLT5031XLCEV	纯电动冷藏车
河南森源重工 有限公司	森源牌	SMQ5071XLCBEV	纯电动冷藏车

续　表

企业名称	商标	产品型号	产品名称
东风云南汽车 有限公司	东风牌	EQ5060XLCPBEV	纯电动冷藏车
山东唐骏欧铃汽车 制造有限公司	欧铃牌	ZB5040XLCBEVKDC6	纯电动冷藏车
江苏卡威汽车工业集团 股份有限公司	卡威牌	JNQ5043XLCBEV	纯电动冷藏车

资料来源：工业和信息化部。

二、中国新能源冷藏车车型分析

（一）车长以5～6米为主，总质量多为4～6吨，整备质量多为3～4吨

通过对新能源汽车推广应用推荐车型目录中各车型的主要参数进行梳理，我们发现新能源冷藏车对于车长的选择多为5～6米，选择这个区间范围的车型共有41款，占比73%。如图6-5所示。

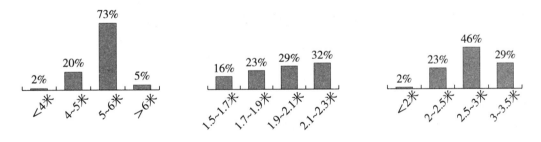

（1）外廓尺寸长分组统计　　（2）外廓尺寸宽分组统计　　（3）外廓尺寸高分组统计

图6-5　2017年新能源冷藏车推荐车型按外廓尺寸统计数据

资料来源：工业和信息化部。

对于总质量指标，新能源冷藏车大多选择4～6吨，共有27款车型，占比接近半数；如果按整备质量分组统计，那么3～4吨是最主流的成型，共有车型24款，占比43%。如图6-6所示。

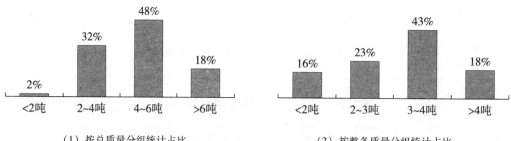

（1）按总质量分组统计占比　　　　　　（2）按整备质量分组统计占比

图6-6　2017年新能源冷藏车推荐车型按质量统计数据

资料来源：工业和信息化部。

（二）驱动电机应用主要有两类，永磁同步电机占多数

目前，在新能源乘用车、商用车领域应用较为广泛的驱动电机包括直流（无刷）电机、交流感应（异步）电机、永磁同步电机、开关磁阻电机。其他特殊类型的驱动电机还有轮毂/轮边电机、混合励磁电机、多相电机、双机械端口能量变换器（Dmp-EVT）等，但市场化应用较少，需要更多的车型验证。

根据新能源汽车推广应用推荐车型目录统计，2017年推荐的56款新能源冷藏车中，驱动电机只有交流异步电机和永磁同步电机两种类型。其中，采用永磁同步电机的冷藏车共计47款，占比84%。如图6-7所示。

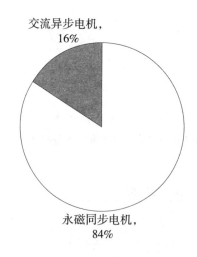

图6-7　2017年新能源冷藏车推荐车型按电机类型统计

资料来源：工业和信息化部。

据了解，与其他几种类型的电动机相比，永磁同步电机具有效率高、比功率大的特点，因此纯电动卡车多将永磁同步电机作为首选。

（三）储能装置主要有三类，三元锂电池是主流

作为新能源汽车的重要组成部分，电池的性能在很大程度上决定了车辆的综合表现。根据 2017 年新能源汽车推广应用推荐车型目录统计，新能源冷藏车对储能装置的选择主要是三元锂电池、磷酸铁锂电池以及锰酸锂电池三种类型。其中，三元锂电池是绝对的主流应用，56 款新能源冷藏车中共有 37 款选用，占比 66%。如图 6－8 所示。

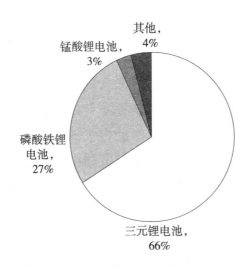

图 6－8　2017 年新能源冷藏车推荐车型按储能装置类型统计
资料来源：工业和信息化部。

三元锂电池是指正极材料使用镍钴锰酸锂三元正极材料的锂电池，其最大的优势在于电池能量密度高，储能密度通常在 200Wh/kg 以上，对于轻量化设计更加友好，更加符合新能源汽车对续航里程的需求。其缺点在于耐高温性能差，其分解温度在 250℃~350℃，高温下释放氧分子易引发自然风险，在设计过程中需要做好过充保护、过放保护、过温保护和过流保护等。不过随着技术的进步，尤其是在应用了陶瓷隔膜之后，三元锂电池的安全问题已得到改善，由于其出色的综合表现，目前在市场上得到了大量应用。

三、中国新能源冷藏车应用推广过程中的主要问题及趋势

（一）提升续航里程是新能源冷藏车大范围推广应用的前提

基于目前的新能源电池及三电技术，市场中主流应用的新能源车辆续航里程均在 200 公里左右，最高续航不超过 220 公里，对于普通货物的城市配送、快递网点配送而言，能够基本满足使用要求。但是，对于新能源冷藏车而言，制冷机将消耗大量电能，大大降低了整车的续航里程，很难满足冷链城市配送用车的需要。为此，新能源冷藏车的大范围应用仍待时日。

（二）新能源汽车运营模式日渐成熟

随着众多新能源物流平台企业的深入探索与实践试错，适合于新能源物流车的应用场景已日渐成熟，众多资本开始关注真正在模式层面得到沉淀的新能源汽车运营平台企业，资本助力下的平台企业势必引领新能源物流车在全国范围的快速扩张布局。基于成熟的新能源车辆运营平台，冷藏车只要突破技术局限，应用的推进速度将远快于普通新能源物流车。

（三）新能源冷藏车推广应用将是大势所趋

我国能源消耗总量已居世界第二位，约占世界能源消耗总量的 11%，燃油车尾气排放也是产生雾霾的原因之一。在国家大力倡导节能、减排、环保的大背景下，冷藏车产业走节能环保之路是大势所趋。

第七章 2017—2018 年冷链物流 领域企业案例

案例一：水产品无水活运技术集成应用，
引领水产行业革新

国家农产品现代物流工程技术研究中心

国家农产品现代物流工程技术研究中心科技创新团队在山东省科技发展计划项目《水产品冰温无水保活运输关键技术研究》（项目编号：2011GNC11302）与国家"十二五"科技支撑计划项目《淡水水产品保活保鲜冷链物流关键技术研究》（项目编号：2012BAD38B03）中先后以泥鳅、大菱鲆、牙鲆、半滑舌鳎、波士顿龙虾等进行了无水保活试验和生物学机制探索。确定了试验鱼"冷驯化"、储运及"唤醒"过程的关键技术参数，开发了天然植物源休眠诱导剂，并建立了无水保活物流技术流程。

目前，共申请国家专利 24 项，专利授权 16 项，研发产品 5 项，制定标准 3 项，获奖 3 项。经专家验收鉴定一致认为其达到国内领先水平（鲁科成鉴字 2013 第 1132 号）。2014 年 7 月 26 日，《纽约时报》杂志（*The New York Times Magazine*）以中国低温业十个里程碑（Ten Landmarks of the Chinese Cryosphere）为标题报道了国家农产品现代物流工程技术研究中心科技创新团队科研人员在水产品无水保活运输技术领域所取得的相关研究成果。同年 11 月 25 日的科技日报，也以"72 小时活鱼运输成为现实"为标题进行了报道。

国家农产品现代物流工程技术研究中心课题组立足于水产品物流行业需求，开发了一系列水产品无水保活物流集成技术的配套产品，如冷驯化/"唤醒"系统、植物源诱导休眠剂、水产品无水运输车、无水配送包装等。

一、冷驯化/唤醒系统

该暂养设施包括过滤系统、水循环系统、温控系统、暂养池（桶）等，通过对水产品停食暂养，并用冷驯化或天然植物源休眠诱导剂让水产品处于休眠状态，减少新陈代谢，提高水产品无水状态下的存活时间及成活率。如图7-1、图7-2所示。

图7-1 冷驯化/"唤醒"箱

图7-2 系统界面控制示意

二、天然植物源休眠诱导剂

通过对醉鱼草和厚果崖豆藤中麻醉/休眠诱导物质的结构与性质研究，采用现代制药技术对复方有效成分或活性部位进行分离纯化，制得了纯天然植物源麻醉/休眠诱导产品，本产品有效规避了水产品药物使用残留风险；由于该药材本身就是天然的中草药，对环境的无污染，具有显著的生态效益和社会效益。如图 7 − 3 所示。

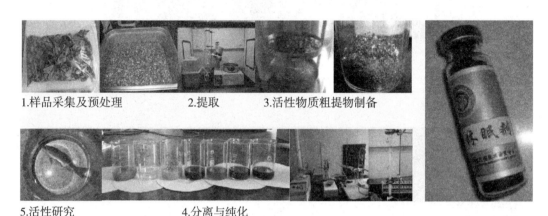

1.样品采集及预处理　　　　2.提取　　　　3.活性物质粗提物制备

5.活性研究　　　　　　　4.分离与纯化

图 7 − 3　纯天然植物源麻醉/休眠诱导产品及工业化流程

三、水产品无水保活运输车

该装备为集气调操控系统、喷雾操控系统、温度操控系统为一体无水运输车。此车的智能化，信息化程度高，各微环境参数均可通过控制面板触屏调节；可运输的产品种类多，广泛实用于各类水产品；各项系统设备完善，运输平稳，安全性高，运输量大。主要用于干线运输或者同城配送。如图 7 − 4 所示。

四、无水配送包装产品

无水配送包装产品主要包括智能化待运（冷驯化）与待售（"唤醒"）

暂养装备、无水保活运输箱（桶）、无水运输盒等。如图7-5所示。

图7-4　水产品无水保活运输车

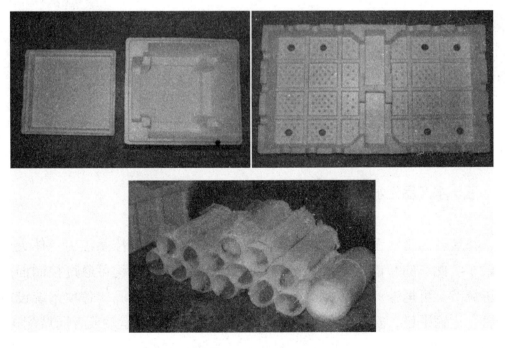

图7-5　无水配送包装及冷驯化／"唤醒"箱

五、水产品无水保活物流集成技术商业化应用

国家农产品现代物流工程技术研究中心与山东省农产品贮运保鲜技术

重点实验室水产团队通过近几年科研攻关，获得了大量扎实翔实的实验数据，并围绕水产品无水保活物流集成技术的商业化推广进行了大胆尝试，先后从陆空联运、快速运输等物流途径进行了示范应用，效果显著，为后期的商业化推广奠定了基础。

1. 大菱鲆和半滑舌鳎无水保活陆空联运

2014 年 12 月 12 日至 16 日，成功实现了大菱鲆和半滑舌鳎无水保活陆空联运中试运输试验。本次运输试验横跨我国山东至新疆，从山东青岛通用水产养殖有限公司对大菱鲆进行程序化梯度降温，将进入休眠状态的大菱鲆无水运输至青岛机场，空运至乌鲁木齐机场，在新疆奔腾生物有限公司协作下，运输至新疆乌鲁木齐红楼大酒店，并全部成功复活。另外，国家中心水产品冷链物流创新团队在山东昌邑水产公司将半滑舌鳎经梯度降温后无水运输至乌鲁木齐，在新疆奔腾生物有限公司协作下，运输至新疆乌鲁木齐红楼大酒店，并全部成功复活。如图 7 - 6、图 7 - 7 所示。

1.大菱鲆养殖基地冷驯化　　　　　2.无水包装

3.新疆机场接待　　　　4.乌鲁木齐酒店唤醒　　　　5.乌鲁木齐酒店暂养

图 7 - 6　大菱鲆无水保活陆空联运

2. 黄颡鱼无水保活陆空联运

2016 年 1 月 21 日至 24 日，完成了鲜活黄颡鱼的无水保活陆空联运中试试验，成功实现了淡水鱼无水活运技术的实际应用。如图 7 - 8 所示。

1.半滑舌鳎养殖基地冷训化　　　　2.无水包装

3.济南机场货运　　　4.乌鲁木齐酒店唤醒　　　5.乌鲁木齐酒店暂养

图7-7　半滑舌鳎无水保活陆空联运

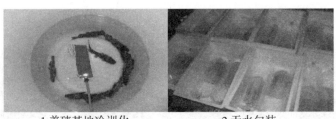

1.养殖基地冷训化　　　　2.无水包装

3.北京机场接站　　　4.北京唤醒　　　5.北京暂养

图7-8　黄颡鱼无水保活陆空联运

本次中试试验采用水产品冷链物流创新团队自主研发的结构简单、操作方便、成本低廉的包装将鲜活黄颡鱼通过陆空联运方式从安徽六安运至北京。21日，在六安华润科技养殖有限公司对黄颡鱼进行冷驯化结合天然植物源诱导休眠剂诱导其进入休眠状态，22日早晨4时进行无水包装，并于上午7时40分陆运至合肥新桥国际机场货运站，空运至北京首都机场，由杭州农翠贸易有限公司北京办事处人员负责接站，陆运至该公司北京暂养基地进行"唤醒"复活，成活率高达95%以上。本次中试试验首次实现了鲜活淡水鱼类无水活运技术的陆空联运，进一步推动了鲜活鱼类无水保活运输技术的市场化应用。

3. 黄颡鱼无水保活快递物流

2016年2月29日至3月3日期间，完成了鲜活黄颡鱼的无水保活快递中试试验，这是国内外首次在快递业务上进行的大胆探索，在不远的将来，活鱼快递有望成为现实。如图7-9所示。

| 1.养殖基地冷训化 | 2.无水包装 | 3.六安→济南 |
| 4.济南目的地卸载 | 5.济南目的地唤醒 | 6.济南目的地暂养 |

图7-9 黄颡鱼无水保活快递运输

2月29日，在六安华润科技养殖有限公司对黄颡鱼进行冷驯化结合天然植物源诱导休眠剂诱导其进入休眠状态，3月1日凌晨6时进行无水包装，并于上午7时36分用皮卡车运至顺丰速运（合肥高新区国光山水间营业点），3月3日上午10时快递到达国家农产品现代物流工程技术研究水产品温控暂养实验室进行"唤醒"复活，全程总共耗时51小时，成活率高达93.9%以上。

随着生鲜电商的不断发展，目前，多数农产品已经实现了O2O的商业模式，但是在鲜活鱼类产品中至今尚未实现，主要是受到快递技术、成本等方面的制约。本次中试试验采用自主研发的无水保活技术与配套包装解决了活鱼快递存在的技术问题，在国内外尚属首次。

该项目技术水平先进，使得我国活鱼运输有望进入无水时代，水产品无水保活物流技术集"暂养—梯度降温—诱导休眠—无水包装—低温贮藏—唤醒"全过程品控工艺、智能信息化及配套装备为一体。该技术可使水产品存活时间长达 60~81h，存活率达 98% 以上，成本低，自动化程度高，易于操作，能实现大批量的输送。配套装备与产品则严格按照工艺流程设计生产，主要包括低温驯化/唤醒箱、天然植物源休眠诱导剂、无水保活运输车、无水保活运输垫、无水运输箱等，有效地构成物流载体，从而实现水产品无水保活流通全程高效、绿色、低碳。通过对水产品无水活运工艺技术及其配套装备与产品的革新，提高了成活率，增加了运输量，延长了成活时间，从而大幅提升了水产品商业价值。该项目促进了生鲜农产品冷链物流行业的全面革新，降低了物流成本，提高了经济效益，保障了产品质量。技术及配套装备成本约 100 万~200 万元/年，按照成活率提高10% 计算，运输量提高 20% 计算，利润 4300 万~5000 万元/年，经济效益明显。每年可培训水产品无水保活物流技术从业人员 1000~1500 人次，节省了大量人力、物力资源，市场前景广阔。

以水产品无水保活物流集成技术为创业项目，先后参加了教育部组织的首届"互联网＋"大学生创新创业大赛，济南市 2015 大学生创新创业大赛，并在"互联网＋"大学生创新创业大赛中获得山东省赛区铜奖，济南市 2015 大学生创新创业大赛中荣获一等奖。在教育部组织的第二届"互联网＋"大学生创新创业大赛中，获得山东省赛区金奖。

案例二：解密冷链物流，看鲜易供应链温控标杆如何炼成

鲜易供应链

当下居民消费水平不断提高，对高品质生鲜食品和食材的追求成了普遍而又轻奢的事。如此大势之下，肉类、果蔬、水产品等各类生鲜食品和食材，从生产地到厨房这一运输过程中的保鲜，变得越来越重要，而冷链物流是关键，成为当下无论是生产商、批发商、终端零售商或者是消费者，乃至资本关注的热点话题。但冷链物流由于其管理的复杂性、专业设备的高壁垒，而被视为物流行业的制高点，令无数投资人及跨界大佬望而却步。

有一家企业，却勇做中国冷链物流行业的先行者，深耕冷链物流领域十余年，并且不断求变创新，用自身的革新升级，引领着中国冷链物流行业发展。这家企业于2014年率先应用"供应链思维＋互联网思维＋产业发展新思维"，在冷链物流行业率先打造温控供应链集成服务平台，而成为互联网＋新时代引领中国冷链发展的方向标。2015年9月，李克强总理视察这家企业期间称赞其为"时代弄潮儿"，它就是冷链物流行业一颗闪耀的品牌——鲜易供应链。

鲜易供应链定位于中国温控供应链集成服务商，公司紧密聚合生鲜产业的生产商、流通商、品牌商、分销商和金融机构等生态资源，率先打造温控供应链集成服务平台，为中国冷链产业提供超越冷链的温控供应链集成服务，业务涵盖温控仓储、冷链运输、城市配送、集采分销、供应链金融、保税物流、流通加工等服务，致力于为生鲜行业提供温控供应链服务解决方案，帮助客户专注核心业务，提升整体运营效率。

那么，鲜易供应链——中国温控供应链的标杆企业，是如何炼成的？

一、供应链思维：领跑全国温控供应链第一方阵

可以说，鲜易供应链的"过去时"，是着力打造发达完善的冷链物流系统。历经十多年的发展后，"温控供应链品牌"成为了鲜易供应链的"现在时"。现今，冷链物流行业竞争激烈，且对运营服务要求极高，鲜易供应链是如何赢得客户青睐呢？

供应链思维是取胜砝码。"做冷链其实是分为不同类型的，比如运输型、仓储型、城市配送型、综合型、供应链型等。其中供应链型可以说是冷链行业的最高层次，做不做供应链也事关一家冷链企业事业发展的格局，鲜易供应链定位于中国温控供应链集成服务商，公司以产业互联网为基础，将供应链服务嵌入产业链，为客户提供一站式、一体化温控供应链集成服务"，鲜易供应链CEO郑瑞祥表示。反观国内目前市场，很多冷链企业仍然停留在物流的思维上，缺乏供应链思维业务模式。

生鲜食品对于温度要求极其严苛，而全程不断链是保障食品安全最根本也是最基础的。单纯的提供单一方面服务，很难实现从源头到终端的有效链接，也不能满足日益多样化的客户需求，而鲜易供应链构建起端到端

全程可视化的温控供应链服务体系，从而在保障食品安全的前提下，为客户提供从产品集采到仓运配、流通加工、集采分销以及供应链金融的一站式系统服务，让客户省时、省心、省力、省钱。

二、四网融合：打造温控供应链集成服务平台

鲜易供应链全程端到端的温控供应链服务体系，所依托的正是其打造的温控供应链集成服务平台。鲜易供应链通过实施"产品＋服务""硬件＋软件""平台＋杠杆"，构建"云仓网、运输网、城配网、信息网"，打造"冷链物流服务平台"＋"集采分销平台"＋"供应链金融平台"融合的集成服务平台，为客户提供一体化温控服务解决方案，帮助客户实现商流、物流、信息流及资金流同步。

鲜易供应链围绕"四网融合"战略，持续发力网络化服务平台构建，目前，已实现在全国7大区域布局3大园区、23个温控基地，形成了完善的DC（配送中心）、TC（快速分拨中心）、PC（流通加工中心）和EC（电商配送中心）网络，千余条冷链物流服务线路涵盖全国28个省市区，在23个核心城市开展冷链城配服务。

三、服务产品化：提供敏捷高效的标准化服务

冷链物流行业客户需求是碎片化、多样化的，单纯的冷链物流产品已不能满足日益变化的消费需求，能否为用户提供高品质的温控集成服务成为新的产业课题。在这方面，鲜易供应链显然再次站在了产业前沿。

鲜易供应链深耕冷链物流领域多年，通过服务产品化，将公司的温控供应链服务细分成标准化的产品：标准化的管理、标准化的流程、标准化的设备，为客户提供温控仓储、冷链运输、冷链城配、集采分销、供应链金融、流通加工等一体化服务产品，真正解决冷链断链、服务质量低、成本高等诸多问题。

鲜易供应链打造的三级产品体系，服务质量更高、服务效率更快。客户可依据自身的服务需求自主选择服务菜单自由组合，公司在全国20多个温控基地打造样板、做透样板、复制样板，让客户体验鲜易供应链的统一、

安全、高效、协同的温控供应链集成服务。

对于有特殊需求的大客户，鲜易供应链可为其打造定制化服务解决方案。

四、平台化思维：运用大数据的力量，打造信息化制高点

全球互联网时代下，伴随着互联网与物流业深度融合，行业边界正在不断地重新定义。而目前我国冷链信息化水平低，技术落后，随着我国向全球价值链高端攀升，信息化将成为冷链物流行业发展的重要抓手。

集聚创新资源，打造 PaaS 平台。鲜易供应链开发的 PaaS 平台是公司"产品＋技术"双驱动发展的主引擎，兼具"开放性"和"闭环性"两个特征。"开放性"体现在生态圈资源可以通过不同入口实现"自服务"，通过智能定价、智能调度实现平台化线上运营。"闭环性"则体现在 OMS 系统可以快速处理客户预约订单，根据客户合作类型把订单推送到 WMS 与 TMS 系统中，并根据客户业务类型，实现 WMS 与 TMS 之间业务数据快速流转，且运用分拣分拨、RFID、RF、GPS 等物联网技术快速协同完成客户业务，从客户端到用户端实现仓配一体化信息化服务，减少业务数据转化流程，提高服务效率。

物联网技术应用。鲜易供应链的仓储服务平台通过应用二维码、无线射频识别等物联网技术和大数据，建立了智能化仓储系统、智能电子标签拣货系统，对存储货物的动态实现了在线管理，并与合作伙伴共享数据信息。在运输环节，应用 RFID 标签、GPS、温度传感器、司机 App 等，实现了对 5900 多辆车定位服务，对车内温度、湿度、车辆运行状态适时监控，保证运单的全程可视化和平台化。

五、国际化战略落地：立足中国，服务全球

伴随着我国自贸区的食品贸易业务日益增多，以及上海、郑州等跨境电子商务综合试验区设立，国际贸易中冷链服务的业务量和发展空间越来越大。鲜易供应链再一次用敏锐触角和前瞻性，凭借雄厚实力和品牌积淀，走在行业前端，快速实现了国际化战略的落地。

如今，鲜易供应链已经依托上海自贸区、郑州航空港区，先后在昆山、郑州、许昌等地开设商检保税库、进口肉类口岸及海关监管库，以商检保税为服务基础，为国内外客户提供温控仓储、冷链运输、城市配送、流通加工、集采分销、供应链金融和供应链咨询服务于一体的温控供应链集成服务。

六、服务组合拳：一点接入、全网服务

在保证食品安全的基础上，如何通过鲜易供应链的服务帮助客户提高运营效率、降低运营成本，让客户省时、省力、省心，省钱，是目前鲜易供应链重点研究和推进的课题。单一的服务解决的只是单一的问题，有针对性，但未能充分整合资源，更无法优化资源，在新的经济常态下，鲜易供应链打造智慧生鲜供应链集成服务平台，站在整个生鲜产业链上去看待单一问题，发挥鲜易内部生态优势，通过整合资源、优化资源，从而推出组合拳服务，运作成熟的有仓运配一体化、TC + PC、金融 + 集采分销 + 仓运配等服务组合拳。

1. 仓运配一体化服务：一点接入，全网服务

仓储、运输和配送都是物流功能作业中的一个环节，目前中国冷链物流行业资源比较分散，行业集中度不高，仓储是仓储、运输是运输、配送是配送。仓、运、配的分割导致一方面全程温控无法实现，产品运输的环节断链导致产品质量安全无法得到有效的保障；另一方面客户不得不面对冷链物流链条上的每一家企业，沟通成本较高，且缺乏统一的规划、安排、调度，导致效率低、运营成本较高。

鲜易供应链正是基于目前行业的痛点，为解决客户的产品在整个流通环节过程中的供应链环节多、操作难度高、管理难度大、运营效率低的问题，整合自身及社会资源，为客户提供仓运配一体化的服务，实现一点接入，全网服务，从而降本提效。

例如，公司服务的一家进口渠道客户，该客户承载百胜和星巴克的采购执行和物流配送服务，业务覆盖 14 省 35 市 323 家门店，月发运量达到了几十万件，不仅服务要求高，而且资金占压较大。但其原运营模式为进口后诸多物流公司整合操作，操作难度高管理难度大效率低下。公司为其提

供保税仓＋通关服务＋国内仓运配一体化服务，为该客户提供了全托管方案，针对其资金占压较大的问题，还提供"存货易"金融服务，一系列举措不仅优化了客户的服务，更提高了利润率和服务水平。

2. TC＋PC服务：降成本、增效益、多品种、添价值

TC＋PC通俗地讲就是在提供流通加工服务的基础上，依托仓运配一体化服务网络，进而为客户提供区域分拨及城市配送服务。

随着我国自贸区的食品贸易业务日益增多，以及上海、郑州等跨境电子商务综合试验区设立，进口贸易中冷链服务的业务量越来越大，但由于进口生鲜品工业化的大宗型生产，无法满足终端多样化的品类需求，因此进口生鲜品必须进行二次加工，且生鲜食品的属性决定了其从进口到终端必须保证全程冷链"不断链"。

鲜易供应链精准捕捉客户进口生鲜品的流通加工需求，通过流通加工这一差异化服务切入，聚合公司8大流通加工中心、23个流通分拨中心，为客户提供温控供应链一体化服务，实现"降成本、增效益、多品种、添价值"，解决进口贸易商等客户的发展瓶。

例如，Y客户主要以进口猪产品销售为主，由于国外产品加工机械化程度较高，产品规格多工业化，标准粗放，与国内需求标准存在一定的差异。随着信息的进一步透明化，国内外产品利差减少，单纯的一买一卖很难实现经营利润。通过与公司合作，利用公司的流通加工优势对进口的粗分割产品进行二次加工，产品与国内需求标准接轨实现了产品增值，同时TC＋PC，在为其实现产品20%的增值基础上，缩短库存周转周期15天。

3. 供应链金融＋集采分销＋仓运配

我国中小微企业数量众多、富有活力，是国民经济、解决就业的核心力量，且中小微企业资金需求旺盛，但银行不愿为中小微企业提供融资服务，鲜易供应链就是打通上下游的中小微企业与金融机构之间的障碍，让中小微企业能够获得优质的金融服务，帮助其解决经营资金困难，助力其做大做强。

鲜易供应链围绕生鲜供应链上下游的生产商及贸易商，提供原材料代采、存货融资、应收款保理等多样融资、信用结算服务，推出"存货易""代采易"等金融产品，为客户提供供应链金融服务解决方案。

中小微企业在依托资金进行做大做强的同时，势必将进行原材料的代采或产品的分销，贸易流通过程中也将随之而产生仓、运、配的服务需求。鲜易供应链基于客户的服务需求，依托公司温控供应链服务平台，打出供应链金融＋集采分销＋仓运配服务组合拳，运用公司多元化的地面服务能力、网络化的供求信息管理和 6 大集采中心、150 个城市线下分销的全球化贸易运作能力，在为客户提供供应链金融的同时，帮助客户进行原材料集采、仓储管理、运输服务、流通加工、冷链城配、产品分销等系统化的温控供应链集成服务，真正做到让客户省时、省心、省钱、省力。

例如，H 公司是一家集农作物种植、畜牧养殖、屠宰、肉制品加工、进出口贸易、畜产品交易平台打造于一体的综合性公司，目前已形成了横跨三大洲四个国家的产业布局，形成了以牛业为主的肉类食品板块、与牛业相统合的乳业板块、以粮种业为主的集育种、销售、粮食供应储藏为一体的种业板块、食用胶原蛋白肠衣板块等四大核心板块。

基于 H 公司的生产、销售等经营需求，产品需要库存，以快速响应市场变化，加之其原料的采购主要来源于国外，每次采购需要先付 20%～30% 的订金，而且原料从国外采购需经过生产、运输、报关、报检等一系列流程，往往占用资金长达 3 个月以上，诸多原因造成 H 公司有强大的资金需求。H 公司在市场销售淡季时，由于单个经销商进货量较低，大量的小吨位订单需要及时发运，发车难、成本高也一直困扰着 H 公司。

鲜易供应链自 2015 年深度了解 H 公司供应链痛点，组织专家团队为其定制了专项服务解决方案，在为其提供金融服务（代采易＋存货易）的同时，为其在全国 100 多个城市提供温控仓储＋冷链运输＋流通加工等增值服务，从而在为其提供了数亿的资金支持的基础上，满足了其多区域、多方位、一体化的供应链服务需求，帮助 H 公司优化供应链、提高核心竞争力。

从企业物流到物流企业，再到供应链企业，未来走向平台型企业，鲜易供应链正致力于打造温控供应链服务平台，紧密聚合生产商、流通商、品牌商、分销商和金融机构等生态资源，通过对行业资源、社会资源的有效整合，积极"构建全球领先的智慧生鲜供应链生态圈"。而这个生态圈正在持续发酵，释放着不可估量的辐射力和影响力，成为温控供应链品牌永不干涸的源头活水。

案例三：国内领先的生鲜供应链服务平台

九曳供应链

一、企业概况

九曳供应链创建于2014年11月，是一家领先的生鲜供应链服务平台，通过整合国内外的社会化冷链物流资源，为全球原产地生鲜农产品企业提供一站式的供应链解决方案，优化供应链中的多个环节，完善整个供应链链路，降低成本，提高时效，保障生鲜产品的品质。

截至2017年12月，九曳供应链已搭建起覆盖全国的网络化生鲜供应链体系，目前已服务客户数百家，涵盖了水果、蔬菜、海鲜水产、牛羊肉、奶制品、冰激凌、鲜花、红酒等生鲜全品类，成为行业内的标杆性企业。

九曳供应链于2017年11月与中物联冷链委共同推动《生鲜宅配作业规范》行业标准制定，并凭借自身在冷链物流行业的贡献，获得"2017中国冷链年度企业""2017十大阿里校友影响力公司""2017上海跨境电子商务行业协会积极贡献奖""2014—2017年度首届'金E商奖'优秀跨境电商供应链企业"等荣誉。

二、业务板块

1. 生鲜云仓

全国布局25座生鲜云仓，库内实施智能化运营和精细化管理，为各类生鲜产品提供多温区（冷藏、冷冻、恒温、常温）的存储、质检、加工、分拣、打包、出入库、库存管理、包装设计等生鲜仓储运营服务；云仓使用九曳WMS信息系统对全国分仓进行统一管理，为客户提供出入库管理、在库信息实时查询等服务。

2. 九曳鲜运

针对有特定温度运输需求的产品，提供门到门冷藏、冷冻全国零担运输、同城配送、电商大仓直配等冷链运输服务。目前，国干线线路达800条以上。

3. 九曳鲜配

针对生鲜产品，以九曳云仓和九曳宅配揽收点为始发的门到门生鲜包裹宅配服务。服务区域覆盖全国84%以上城市地区，支持当日达、次日达、隔日达等业务。

4. 跨境生鲜供应链

战略布局15个海外仓，提供海内外原产地直采、海外仓直邮和快速报关报检的服务。并在国内主要城市机场和港口开通快速提货服务，以及对生鲜商品的加工服务，从物流、商流和信息流等多方面提供高质量的跨境生鲜供应链服务。

三、信息技术

九曳供应链是被国家正式认定的高新技术企业，自主研发了"九曳供应链生鲜云平台"，包括 ERP、OMS、WMS、TMS、DMS、大数据分析等组成强大信息系统，实现供应链所有参与方实时互联，协同作业和优化，其信息化、移动化和可视化的技术与管理最终实现智慧供应链。

整套系统以信息互联为基础，实现作业协同和供应链作业优化，保障全国生鲜供应链体系高效运作。从消费者下单，到消费者最终收到包裹，提供一站式全方位供应链信息系统解决方案。

九曳供应链生鲜云平台作业策略灵活，可全面保障 B2B/B2C 业务的运作。所有环节支持移动化作业，全面实现供应链系统移动化。并提供开发 API 接口，可无缝对接各大电商平台与商家 ERP 软件。在向商家提供系统服务的过程中，可随时监控订单作业进度，货物状态实时查询等，实现供应链全程可视化。基于大数据分析所提供的一站式信息系统解决方案，是供应链业务运作的支撑和向导，更是商业驱动，达到了"All－in－One"。

四、主要品类解决方案案例

1. 肉类供应链一站式解决方案

九曳供应链为鸡肉、牛羊肉及相关需要冷链运输的肉制品，提供专业的冷链仓储、干线零担运输、城市配送、宅配等一站式的供应链解决方案，满足其在运输及配送过程中对温度的要求，并保证肉类的品质及口感。如图 7-10 所示。

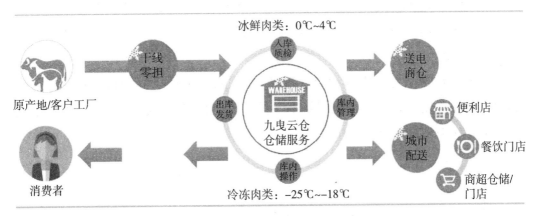

图 7-10 九曳冷链供应链

（1）客户背景：某内蒙古知名品牌牛肉加工生产企业，拥有年数万吨冷冻牛肉加工能力的加工厂以及自己的品牌营销团队，在北京、上海、广州等一、二线城市均成立子公司，设立 RDC 为区域内的渠道商服务，拥有天猫旗舰店、京东 POP 生鲜店、京东自营店以及其他电商平台 B2C 平台渠道若干，日均订单量破千，大型促销活动日均订单量上万单。

（2）解决方案：通过订单密度分析和成本测算，九曳供应链为该公司设计了 8 个分仓发货方案。所有库存从原来的 8 个子公司仓库移库到九曳同城的分仓，配送服务配套使用九曳宅配进行无缝对接。随着线上业务的拓展，该公司的线上渠道越来越多，增开了线上 B2B 业务，九曳分仓同时为其提供高标准的 B2B 冷藏配送服务，并根据末端渠道的收货时间、收货温度、包装方式、标签标准等各类要求进行送货，送货准确率和及时率达到 99%。

（3）配套设计：在包装耗材方面，九曳以保障配送温度为目标，以成本最省为原则，不同时节设计不同的包装耗材方案。夏天使用泡沫箱＋保温袋＋冰袋＋干冰，冬天不使用干冰；并为冬季的南北方城市根据不同温度设计不同的冰袋数量。同时针对主要耗材如泡沫箱、冰袋等，九曳云仓为其提供增值服务中的耗材代采购服务，省掉了耗材采购带来的资金占用、库存费用、管理精力。并且为了凸显品牌特点，九曳供应链为客户定制了专用图案的耗材；在订单管理方面，九曳供应链使用自有开发的 OMS 与客户 ERP（E 店宝）进行系统对接，每日来自各大渠道电商 B2C 平台的订单被自动抓取到 ERP 系统，通过客服审核发货后，订单根据区域规则，自动传输到对应的九曳分仓，仓库工作人员根据订单开始拣货、打包、复核、称重、扫描发运等环节。在称重环节，系统会自动匹配运单号，回传到该公司 ERP 系统，再自动回传到各大电商 B2C 平台上，完成网上发货动作；在库存管理方面，九曳供应链使用自主开发的 WMS，将所有的库存数据开放给客户，不仅可以通过网页端口查看，也可以通过数据端口实时上传到客户的系统中。如图 7 –11 所示。

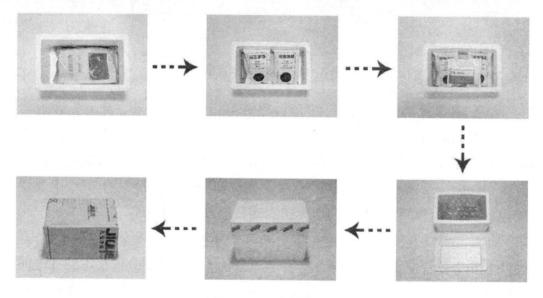

图 7 –11　九曳冷链包装

2. 水果供应链一站式解决方案

由于大部分水果具有季节性和产地性，九曳供应链在水果上市季会成立专门的产地项目组，深入产地跟进水果运作，并为水果制订专门的供应链解决方案，可同步提供水果的仓储、干线运输、包装、城市配送、宅配等一站式供应链解决方案，满足其在运输及配送过程中对温度的要求，并保证水果的新鲜。

山东樱桃产地直采案例：通过与本地专业樱桃供货商达成深度合作，九曳供应链引入自动化预冷分选设备，提高樱桃产能及产品标准化程度，无缝对接长途冷链运输与配送，从源头上解决樱桃采后预冷保鲜处理问题。依托烟台生鲜集散中心，九曳供应链在产地源头利用现代化先进技术和信息系统优势帮助农户更好地完成樱桃的采摘、预冷、分选、打包、运输等工作，严格品控。樱桃经过预冷处理后，便可直接进行分选、打包，然后通过空运或九曳专用冷藏车运输将产品送到消费者手中，实现原产地跨区直达全国。

3. 鲜花供应链一站式解决方案

九曳供应链为鲜花流通制订了专业的供应链解决方案，可提供产地采后处理、集货发运、仓储服务、干线运输、包装及定制化加工、城市配送、宅配等一站式的供应链解决方案，满足其在存储和运输过程中对温湿度的环境要求。

鲜花跨境供应链案例：2017年8月，九曳供应链从上海发出首批上千件鲜切花直达日本，品种包括康乃馨和石松等，货源来自云南、广州、上海等鲜花产地。在这次鲜花出口中，九曳供应链依托上海生鲜集散中心，充分发挥了集货存储作用。在库内设置专门的鲜花存储、操作区域，从鲜切花到货、存储保鲜直至装车，工作人员全程不间断测温，确保鲜花始终处于3℃~5℃的冷藏温度环境下。出货时，严格按照客户要求的先后次序装柜，并于正式发车前反复检查，在空隙处填充缓冲包材，以加固稳定花箱，全方位保证鲜切花在冷链运输过程中的安全。运往上海口岸后，采用水路运输的方式，抵达日本大阪口岸，在日本进行销售。

另外，面对国内鲜花市场格局出现的新业态变化，以及考虑到消费者的具体需求层面，九曳供应链推出鲜花门店合作方案。通过鲜花直采，为包含便利店、咖啡店、餐饮店等在内的线下门店提供多品类、高规格的鲜花流通供应链技术支持和解决方案，并打造标准化的鲜花品牌体系。其运作模式中富有特色的鲜花带水运输配送方式，在国内鲜切花流通领域具有开创性意义。

4. 后熟性水果供应链一站式解决方案

为有效改善国内水果催熟行业现状，九曳供应链建立了九曳熟之道催熟加工中心上海基地，依托多年水果催熟项目实施和运营管理经验，并利用国外先进技术及国内科研院所的技术支持，为国内后熟性水果流通行业提供专业的水果预冷、保鲜仓储、催熟加工、分拣包装、冷链配送等一站式生鲜供应链服务。

九曳熟之道具备丰富的后熟性水果产业资源，利用增压气体催熟系统进行标准化大规模生产，生产出货架期长、口感好、出色亮而均匀的催熟产品，助力优质水果在市场上的高效流通，推动后熟性水果供应链上下游环节的通畅运作，有力地保障水果品质安全，是一家大规模的现代化催熟加工中心。

5. 海鲜品类跨境供应链案例

九曳供应链为海鲜水产制订了专门的行业供应链解决方案，可提供海鲜水产的产地直发、分仓发货、仓储服务、干线运输、包装、城市配送、宅配等一站式的供应链解决方案，满足其在运输及配送过程中对温度的要求，并保证海鲜水产的品质。

（1）波士顿龙虾跨境直采案例：2017 年 2 月，在九曳供应链的全程运作下，波士顿龙虾在加拿大多伦多被捕捞上岸后，迅速装箱运往机场，于多伦多机场正式装机起飞。当货机抵达机场，清关完毕后，工作人员进行提货，并在机场活鲜货品处理中心将龙虾装上九曳冷藏车，前往检验检疫局进行商检。检验检疫合格通过后，波士顿龙虾被安置在九曳上海仓暂养池，紧接着迅速打包、配送。从航班落地到提货完成，共耗时 1.5 小时。

（2）帝王蟹进出口案例：2017 年 6 月，九曳供应链通过从俄罗斯出发直达上海的船舶整船进口帝王蟹。在帝王蟹到港一周前，事先邀请俄罗斯技术专家对暂养池做专业的饲养和存储指导，反复调试水质，直至完全达标。当帝王蟹抵达上海口岸从船上卸货后，经由专业水车立即运往占地 2500 多平方米的暂养池，池内配备海水循环、控温、增氧设备和技术人员，确保帝王蟹处于最佳环境。此前，为保障首批 51 吨帝王蟹到港后的通关查验快速实施，九曳事先与海关、商检、边检、海事四大查验单位紧密沟通，达成了联合登轮检查共识，现场采取"提前预报检、货到查验、快速放行"的查验模式，在最短时间内完成对鲜活帝王蟹的检验检疫，成功实现了上海口岸整船进口远洋鲜活水产"零的突破"。

五、行业展望与期待

互联网时代，电子商务对物流的要求更加精准，对流程的监控、对供应链的可视化要求也更高。传统冷链物流企业在这方面存在明显短板的前提下，九曳供应链希望能够以高品质的水准为上下游客户提供综合的冷链物流服务，更精准地对接下游渠道，同时帮助下游渠道客户在上游实现对所有生鲜品类的一站式采购，减少产品在流通过程中的损耗，引领冷链物流行业走向规范化、精细化运作，打造一个真正领先的生鲜供应链服务平台。

案例四：铁路冷链案例

润乔供应链管理有限公司

润乔供应链管理有限公司（以下简称润乔）成立于 2016 年，主要从事货物运输、仓储管理、配送服务、外包服务、流通加工服务、贸易执行、金融物流、信息系统、供应链方案设计等服务。2016 年开始，为客户提供以铁路冷链为核心的仓到仓物流服务。历经 1 年半时间的运作，通过对整个物流运输环节中各方面数据进行分析对比后得出结论：相比海运及公路承运商，铁路冷链可有效降低碳排放量（按 30 万吨物流量计算，每年相比公路干线运输能减排 13500 吨）、减少货损货差约 10%、降低运输成本约 20%、减少公路交通拥堵约 50%，并且更能克服恶劣天气所造成的道路异常影响、很大程度上进一步避免了人为因素造成事故的概率。

铁路运输的大运量、连续性强、速度较快、受天气影响小、价格稳定、安全性高等特点，也是众多客户选择铁路冷链的重要因素。

运作案例 1

某知名冰激凌生产企业，其特点为运量大、发货频率稳定、产品整托出货、工厂及仓库的自动化程度高，非常适用于采取以铁路冷链为核心的干线物流运输模式。

客户自身供应链及对物流承运商的管控标准在行业内属于一流，KPI 考核标准非常严格、细化。客户方在每次装箱前都会放入自备的温度监测仪器，以及其相关考核标准（全程温度达标率不低于 90%、冷机全程除霜时间累计不得超过 2 小时、除霜温度不得高于产品承运温度 1℃）。

在客户产品要求运输温度始终保持在 −25℃ 的情况下，润桥现场运营人员及冷机维修人员，在每次用箱前都会进行多达 40 道的冷箱检测工序，如检测出异常后将第一时间进行故障诊断并修复。对每台即将使用的冷机进行预冷阶段（箱体环境温度预冷至 −5℃，参考时间 30~60 分钟）、正式打冷阶段（－22℃～－5℃，参考时间60～120分钟）、除霜阶段（单次除霜温差在上下1.5℃左右浮动，参考时间15～30分钟）等几个环节的测试，评估是否可以正常使用。

在整个运输过程中，润乔专员配合铁龙调度对冷箱进行24小时全程监控，其中包括出风温度、回风温度、除霜时间、除霜间隔、除霜温度、冷箱GPS跟踪等，如系统显示某项参数异常，监控人员会在第一时间根据具体情况采取相应的应急方案。

在装卸过程中，客户使用标准化木质托盘，平均每车的装车时间非常短，30～45分钟即可完成单次装载及卸货。与此同时，托盘的使用容易造成装载率相对较低的情况。

客户单箱装载量为22拍，毛重18吨，体积45立方米左右，润乔使用的铁龙集装箱，实际可装载得货物毛重可达26.6～28吨、容积上限66立方米。如图7-12所示。

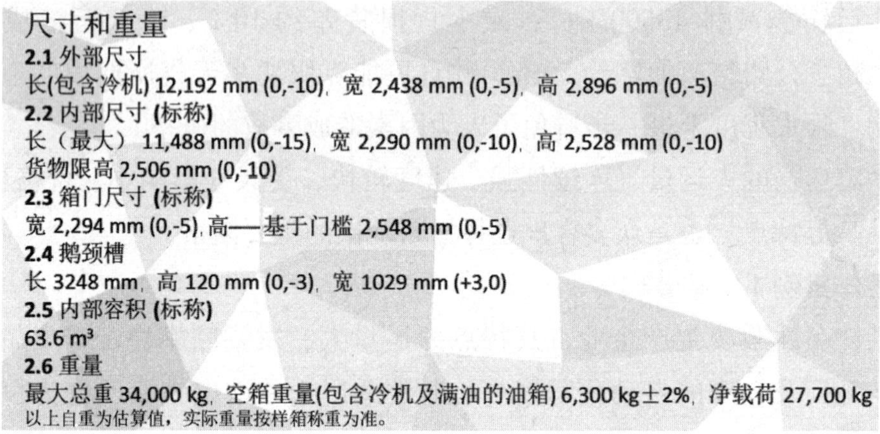

尺寸和重量
2.1 外部尺寸
长(包含冷机) 12,192 mm (0,-10), 宽 2,438 mm (0,-5), 高 2,896 mm (0,-5)
2.2 内部尺寸 (标称)
长（最大） 11,488 mm (0,-15), 宽 2,290 mm (0,-10), 高 2,528 mm (0,-10)
货物限高 2,506 mm (0,-10)
2.3 箱门尺寸 (标称)
宽 2,294 mm (0,-5), 高——基于门槛 2,548 mm (0,-5)
2.4 鹅颈槽
长 3248 mm, 高 120 mm (0,-3), 宽 1029 mm (+3,0)
2.5 内部容积 (标称)
63.6 m³
2.6 重量
最大总重 34,000 kg, 空箱重量(包含冷机及满油的油箱) 6,300 kg±2%, 净载荷 27,700 kg
以上自重为估算值，实际重量按样箱称重为准。

图7-12　润乔铁龙集装箱参数

装载毛重的范围主要由客户同一批次装载的产品类型决定，此处特别引申出铁路货运的一个特殊性，在于其站内需要经过一次吊装之后才能上火车车板的过程，所以需要考虑产品装载、堆垛是否合理。

在装卸过程中，都会派遣现场监督人员对装、卸两端的操作人员进行作业指导，确保不会产生偏重，以及因货物排放不合理造成冷箱内部冷气循环不顺畅）。润乔曾与中物联冷链委链库组织交流过关于新式托盘的材质、标准以及实际运用，希望在2018年新式托盘上线后可以给到客户进行测试，以优化客户托盘货物的装载量，从而进一步达到降本增效的目的。

在环境卫生保障方面，每次冷箱使用完成并回到上海杨浦站后，都会由现场人员进行箱内的整体观察并评估是否需要进行清洗；而在夏季高温时节，考虑到铁路堆场，特别是某些装、卸货堆场比较拥挤的情况，极端环境温度最高可达 50℃以上。为保证冷机正常运作，润乔现场操作人员会在冷箱抵达装、卸堆场后及时进行降温处理，确保冷机正常打冷。

运作案例 2

某知名食品生产企业，润乔为其旗下速冻米面类产品（–18℃）提供铁路冷链仓到仓服务。其产品 SKU（库存量单位）相对较多、规格不统一、装载不使用托盘、发运频率不规律、时效要求高。

在整个合作过程中，考虑到装载时间相比带托盘装载会多花费 3~4 倍的时间，润乔一方面对两端汽运短驳的行驶路径进行了优化，包括使用各类导航软件，并且会由现场人员实地驾车，对一些特殊路段做标注。

另外，现场人员也与装货仓库内部进行协调安排，尽量减少短驳卡车的等候时间、安排在夜间进行装货，使其能及时达到铁路货运站。（这里引出铁路运输的特殊点。以上海杨浦站为例，所有货物的进站时间截至当日16：00，并且需要提前一天做入站申请和报备；而现在越来越多的城市对大型货车的限行，也促使进一步优化行车路径及装载效率）。

通过以上的努力，润乔目前能使得铁路冷链做到时效接近公路汽运，而物流成本却能降低 10%左右，这其中，货物安全程度的提高以及货损率的下降（根据以往客户数据，润乔在合作的第一年，相比其老承运商，货损率下降 15%），为客户带来了更多的隐形收益。

运作案例 3

某知名奶油生产企业，产品为奶油（液体），在低温运输环境下（–20℃~–18℃），产品由液体变为固体的物理变化使其体积与重量都会上升，一方面对产品包装的伸展度有一定考验，而其根据客户（经销商/商超等）需求，会采取奶油与蛋糕坯混装、装载率较高（基本达到冷藏集装箱 26.6 吨的上限），两者重量差距也非常明显（同样规格、体积的冷冻奶油重量基本是冷冻蛋糕坯的 2~3 倍）；另一方面对整个装卸搬运及运输环节的人为操作提出了很高的要求，特别是两端装卸过程，一旦出现暴力装卸的话，非常容易造成产品大面积货损。

所以对于此客户的装箱方案，除了提供装载模型外，也经常与客户方仓库现场人员沟通，使用最为合理的堆垛方式；奶油类产品对卫生安全及气味敏感度较高，除日常箱体的清洁外，还需要根据箱体内部实际情况进行臭氧除异味，保证客户产品不串味。

客户的最大关注点主要在于产品温度是否可以保持恒定（温差1℃以内），其KPI规定的温度达标率需要达到90%以上，以避免产品因质量变化而导致最终口感的差异。为达到客户的KPI标准，多次与冷王及开利两家知名冷机设备商进行了深度交流，对现场运营人员进行了长达2周的专业培训（包括冷机理论知识、上机操作、案例分析等），以保证在实际运作中能完全满足客户的温控需求。

除利用铁路现有优势外，在服务上也做出了进一步优化。首先，除了日常检箱外，可根据不同客户产品的属性及具体要求，进行湿度监测；箱内卫生由第三方权威检测机构出具证明，保证客户产品不受污染。其次，可根据客户产品的不同尺寸、重量，制作装货方案模型，使每次装货量可以达到最大化。

在整个物流运作流程中，为优化服务质量，润乔与诚运天下物流管理平台达成战略合作。通过诚运天下物流管理平台，更好地协调与管理承运车队及司机，加强企业车辆管理，提高车辆的利用效率、完善工作流程、节约成本，全面实现车队中车辆人员维护管理自动化，为润乔提供了一个科学、规范、系统的管理手段，改善以往人工运行维护管理过程中烦琐的工作流程。从而实现车辆调度与管理决策的科学化和自动化，改善营运状况，提高整体运输效率和效益。此次合作将进一步加强以铁路冷链为核心的多式联运的竞争力，并且为润乔最近逐步开展的城配、短驳等业务提供更多支持与保障。

2018年的铁路货运改革及具体规划，包括：

（1）优化需求受理，进一步启用托运人实名制。

（2）进出货流程优化。

（3）加快标准化货场建设。

（4）2017年年底开始实行货运票据电子化。

（5）优化对客户的制订货品装载方案。

2017年铁路货运改革的标志性事件——自2018年1月1日起，货运处改为公司制，将进一步融入社会化、公司化的管理体制，与社会企业共通。在此基础上，货运站的生产组织流程将进一步不断优化，为铁路物流提高更好的服务，将铁路运输与现代物流将进一步融合发展，并逐步推进铁路货运信息化系统建设。杨浦站将利用靠近自贸区、外高桥的区位优势，大力推广海铁联运、国际联运。润乔将响应号召，与所有同行，依托铁路局、货运处及杨浦站的全方位支持，一起为客户提供更优质便捷的铁路冷链多式联运及相关仓配一体化等的延伸服务。

案例五：打造当代生鲜产业扶贫新典范

隆化冀康商贸有限公司

一、项目概况

隆化冀康商贸有限公司（以下简称冀康商贸）隶属于中能昊龙集团冀康控股集团，现有人员 108 人，其中高级管理人，15 人，工艺技师 18 人，品牌营销团队 46 人。冀康商贸隆先肉牛加工产业园项目位于隆化经济技术开发区食品药品园区，项目总占地面积 90 余亩，总投资 5 亿元，项目启动于 2017 年 1 月，2018 年 1 月建成投产试运营，5 年后达到年屠宰肉牛 10 万头目标，分割牛肉 2.75 万吨，牛副产品 0.5 万吨，牛皮 10 万张，年交易额 15 亿元，利税 2.25 亿元，解决直接就业 2700 人、解决间接就业 8600 人。

冀康商贸隆先肉牛加工项目 2017 年获得省级"重点扶贫项目"和省级"定点屠宰加工厂"称号，得到省、市、县三级政府大力支持，为了加快项目建设进程，协助政府进行产业精准扶贫，推动肉牛产业快速发展促进当地农民脱贫增收，隆化县政府协助解决 1 亿元产业引导扶持资金，并给予 5 年贴息支持。

项目建设分为四阶段：

第一阶段：2017 年 1—12 月，项目建设期，建设投资 2 亿元，主要用于厂区及配套设施建设，管理班子、营销渠道、供应体系及销售平台搭建。

第二阶段：2018 年 1—6 月，项目试运营期。计划屠宰 5000 头，产值

7500万元。通过半年的试生产，根据下游需求商及消费者的反馈，来调整和优化肉牛的养殖和采购、牛肉的屠宰工艺和牛肉及副产品的加工工艺流程，制定出隆先肉牛的标准化屠宰加工流程，目标是向客户提供高质量牛肉及副产品的品质。

第三阶段：2018年7月—2019年6月，启动发展期。计划屠宰2万头，产值5亿元。扩大专业管理技术人员和一线操作人员团队，制作出标准化管理手册、线上下线营销手册，初步建立战略供方库和需方库，建设线上线下（O2O）销售平台，进一步完善肉牛养殖专业合作社。

第四阶段：2019年7月—2021年6月，功能完善期。计划年屠宰5万头，年产值7.5亿元。追加投资2亿元，追加投资费用主要用于智能分解设备的引进，冷链存储和配送设备购置，配送体系建设，销售渠道拓展进一步拓展，新产品研发和品牌推广。

第五阶段：2021年7月以后，进入全面运营期，项目达产，年屠宰10万头，年产值15亿元，创造利税2.25亿元。追加投资1亿元，主要为销售渠道稳定，服务体系搭建，品牌全推广阶段，线下专门门店的开设，实现线上线下有机融合。

二、整体运营模式

项目整体运营采用"B2B＋产业扶贫"模式，肉牛加工供应链流程如图7-13所示。

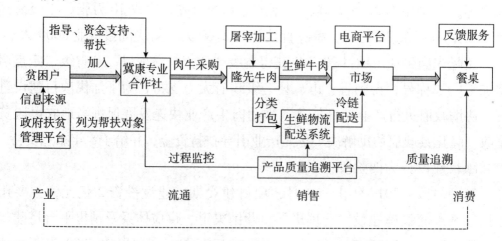

图7-13 肉牛加工供应链流程

三、肉牛养殖

由冀康商贸牵头成立养殖专业合作总社，负责隆化肉牛的养殖和采购，采购区域以承德地区为主、张家口及内蒙古相关区域为辅助，根据不同地点和区域，以村为单位成立合作分社，县担保中心为各分社农户担保。试点村组建养牛专业合作分社，吸收养牛经验丰富、有合作意向的农户和贫困户加入到合作社中来，由原来养牛散户过渡到集中饲养，统一经营。贫困户的选择是通过政府扶贫办及扶贫管理信息平台获取当地贫困户的信息，进行调研和沟通，将有意进行肉牛养殖的贫困户列为帮扶对象，加入产业扶贫合作社，并进行专业的指导培训、资金支持和定向帮扶。

对于承德地区优质肉品种，借助"隆化肉牛"国家地理标志商标为依托和冀康商贸"十万头肉牛深加工"项目为基础，村—企联合，民—企合作，互利共赢。承德区域内，专业合作村/合作分社与冀康商贸联手，充分发挥冀康商贸发展高端优质肉牛产业的加工技术、经济实力和市场开拓能力，利用专业合作村/合作分社土地资源、饲草料资源、养殖传统优势、扶贫资源和农户发展肉牛产业的积极性，采用"分散繁育、集中育肥"的科学化、标准化、规模化饲养方式，为冀康商贸提供优质加工牛源，降低成本，提高效益，有效解决农户缺技术、缺资金、缺市场和企业缺牛源的供需断链矛盾，在农户与市场之间架起桥梁，实现磁性对接，形成稳定、共同发展的产业发展和产业扶贫新机制。先行试点，稳步推进，前期以自然条件及基础较好、适合养牛产业发展的专业合作村及深度贫困村 10 个进行试点，探索企业、合作社、专业大户带动、贫困户参与、扶贫效益到户、共同发展的新机制，条件成熟后逐步扩大试点范围，全面推进，科技先行，扶贫优先。大力推广良种冷配技术、秸秆青黄贮和饲草料科学调制技术、配方饲粮科学饲喂技术、添加剂及舔砖使用技术、圈舍（暖棚）标准化建设。支持贫困村、优先扶持两项制度衔接识别的有发展肉牛养殖愿望的扶贫对象，引导群众发展肉牛产业实现脱贫致富。

四、屠宰分割

屠宰加工车间引入国内一流的生产线，屠宰、分割生产线采用德国伴斯品牌，生产加工器具采用美国查维斯品牌，严格按照 GMP 及 HACCP 的质量管理操作规范及质量关键控制分析，屠宰后进行先进的排酸工艺进行排酸处理，采用目前行业一流的冷分割工艺（加工环境 8～12℃）进行剔骨分割，在 0～4℃ 及 −18℃ 环境全程冷链储藏及运输。

五、存储配送

隆先牛肉面向的客户均为"B"端客户，即企业、单位或个体工商户。厂区设有 5000 吨的冷冻中转库，将分解好的牛肉根据热鲜和冷鲜类别、不同部位进行分类，对于冷鲜牛肉，分类打包存入冷库，按计划进行配送；对于热鲜牛肉，进行脱酸后，及时配送至指定地点或客户；对于肉牛副产品，如牛皮、牛骨头、牛附件存放至指定车间，根据客户的需求计划，分期分批定时定点配送至客户。

隆先牛肉建有专业化的冷链配送车队和智能物流配送系统，采用"同一区域不同地点统一配送、一条干线多条专线智慧分配"模式进行配送，及时高效的将鲜肉送达客户手中。智能物流配送流程如图 7-14 所示。

六、客户服务

隆先牛肉建有完善的客户服务平台，采用"多接口、多渠道、高效率、全方位"的服务理念，方便客户售前咨询、售后反馈，并设有质量问题投诉专线和 VIP 专线，方便不同客户的需求。

七、销售管理

销售范围以工厂为中心，辐射半径 800 千米以内区域；市场布局以京津冀为主线，串联整个华北地区的核心市场。前期以提高销售量、稳定经销

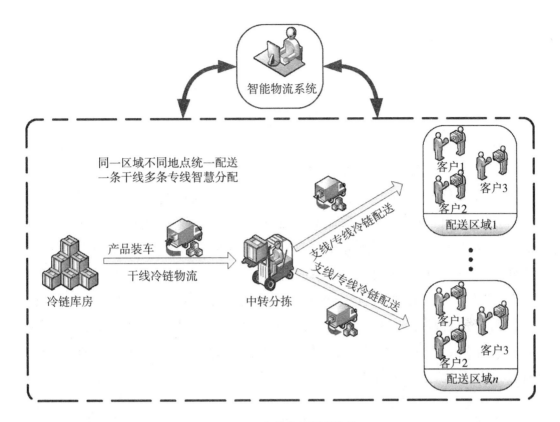

图 7-14　智能物流配送流程

商、提升公司品牌知名度为基础，达到深度渗入市场的目的，稳定经销商及消费群体后逐步实现肉牛经营良性发展。

采用集采集销为营销模式，主要的客户为餐饮酒店、商场超市、农批市场及企事业单位、皮革制造企业、饲料厂等 B 端客户，并在农批市场、商超、大型高档社区设立直营店或者专卖店。现已完成在新发地、石家庄桥西和昊龙阔府壹号院等的直营店开设，与天津食品集团和首钢餐饮公司就牛肉集采达成了战略合作。

公司经由初加工产品取得市场认可后，将在原有的初加工产品生产销售的基础上，开发深加工牛肉制品，如调理牛排、烧烤产品、火锅系列产品的开发，进一步扩大产品品种范围，完善市场需求，最终完成全产业链、全供应网的营销模式。

八、产品溯源

隆化牛肉建有信息化养殖及质量安全信息可追溯系统，以二维码射频技术为基础，涵盖肉牛的养殖场（含种牛养殖）、检疫、屠宰分割、加工存储、冷链配送、售后服务全供应链各个环节。养殖环节中肉牛个体管理、种牛精确管理实现养殖的精准化，并将个体信息与屠宰环节中的批次管理信息进行衔接、实现个体信息与批次信息的对应管理，并对酮体及分割肉进行批次追踪。屠宰加工环节，重点关注屠宰加工流程规范性、肉质检测分析以及分割精度。生鲜存储环节，从温度控制和存放周期管理两个方面入手，24 小时监控。冷链配送环节，将装卸过程、配送温度湿度、配送里程、送达时间和送达地点等环节进行全方位监控。销售消费环节、主要通过售后服务和信息反馈进行把控。最终实现养从而养殖、屠宰、加工、配送、销售、消费的全程透明化管理。产品质量追溯系统流程如图 7－15 所示。

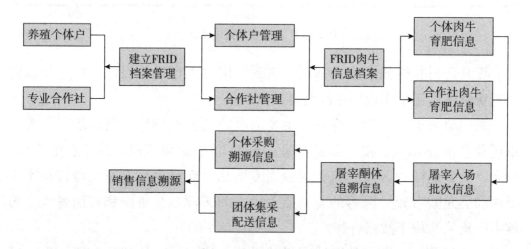

图 7－15　产品质量追溯系统流程

年屠宰 10 万头肉牛的隆化肉牛加工产业园始终坚持"以人为本、客户至上"的企业文化，运营"互联网＋产业扶贫＋市场溯源"的经营理念，通过创新、精细化管理，力争打造当代生鲜产业扶贫新典范。

案例六：顺丰冷运——值得信赖的冷链物流服务商

顺丰集团

一、公司基本情况

（一）顺丰集团概况

1993 年，顺丰集团（以下简称顺丰）诞生于广东顺德。2016 年 12 月 12 日，顺丰速运取得证监会批文获准登陆 A 股市场，2017 年 2 月 24 日，正式更名为顺丰控股。

顺丰是国内领先的快递物流综合服务商，立志于为客户提供一体化的综合物流解决方案。顺丰不仅提供配送端的高质量物流服务，同时还是一家具有网络规模优势的智能物流运营商。顺丰拥有通达国内外的庞大物流网络，包括以全货机和散航组成的空运"天网"，以营业服务网点、中转分拨网点、陆路运输网络、客服呼叫网络、"最后一公里"网络为主组成的"地网"，以及以智能设备、智能服务、智慧包装、机器图像识别、车联网等组成的"信息网"，是一家具有"天网＋地网＋信息网"三网合一、可覆盖国内外的综合物流服务运营商，拥有国内同行中网络控制力最强、稳定性最高，也最独特稀缺的综合性网络资源。

（二）顺丰冷运概况

2014 年 11 月，顺丰集团推出顺丰冷运（SF Cold Chain），依托顺丰集团强大的空中、地面运输网络，冷链仓储运输实力，专业的温控技术以及先进的系统管理能力，整合顺丰集团现有门店、网点及末端配送资源，为食品行业客户提供专业、定制、高效、全程可控的冷运供应链服务。

截至目前，顺丰冷运不仅能为食品行业客户提供冷运零担、冷运专车、冷运到店、冷运到家、冷运仓储 5 款标准化服务产品，同时专注于为客户提供从产地到消费地的端到端冷链物流整体解决方案。

二、顺丰冷运服务能力

（一）温控仓储

截至 2018 年 1 月，顺丰冷运在全国主要消费地城市开通运营 51 座食品冷库，仓库总面积约 22 万平方米。冷库内均配备先进的自动化制冷降温设备、进口计算机温度监控系统。温控仓储业务温度区间分布广泛：包括深冷库 − 25℃以下、冷冻库 − 18℃ ~ − 15℃、冷藏库 2℃ ~ 8℃、恒温库 10℃ ~ 18℃，通过标准专业的操作管理，7 × 24 × 365 全天服务，为客户提供货物冷库存储、分拣、包装、配送、信息流转等一体化冷运服务。如图 7 − 16 所示。

图 7 − 16　顺丰冷运温控仓储业务温度区间

（二）干线网络与冷藏车

截至 2018 年 1 月，顺丰冷运已开通运营食品干线 110 条，覆盖 113 个城市，871 个区县，共 2450 条流向，贯通华北、华东、华南、中西等核心城市。顺丰冷运自有冷藏车 971 辆（含香港 21 台冷藏车），进口冷机，车厢可多温区控温，并配备完善的物流信息系统及自主研发的 PLSS 全程可视化监控平台，实时监控在途温度。

（三）科技护航

顺丰冷运通过研发定制化包装、高蓄能冷媒温控技术，加大仓储温度、湿度异常预警监测系统及车辆运输定位及车厢温控数据监测系统投入，同时计划购买或开发使用端到端解决方案的系统，打造一体化智能物流系统能力，为向核心大客户提供定制化冷运供应链解决方案保驾护航。如图7－17所示。

图 7－17　顺丰冷运监测系统

三、鲜花行业解决方案

目前，顺丰冷运已针对不同行业打造并应用了连锁餐饮企业、水果寄递行业等解决方案，且与众多知名连锁便利店、商超餐饮、生鲜电商等企业均有合作。以下就顺丰鲜花供应链解决方案进行简单介绍。

（一）项目背景

随着收入水平提高和高品质生活理念的不断加深，消费者从简单的"衣食住行"等功能层面的基本需求，转向精神层面的追求。鲜花作为观赏性植物广泛应用于人们的日常生活中，2011—2017 年国内花卉零售市场蓬勃发展，增长势头平稳。鲜花产业的线上渗透率将逐步提高，催生鲜花消费的新市场。

目前，中国最主要的鲜花产地是昆明和广州。鲜花属于生鲜产品，对温度、湿度、时限、存储等要求高，要想让鲜花，特别是鲜切花保质保量的及时运送到北上广深等大中城市，需要完善的供应链管理的能力，而冷链则是其中的重要环节。据调研，传统的物流模式从采摘到运送至消费者手中，往往需要3~4天的时间，花材损耗严重。故顺丰充分结合生产端和消费端的市场需求搭建冷链物流桥梁和网络，打造从产地到消费地的端到端鲜花行业冷链物流整体解决方案。

（二）顺丰鲜花供应链解决方案——原产地预冷＋高效分仓＋干支线冷链＋同城配送

鲜花由于天然娇嫩的属性，为了延长鲜花的保鲜时间，顺丰通过原产地预冷、保温包装（保温箱／袋）及高效分仓，冷链运输至各城市分仓，并全程湿度监控保证鲜花质量。到达城市分仓后，在恒温条件下及时完成鲜花保鲜、分拣、包装等一系列流程。在终端配送上，2B端采用集中配送、路由跟踪，根据订单的密度、距离等维度进行店配，保证花材配送时间可控、配送更加准确。2C端采用冷藏车串点运输至顺丰分点部，通过快递小哥配送至消费者，保障鲜花新鲜到达。如图7－18所示。

图7－18　顺丰冷运鲜花冷链方案

四、使命与愿景

使命：顺丰冷运以物流的价值推动食品行业标准的建立与升级，为战略合作伙伴提供全国性的、端到端的定制化冷链物流解决方案。在食品安全、产品诚信、冷链效率、价值创造等方面成为行业领导者。

愿景：三年内在目标细分冷运市场成为端到端的综合物流解决方案的领先供应商；五年内成为年营收达百亿元的中国冷运领袖企业。

案例七：坚守品质服务与客户共发展

深圳市中柱物流有限公司

一、基本情况和发展历程

深圳市中柱物流有限公司（以下简称中柱物流），2010 年成立于深圳，是一家致力于给客户提供安心可靠冷链的专业第三方冷链服务商，总部位于深圳。作为专业冷链仓配一体服务商，公司一方面注重仓储设施建设，另一方面也非常注重车辆硬件设施的投入，其中仓储设施方面，现有冷库面积 1 万多平方米，有 4 条冷链分拣线，日平均分拣货物 150 吨。车辆硬件设施方面现拥有一百多辆冷藏车（车型有 15.6 米、9.6 米、7.6 米、4.2 米），车厢标准均按照百胜餐饮和医药的配送标准打造，车厢温度全程透明可视监控，完全达到了高端客户配送要求，真正做到在设备上让客户放心。

管理层人员更具有多年丰富的行业管理经验以及相关大型仓配一体项目负责经验，如"百胜配送"，"天虹微喔便利店 DC""康帕斯 DC"等 DC分拣及配送的管理经验。

作为深圳的本地企业，中柱物流公司具有本地配送的地域优势，熟悉深圳路线，每一台车都具有通行证，为客户配送打通无障碍通道。

二、主要经营业务

中柱物流是专业的第三方冷链物流企业，在第三方冷链物流的基础上结合现代电子商务充分发挥电子商务的信息化、自动化、网络化、智能化特点与功能，集采购、装卸、运输、储存保管、配送等功能要素于一体的综合型冷链物流企业。主要侧重于食品餐饮、药品、商超生鲜产品等配送。

（一）温控仓储

中柱物流在深圳有两座冷库，均配备先进的制冷设备及仓库管理系统，温控仓储业务温度区间分布：冷藏（2℃~8℃）、冷冻（-25℃~-18℃）以及干仓，其中石岩仓库已在深圳大部分口岸的检验检验局备案可存放进口食品场所，致力为客户提供最全面、最优质的服务。

（二）干线配送

中柱物流业务范围覆盖全国大部分城市。公司拥有13.6米、9.6米、7.6米、4.2米等各车型冷藏车辆，在广州设有分公司，业务覆盖珠三角区域，干线有北京至深圳、深圳至武汉，深圳至南宁、深圳至厦门等专线，辐射华南、华东、东北、西南、华中等重点区域。

（三）仓配一体

中柱物流主要为天虹微喔便利店及康帕斯（中国）提供仓配一体服务，设有先进的智能分拣系统，日均分拣300吨，日均配送门店500家以上

（四）内地—香港专线

中柱物流开通内地—香港冷链线路，自有冷藏车辆，自理报关，实现双向货物运输，香港本地的落地配送，为绝味、铭基、德青源等客户提供更为便利的进出口业务，进港业务中分为吨车直运和货物直接吊柜转换，针对客户货物的不同属性提供多种进港方案，有效地降低了货物破损率，同时提高了效率，降低了运作成本，得到客户的一至认同。

三、信息化系统建设

食品、药品安全关系到国民的日常生活，而保障食品、药品安全，很重要的环节就是物流，从生产到配送，直到消费者手中，多数食品、药品对温度均有严格的要求，新《食品安全法》实施后，冷链物流配送越来越受到人们重视，对冷链配送要求越来越高，为此，中柱建立集仓储、分拣、配送于一体的全程可追溯的冷链配送系统，建设购进和升级冷藏仓库、分拣库、冷藏车、卫星定位、温度监控、分拣系统、物流系统等，并进行流程优化，致力打造业界领先的管理思想和技术手段，构建冷链配送系统，保证物流配送、仓库管理的信息化体系结构和系统解决方案在国内处于领先地位。

1. 系统优点

（1）基础资料管理更加完善。

（2）实现无纸化办公。

（3）订单准确，便于查询及跟踪。

（4）操作效率简单易使用，便捷。

（5）提高车辆使用率。

（6）操作规程执行难度小。

（7）将录单、提货、送达等动作交给下游客户和司机，减少人力成本。

（8）数据及时，成本降低。

（9）温度、回单与系统订单一一对应，后期追溯更方便。

（10）仓库与财务的对账工作量效率提高。

2. 系统介绍

分拣系统融合了最新科技，采用先进的条码扫描和无线网线技术，最大限度地在工作场所实时、快速、准确地输入、查询和更新系统数据，保证资料及时登录，杜绝人工输入的错误。

物流管理管理系统通过连接手机 App，实现发货人、司机、收货人握手交接，确保配送情况的真实性和实时性，并提升作业效率。物流管理系统可以实现劳动力管理，KPI 考核和第三方物流计算功能，与车辆卫星定位系统实现无缝对接，实现连接产品从厂家到消费者的全程透明可追溯的一体化服务。如图 7－19 所示。

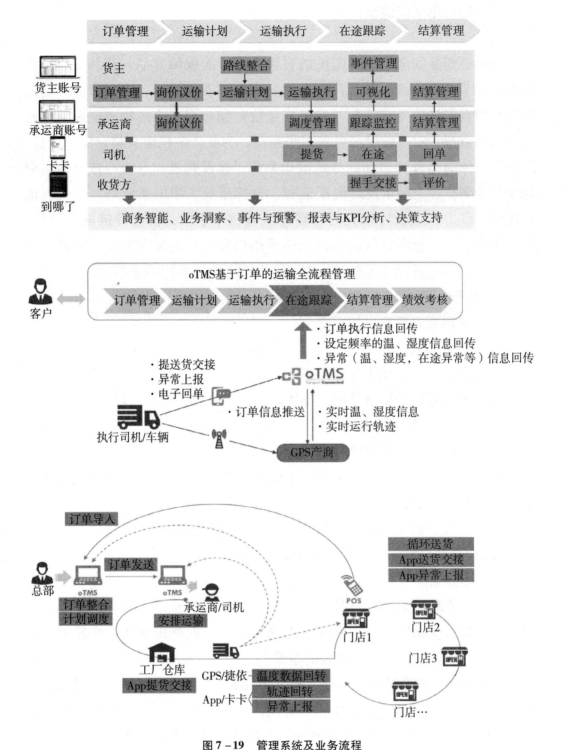

图 7－19　管理系统及业务流程

配送流程透明化，可视化，便于货物流程的监督与追踪；信息获取及时，简单易学，可操作性强，降低了培训新员工的时间和费用，缩短了订单处理时间，改善了客户服务质量，增进与客户的互动关系，无形中培育出新的销售机会。

四、典型客户案例介绍

2017 年 6 月，以前中柱物流在国内有数条运输专线，但在进出口这方面一直未有突破，与绝味客户合作后，中柱公司找到契机，绝味初期需求是配送食品至华南地区，后来业务逐渐扩大，需求也在升级，需要配把食品送到香港，当了解到客户有此需求后，中柱物流公司积极做出了一套解决方案，努力与客户洽谈各流程细节，包括装货时间、报关时间、过港时间、配送时间、配送线路等一系列细节问题，在前期准备工作中，为了提升我们的服务品质，中柱在香港注册了全资子公司，购进全新的港车，安装好所有温控设备。一切准备就绪，经过 6 个月的准备工作，在 2017 年 7 月初，中柱顺利开通内地至香港的陆地运输，也成功将绝味客户的食品运输到香港并配送至每一个门店，全程的温度都控制在要求范围内，并做到了内地—香港温度及轨迹记录可追溯。

2017 年年底，中柱物流公司申请了进出口的相关资质，可为客户提供了进出口货物代理的业务，这将意味着中柱物流公司的业务将多元化、细致化。

五、未来规划

（1）仓配一体，珠三角的 RDC（区域分发中心）在未来五年内会增加到 5 个。

（2）成立国际部门，为更多进出口客户提供服务，内地至香港的业务密度将会更大，香港本地的配送网组建完成，继续增强本港配送的竞争力，为客户提供更多降本增效的解决方案

（3）在佛山、厦门等地开设分公司。

案例八：解密十万吨冷链物流园，
打造现代农产品冷链体系

江西玉丰实业有限公司

江西多丘陵，气候湿润，土质多样，适应南方小水果的种植，赣南脐橙、奉新猕猴桃早就名扬海内外，但正由于湿润造成容易霉变，特色水果的保鲜和转运以及加工一直是江西农副业技术的主攻方向。江西玉丰实业有限公司（以下简称玉丰实业）经过十几年的努力，在冷链仓储和物流方面迅猛发展。

总部坐落于江西省南昌市国家高新技术产业开发区的玉丰实业，注册资本3500万元，现总资产5.3亿元，其中固定资产4.2亿元，是一家集绿色蔬果种植，原产地采购，农产品贮藏、加工、销售与物流配送为一体的农业产业化省级龙头企业。玉丰集团是国家农产品流通示范企业、中国蔬菜流通协会第五届理事会常务理事、国家AAAA级物流企业、江西省农业产业化协会执行会长单位、南昌市"信用优良企业"。旗下拥有江西玉丰实业、江西玉恒实业、江西玉恒冷链物流、江西玉达实业、玉丰蔬菜种植合作社——蔬翁田园、玉丰小蓝无公害蔬菜产业加工园、玉达蔬菜连锁店等公司及基地。

2015年10月，玉丰实业总投资3.5亿元建设"江西玉丰冷链物流产业园"。产业园占地面积130亩，建筑面积12.4万平方米，属江西规模最大，设备最先进，创新技术最完备的企业。

一、冷链物流园简介

玉丰实业高新冷链物流园总计投资3.2亿元，项目共占地130亩，总建设面积147000平方米，其中办公大楼13900平方米，厂房27000平方米，冷库面积68000平方米（400000立方米），配送中心12000平方米，接待中心22000平方米，员工住房14000平方米。本项目是公司继小蓝经济开发区

"农产品冷藏物流加工建设项目"成功运营之后，为着力打造成为集农产品冷藏保鲜与加工、食品与医药等产品冷藏综合性的冷链物流建设项目，是公司新十年规划的支撑性项目。

二、冷链物流园定位

1. 冷链物流园的发展定位

玉丰实业为省级农业产业化龙头企业，高新物流园充分利用企业实力、政策支持、市场能力，结合高新区的产业环境及区位优势，并借助鄱阳湖生态经济区建设的机遇，使高新物流园成为辐射江西（尤其是城乡覆盖率）全境，线（运输专线），面（环鄱阳湖经济圈）至全国，为客户提供一站式服务，集现代物流、加工、冷藏、贸易于一体的综合物流园基地。

2. 冷链物流园的功能定位

依托先进物流信息平台、完善的运营体制，发展便捷存储、流通加工、快速分拨，满足农业类产品、制造业、商业流通业及现代电子商务等产业对仓储物流的需求。具体业务包括：蔬果农产品、汽车配件、电子产品、快消品、医药、生活日用品、水产品、海鲜等品类的仓储及物流配送。

三、冷链物流园基础设施建设

1. 打造现代化封闭式冷库

冷链物流园冷库共分为两期建设完成，四号冷库体积14万立方米，容量5.5万吨；六号冷库体积18万立方米，容量为6.5万吨。每栋冷库各约4万吨容量，冷库高度7.2米，每层有5500平方米，每层设有12个库房制冷间，每间冷库约500平方米，净高约8米，穿堂能够起到很好的降温作用，降温幅度为5℃~8℃。每间冷库地面采用环氧地坪，穿堂金刚砂地面，无尖地面，按照国家规定的食品制冷标准冷库建造。在冷库卸货区域，每栋冷库设置28个封闭式升降卸货调节平台电梯20部，5吨、3吨不同吨位电梯进行货物分流，可进行大批量货物装卸。

在冷库内部，有 10 台液压升降平台卸货区，设计有 10 台电梯进行分流货物，可进行大批量货物装卸；冷库内部设计温度可以根据货物生理特性进行调整，每一间冷库都是独立的，可用电脑进行单独调试每间冷库温度，包括预冷温度、休眠温度、出库温度，温差精确在 0.1℃之间。

根据货物种类设置不同温度。蔬菜、水果、干货等品类可设置恒温在 −3℃ ~ 8℃之间，肉类、禽类、海鲜类、鱼类等品类可设置在 −22℃ ~ −18℃或 −38℃以的低温存储。公司可以为广大需求冷链仓储的企业提供货运、装卸、冷藏等一站式服务。

2. 先进的制冷技术

玉丰实业高新区冷链物流园在冷链方面的技术和科技精益求精，公司冷链制冷技术主要由四大构建组成，分别为汉中螺杆并联压缩机、冷凝器、节流阀和蒸发器，选用的汉中螺杆并联压缩机组、低温比泽尔螺杆压缩机，实现了高效率、小振动、低噪声的冷链贮藏方式，能够保证产品在各个环节始终处于产品所必需的低温环境下，保证食品安全，减少损耗，防止污染。螺杆并联压缩机如图 7 − 20 所示。

图 7 − 20　螺杆并联压缩机

3. 信息化管理和监控

产业园建有"冷链物流园物流信息系统"，即门户式物流信息定位系统，建有 WMS、GPS、GIS、JIT 等信息化管理系统，服务包括信息服务、电子商务、贸易交易、全程物流监控服务。这种基础性的物流公共信息化平台，供物流企业、货运公司、货代仓储企业及第三方物流公司等使用，基本满足了物流生产管理、贸易交易等级需要。

冷库内部温度可以根据货物贮藏温度条件进行调节，每一间冷库都可以独立降温。可根据 PLC 控制系统单独调试每间冷库温度，包括预冷温度，休眠温度，出库温度，温度精确在 0℃～1℃。肉类、禽类、海鲜等可设计至速低温度 −28℃～−18℃ 的低温存储。冷库采用 WMS 仓库管理模式，做到无须人工出单，系统自动生成单据。

四、冷链物流园标准化改造

物流园严格按照物流标准实施。4 号冷库的"5 万吨库容标准化冷链物流基础设施升级改造项目"入围南昌市第一批物流标准化试点。公司重点围绕"物流标准化"的要求来推进试点项目的建设，以冷链物流配送基地为纽带，以标准托盘及其循环共用为主线，通过升级改造冷链物流标准化基础设施设备，对接全省的物流信息平台，实现与其他企业信息共享，减少物流环节，提高物流效率，降低物流成本，做好、做实"物流标准化"试点工作。

玉丰实业根据物流标准化试点要求，进行全程带托运输，一托到底，不倒托，以托计费。截至 2017 年 7 月，玉丰冷库存有国家标准托盘 2 万片，不仅提升了公司带板运输的效率，还有效扩大冷库的利用率，为公司降本增效。物流标准化项目的实施让企业与客户直接形成了无缝对接，对顾客需求变化迅速做出反应，从而最大限度地满足顾客需求，让企业享受到标准化带来的效益。

五、运作案例

玉丰实业拥有可直接投入运营成品冷库 35000 吨，三个月内可再提供 15000 吨成品冷库交付使用方，九个月内可提供剩下 70000 吨的成品库。

玉丰实业利用冷链物流的优势为客户提供集现代物流、加工、冷藏、贸易于一体的一站式冷链物流服务。2017 年下半年与农夫山泉合作并承接了农夫山泉江西信丰脐橙非浓缩果汁 1 万吨的冷链运输及仓储业务。这种非浓缩果汁一种新饮料，是杭州 G20 峰会指定饮料，但它对温度的要求极高，无论在运输过程中还是在存储过程中温度控制在 -25℃ ~ -18℃ 范围内，这样才能确保产品的品质不受影响。玉丰实业利用自有冷库及冷链运输的优势，特别是标准化设备，进行全程带托运输，一托到底，不倒托，以托计费。这样不仅提升了带板运输的效率，还有效扩大冷库的利用率，为企业的降本增效做出了贡献。物流标准化项目的实施让企业与客户直接形成了无缝对接，对顾客需求变化迅速做出反应，从而最大限度地满足顾客需求，得到农夫山泉的认可与高度评价。

冷链操作实景，如图 7 -21 所示。

图 7 -21 冷链操作实景

玉丰实业冷链模式不仅解决了以往农夫山泉果汁运输、储存需要通过杭州冷链中转成本高的问题，还帮助江西省农产品深加工指出了一条新的出路，带动江西农产品深加工，让江西农产品走向世界，提升赣产优质农产品品牌效应。

案例九：海运冷链案例

中远海运集装箱运输有限公司

一、基本情况

中远海运集装箱运输有限公司（以下简称中远海运集运）隶属于中国远洋海运集团有限公司，由原中远集团旗下"中远集运"整合原中海集团旗下"中海集运"的集装箱业务及其服务网络组建而成。新集运于 2016 年 3 月 1 日正式运营，并于 2016 年 11 月正式完成命名。公司系主要从事集装箱运输及相关业务的多元化、国际化经营企业，经营的集装箱船舶运力排名全球第四。公司正通过"规模化和全球化，数字化，端到端，双品牌"四个战略维度，逐步将自身打造成为具有国际竞争力的世界一流班轮公司。在船队及运力规模不断扩大的同时，公司积极倡导"安全便捷、低碳高效、服务为先、契约为本"的价值理念，采用国际最新服务理念和手段，带动企业服务质量的不断提高，在货主和社会各界赢得了广泛的声誉。在国内外权威机构各类评比中，公司连年获得"最佳承运人""最佳班轮公司"等称号。

二、现状介绍

重组后的中远海运集运经营规模进一步扩大，行业地位进一步巩固，服务网络进一步完善。截至 2018 年 3 月，公司拥有和控制集装箱船舶 376 艘，运力超 190 万标准箱，预计 2018 年年底公司集装箱船队运力规模有望达 300 万标准箱，进入行业前三，初步实现跻身第一梯队的目标，集装箱保有量超 270 万标准箱，集装箱船队规模世界排名第四、亚洲第一。随着船舶大型化，公司平均每条船拥有至少 500 个冷箱运输能力，平均每船冷箱运能比为 17.34%，并计划在未来的新造船中继续提高冷插比例。公司冷藏/冻集装箱箱队规模连续五年以平均 15% 的速度增长，平均箱龄约 3 年，并有多款冷机和多种特殊功能可供选择。公司共经营 354 条航线，其中 225 条国际航线（含国际支线）、43 条中国沿海航线及 86 条珠江三角洲和长江支线。公司所经营的船舶，在全球约 90 个国家和地区的 289 个港口挂靠。

按照经营需要，中远海运集运在中国大陆设有大连、天津、青岛、上海、宁波、厦门、华南、海南、武汉 9 个口岸分部；在欧洲、北美、东南亚、西亚、南美、澳洲、日本、韩国、非洲设有 9 个海外分部。境内、境外营销服务网点 450 多家，覆盖 76 个国家和地区。

公司长期以来积极、主动承担社会责任，建立了履行全球契约和社会责任的管理体系和长效机制。公司新造 14566 标准箱船获得 CCS 智能船舶船级符号，10000 标准箱船舶接收岸电装置改造项目入选中国交通部示范项目。

三、冷箱团队介绍

中远海运集运拥有近 30 年的冷藏/冻集装箱运输经验，公司全球冷箱服务团队由超过 300 个冷箱专家组成，提供全程冷箱营销，运输服务和技术支持。通过覆盖全球的航线网络和丰富的当地经验，公司已将冷箱服务拓展全球，更致力于通过提升冷箱运能、加强团队专业培训、改进冷箱技术，更好地提供专业冷箱服务。

四、服务介绍

为优化客户体验，提升客户满意度，公司在海内外全面推广九项客户服务标准。

（1）订舱响应：所有订舱，工作日 2 小时之内反馈订舱处理状态；开舱后，订舱信息提供完备的冷藏箱，工作日 2 小时之内确认订舱。

（2）放箱：设备交接单有效打印后 48 小时内保证用箱。

（3）提单签发：提单指示信息提供完备情况下，船开后 1 个工作日内可签发正本提单。

（4）发票提供：发票信息提供完备情况下，船开后 1 个工作日提供客户发票。

（5）船舶准班率：自营船舶综合准班率不低于 95%（不可抗力因素除外）。

（6）中转服务：货物抵达中转港 3 天前，提供后程船信息；离开中转港 1 天内提供装船结果；正常情况货物 7 天内转运，最晚不超过 14 天。

（7）到货通知：货物抵达卸港 1 天前发送到货通知。

（8）窗口服务：自抵窗口起 15 分钟内业务办结。

（9）争议处置：5 个工作日内解决发票争议；对于事实清楚的商务争议，7 个工作日内处理；投诉受理 5 个工作日内反馈处理意见。

公司可根据客户在保鲜货及冷冻货方面的不同需求，提供针对性的冷箱运输服务。

保鲜类货物方面，公司长期承运大蒜、生姜、苹果、菲律宾香蕉及泰国榴莲等保鲜类果蔬产品，根据该类农产品本身的特性，采摘时的成熟度，运输时间长短，货架时间长短等因素，选择合适的运输温度、湿度、通风设置，在客户中积累了良好的口碑。

冷冻类货物方面，公司在全球范围内长期从事各类冻肉、冷冻鱿鱼、鲭鱼等海产品的运输服务，依托广泛的航线覆盖面、强大的船队规模及专业的冷箱服务团队，可灵活承运大宗冷冻货物。

中远海运集运冷箱服务可以做到：

（1）温度控制。公司可根据客户的需要提供具有广泛温度设置范围的冷箱设备，可设置温度范围在 -35℃ ~ 30℃。同时，为使温度控制更加精确，公司冷箱设备传感器测量温度可精确到 ±0.25℃。

（2）湿度控制。公司冷箱设备可提供 50% ~ 98% 的湿度设置范围，借以避免相对湿度过低造成的货物水分流失、重量损耗或包装损坏，以及相对湿度过高造成的细菌滋生、霉变或生理混乱等不良后果。

（3）全天候远程冷藏箱监控系统（RECON）。公司使用全天候远程冷藏箱监控系统（RECON），该系统通过冷藏箱内运行数据与集控电脑之间的数据交换，监控冷藏箱的温度情况。可实现不受海上恶劣环境影响，24 小时监控货物温度，及时发现问题并解决，保证货物的安全运输。

（4）冷处理服务。出于检疫需要及作为特定果蔬进口的必需条件，公司从澳洲、南美东、南美西、南非、地中海到中国、美国、日本、东南亚等流向提供冷处理（Cool Treatment）服务，以做到在航程期间维持特定低温，杀死或抑制果蝇。如图7-22所示。

公司现已通过在南非、埃及、澳洲等地橙子进口方面提供冷处理服务，保证客户货物在目的港交付时满足正常的检疫需要，并且将在即将开展的阿根廷橙进口服务中继续提供该服务。

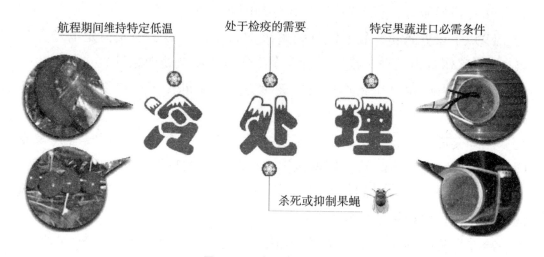

图7-22 冷处理服务内容

（5）冷箱多段温度控制服务。公司冷箱设备可根据其实际成熟程度在航行过程中自动变换冷箱设定温度。

公司现与全球最大猕猴桃客户开展全面合作，针对该类产品在采摘时的成熟程度，通过冷箱多段温度控制服务功能实现在运输过程中箱内温度自动多段变换，满足交货时产品的实际成熟程度符合配送及销售需求。如图7-23所示。

（6）气调箱服务。水果蔬菜等货物具有呼吸作用，运输过程中呼吸作用会加速其自身成熟并缩短贮存寿命，为了抑制其呼吸作用，公司可提供气调箱服务，通过降低周围氧气含量达到保鲜目的，延长货架时间。如图7-24所示。

公司已将该技术应用到番石榴出口及牛油果进口等的实际运输服务中，积累了丰富的承运经验。

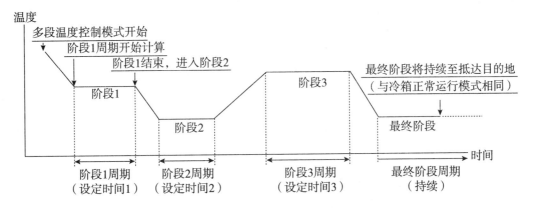

图 7 - 23　冷箱多段温度控制演示

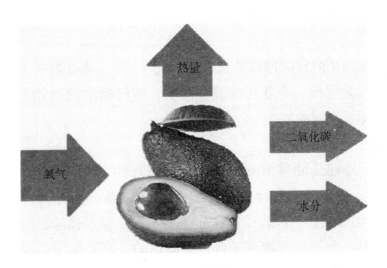

图 7 - 24　农产品呼吸原理

案例十：专业的全链路食品冷链物流解决方案

上海安鲜达物流科技有限公司

上海安鲜达物流科技有限公司（以下简称安鲜达）是易果集团旗下的专业食品冷链物流企业。易果生鲜成立于 2005 年，是国内成立最早和规模最大的全品类生鲜运营平台，安鲜达前身为易果生鲜的冷链物流部门，于 2015 年正式独立发展，逐步成为专业的第三方食品冷链物流服务商。2017 年 8 月易果集团获得阿里巴巴 D 轮 3 亿美元融资，进一步助力安鲜达实现冷链物流基础设施网络的加速扩张及行业客户服务能力的全面提升。

安鲜达立足高速成长中的食品冷链服务市场，依托于易果集团线上＋线下＋新零售全渠道业务布局及食品供应链优势，长期致力于打造面向全行业客户、从农场到餐桌的全链路、多场景的食品冷链物流服务解决方案。公司的发展愿景是成为中国最具价值的生鲜冷链物流一站式服务平台，为客户提供安全、新鲜、"如约达"的生鲜食品冷链物流服务。

一、产品体系和服务能力

安鲜达深耕生鲜食品冷链物流行业超过 12 年，依托覆盖全国的自有冷链物流基础设施网络、专业化的服务团队，现已形成国内领先的全链路冷链物流产品体系和服务能力。

1. 完善的产品体系

安鲜达已经建立涵盖干支线运输、仓储管理、门店配送、末端宅配等环节的全程多温区标准化冷链物流服务产品体系；同时为行业客户提供 QA/QC 商品质量检验、包装设计、分拣加工、库存及供应链管理等多种增值服务。作为一个开放的物流平台，安鲜达的各环节服务产品能通过灵活组合满足不同行业客户的个性化需求。

2. 坚实的服务能力

安鲜达目前已完成北京、上海、广州等全国 15 个城市 24 个冷链物流中心的全国战略布局，在北京、上海、广州和武汉建立了区域集货调拨仓库，实现了基于三大温区的冷链仓储体系，日处理能力超过 200 万件；同时依托 360 个自配站点和超过 4000 人的自有配送团队，加以社会协同配送资源，覆盖 310 个城市的各行业客户及亿万终端消费者，日履约能力达 30 万单。2017 年安鲜达配送生鲜商品达 6.7 亿件，妥投率超过 99%，建立了极佳的行业口碑。

二、全链路食品冷链物流解决方案

1. 从生鲜宅配走向全业务场景

深耕生鲜宅配，树立优质口碑。安鲜达起源于易果生鲜内部物流配送部门，本身具有专业的 B2C 生鲜冷链服务能力。从客户下单开始，经过内部加工、组配、集发、配送等环节，确保每一笔订单都能安全、新鲜、如约送达给客户。目前，除了次日达的基础服务之外，安鲜达已经在全国主要城市逐步实现当日达、预约达和极速达。

拓展 B 端客户，服务全业务场景。为了进一步适应生鲜冷链市场的发展要求，安鲜达走进市场、走近客户，深入了解商家客户对食品冷链的服务需求，提出定制化的解决方案。目前，安鲜达重点聚焦以下客户：一类是全国性的大型客户，在全国拥有大型的生产基地，或在不同城市分布着生产和加工基地，销售市场面向全国各地，但缺乏系统的分销网络和整体物流解决方案；另一类是区域性或某一城市当地的生鲜加工商或经销商，搭上电子商务的时代班车，通过线上、线下等多种渠道将产品销往全国，但缺乏专业的、成熟的冷链物流服务商，只能通过快递或快运公司零散寄递，服务品质和温控要求均难以满足生鲜食品冷链的基本要求。

上述客户对冷链物流的需求极为迫切，尤其是具有坚实基础的专业化、系统化冷链物流服务。他们的共同特点在于：一是发货具有大批量、多频次的特点；二是商品的温控要求较高，中途"脱冷"会严重影响食品的品质；三是生产与销售分离，生产具有节奏性、周期性，而销售则是全年性；四是销售渠道多元化，既销向线上平台，也销往线下商超、专卖店、单位食堂等；五是商品流量为一地发全国，或者由几个大的集散区域发往全国。安鲜达潜心研究这些客户的痛点和需求，为他们建立了一套专业的全链路食品冷链物流解决方案。

2. 从产品提供商走向服务集成商

Z 公司是我国生鲜食品领域的大型生产商，业务体系覆盖较广，既有农牧食品业，又涉足商贸零售业，有多个肉类生鲜及熟食加工工厂分布在全国不同城市，同时在全国主要城市开设几十家零售门店。一直以来，加工厂与零售门店间的物流运输和生鲜食品的存储问题长期困扰着 Z 公司。一方面，加工工厂与零售门店之间多点对多点的长途运输过于分散；另一方面，门店的备货和库存管理问题也面临着成本和效率的困惑，门店备货过多会导致库存积压；门店备货不足会面临补货不及时的风险。而自建物流则成本过高、周期太长，规范化运作、精细化管理以及专业化的冷链运营团队更是欠缺。

双方建立战略合作关系之后，安鲜达全面梳理了 Z 公司从生产加工到终端门店的物流链路，将公司成熟的"仓干配一体化"网络资源深入衔接到 Z 公司的每一个物流环节。

仓储方面，安鲜达分布在北京、上海、广州和武汉的四个集货仓将全国分为四个核心区域，分别对接 Z 公司在该区域的生产加工厂，商品生产完成后就近入仓。一方面，需要发往全国的商品，安鲜达通过集货仓进行区域调拨，发往对应城市的销地仓；另一方面，需要暂存的商品，直接储存在集货仓或销地仓内，所有的仓库均具备多温区综合仓储和加工包装等功能，帮助 Z 公司进行冷链存储和库存管理。安鲜达"集货调拨仓 + 城市销地仓 + 前置仓"的多层仓网结构，为 Z 公司提供了"就近入库、全国配货"的有效解决方案。

冷链运输方面，安鲜达将服务延伸到 Z 公司的生产加工厂，通过冷运干线帮助 Z 公司将出厂的商品直接从工厂运往安鲜达的集货调拨仓；再通过冷运支线运输，从集货调拨仓运往目的地城市销地仓。安鲜达通过自有车辆和社会协同车辆相结合，建立了专业而稳定的冷藏运力，并通过全程温控、信息记录，实现了冷藏运输全程可视化。

城市配送方面，安鲜达的城配网络帮助 Z 公司实现城市销地仓到城市内各门店、各销售终端的配送服务，有效解决了门店小量库存、灵活补货的需求。同时，安鲜达的末端配送团队还可以为终端销售网点提供冷链宅配服务，实现投递到户。

Z 公司只是安鲜达在食品冷链领域众多服务客户其中之一，经过一年多的探索与完善，安鲜达在服务 B 端客户方面积累了较为成熟的经验。安鲜达从 B2C 业务切入食品冷链，逐步夯实服务能力之后，全力拓展服务场景，目前已经覆盖了 B2C、O2O 和 B2B 全业务场景，服务对象涵盖了生鲜电商平台、食品生产加工商、线下商超、连锁餐饮、供应商客户以及大盘商家等。

互联网经济正在改变人们的消费习惯，即时消费需求已经成为常态，这些消费场景对应的品类往往为短保、易腐和高损耗的商品，如鲜花、蛋糕、冰激凌、巧克力、乳制品等。此类商品对冷链的要求远远高于其他品类，大多数冷链物流公司对这一业务领域都较为谨慎。安鲜达作为菜鸟网络冷链服务的唯一 CP（合作伙伴），与菜鸟网络深度链接，不断探索业务领域和服务品类，不惧服务难度，共同为客户输出一站式冷链服务。

M 公司是我国乳制品行业的龙头企业，对保质期限较短的乳制品来说，物流效率极为重要。安鲜达和菜鸟网络共同为 M 公司提供全国分仓的解决方案，M 公司的商品由工厂或经销商提前送到安鲜达在全国各地的冷仓，商品从距离消费者最近的仓库发出，大幅减少了流转距离。双方合作后，M 公司的订单在 24 小时内送达消费者手中，而合作前这个数字为 4~5 天。

线上冰激凌业务一直是 M 公司希望重点布局的业务，但如何保障冰品的线上供应链体系是 M 公司自身无法克服的巨大难题。较之于其他生鲜商品，冰激凌在储存温度、作业环境以及包装方面的物流要求更高。在选择了安鲜达的服务之后，M 公司的冰激凌不再通过快递寄到消费者手中。安鲜达在各大城市内的核心区域设立微仓，根据 M 公司的订单需求，从离客户最近的微仓送货至消费者，实现就近配送。安鲜达所有的微仓均满足冰品的温控要求，最低温度可达 –26℃；每天即时配送，冰激凌的新鲜度得到有效保证；包装泡沫盒更厚、密度更高，除使用干冰之外，还额外增加保温袋。在安鲜达的服务下，M 公司的所有冰激凌距消费者更近、配送时间更短、物流成本更低。

除了服务于 M 公司的乳制品、冰激凌等品类之外，安鲜达还承接了 H 公司的巧克力业务、K 公司和 Y 公司的蛋糕业务以及多个商家的鲜花业务。安鲜达一方面在温控上为商家提供硬件保障，每个城市销地仓和微仓均能保证最低可达 –26℃ 的存储条件；另一方面在时效上追求极致，安鲜达在全国 20 余个城市围绕特定商品品类和 3 千米服务半径，推出了 1 小时达的极致服务，目前已经覆盖全国上万个小区和商务区。

（1）全链路物流，一站式服务。安鲜达打通了从上游到末端、从产地到餐桌的完整食品冷链物流体系。原产地方面，安鲜达根据品类需求和商家需求，建立了产地仓和协同仓，从源头上实现品质管控。集货调拨环节，通过集货仓辐射全国核心区域，通过区域间的干支线调拨和智慧补货，帮助商家降低库存周期。冷藏存储环节，安鲜达多温区的综合冷库帮助商家解决出入库和库存管理问题，实现库存优化，发挥"一盘货生鲜物流平台"

的服务特色。

（2）专业化设施，高效化运转。区别于其他部分服务商借助普货网络和设备完成冷链服务的情况，安鲜达配备了专业的、完整的食品冷链物流设施设备。一是实行多温区存储，并通过合理的冷媒配比，实现冷藏经济性与实效性的统一。二是对冷藏车辆实行严格管理、严控质量，曾经有供应商在给安鲜达仓库供货时，由于温度记录仪显示的温度不达标，而被整车退货。三是在前置仓和站点配备小型冷库和冷藏设备，保证商品全程不脱冷。四是在周转环节研发推广了可折叠式保温周转箱，在不拆箱的环境下实现快速周转，保障了全程温控，同时大幅节省了逆向物流的装载空间。五是在行业中率先投入自动化分拣设备，并配备先进的全方位扫码设备，分拣准确率超过99.5%。

（3）多举措并行，高规格质控。安鲜达坐拥业内最专业、规模最大的质检团队，在每个基地配备近20人左右的专业专职QC（质量控制）人员，全国专职驻仓QC工作人员近500人。QC人员的权限直接隶属总部QA（质量保证）部门。安鲜达全程按照"源头品控—入库质检—在库全检—出库质检"品控模式进行管理，着重加强生鲜商品的多环节质检。

（4）标准化保障，精准化提升。安鲜达打造了一套涵盖标准物流容器、商品和物流包装、质检、设备及IT系统需求的标准化体系，目前已经制定了300余项企业标准。2016年安鲜达获得了ISO 9001：2015质量体系认证，企业标准化成效显著。同时，安鲜达积极参与和推进冷链行业的标准化建设，相继主导了《冷链食品宅配作业规范》行业标准、《生鲜电商平台退换货标准》团体标准的制定工作；参与了《冷藏、冷冻食品物流包装、标志、运输和储存》国家标准、《食品冷库温控验证技术规范》团体标准以及《餐饮冷链物流服务规范》行业标准的制定工作。

（5）创新性研发，开放性共享。安鲜达不断加强包装技术研发，从节约纸浆原料、减少 CO_2 排放、提升堆码效率、延长保冷时效、减少印刷油墨、减少泡沫箱使用率等多角度进行创新，实现绿色、循环、减量。同时，安鲜达与国内大型高新技术企业建立联合温控技术实验室，与上海某知名大学建立产学研合作机制。安鲜达依托QMS（质量管理体系）和品控数据监控系统，实现从商品入库收货到配送全程质检结果的全程可追溯，并通过数据分析驱动全链路品质提升。

目前，安鲜达已经成为我国生鲜宅配规模较大、B2C 与 O2O 服务深度融合、标准化全面推进、新技术应用普及的食品冷链物流企业，以国内生鲜冷链为基础而搭建的服务系统，还将全面承接来自海外商品的流通。

安鲜达致力于成为领先且开放的生鲜冷链物流一站式服务平台。未来，安鲜达将面向全行业开放服务能力，通过全链路、全业务场景和全模式服务，为商家赋能、为社会赋能，与合作伙伴共同推动中国食品冷链行业的发展，为中国的食品零售、冷链物流、广大消费者以及全社会创造全球领先的价值。

案例十一：小宗低温配送服务相关国际标准的开发

雅玛多（中国）运输有限公司

一、小宗低温配送服务需求扩大

近年，网络电商市场的世界性发展，令人瞩目。网络电商市场开始之初是杂货和服装、书籍的销售、购买。之后，随着市场的扩大，多数消费者希望以食品为主的生鲜品也能在线上购买。其结果是，小宗低温配送服务的需求高涨，即使少量物品也可低温状态配送。在当今的亚洲，小宗低温配送服务的市场急速扩大。

二、雅玛多集团概要

日本大约 30 年前开始，各家公司就可以提供以低温状态配送包裹的服务。雅玛多集团在常温宅配服务的宅急便基础上，追加低温状态的宅配，提供低温宅急便服务。该项服务能够以少数量为单位，保持低温状态直接配送到目的地。低温宅急便电商方面自不必说，而且在个人对个人之见的礼品配送方面也可使用，提供环境，使任何人都可以在自家享用日本全国新鲜食品。此外，雅玛多集团还在日本以外的亚洲各国开展低温宅急便事业。对其中部分地区，提供日本出发最短次日送达的国际低温宅急便服务。

2010 年 1 月 18 日，作为中国的当地法人，雅玛多（中国）运输有限公司（以下简称雅玛多）成立，为构建现代化大城市上海的宅配网络，提供安全、安心、迅速、便利的价值，开展相应业务。努力支撑城市经济发展，以提高当地居民的生活水平为目标。

雅玛多的事业以上海为中心，包括崇明岛在内，网络网点扩展到华东地区。在上海市松江区设置集中处理包裹的基地，发货临近高速公路的便利性。

现在正在增强作为配送网点的营业所、从业人员、配送车辆，同时通过以低温宅急便为主解决"最后一公里"难题，以及通过冷链宅配为顾客提供便利和舒适的服务。

三、低温宅急便的配送模式

在日本国内，雅玛多拥有进行包裹取件和配送的宅急便营业所网点约4000 个，但如果在各营业所之间进行运送则效率低下。因此，在日本全国设置被称为基地的分拣点 70 个，临时集中包裹，以中枢和辐射方式进行运输。营业所向基地运送包裹，在这里集中后，发运到作为目的地的全国各地的基地，实现了高效配送。此外，通过使用设备器材，使得常温包裹和低温包裹同时运送，通常低温宅急便也和宅急便在同一个网络网点内进行配送。如图 7-25 所示。

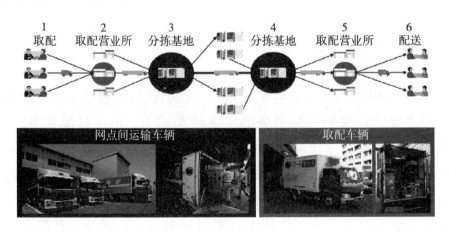

图 7-25　网络网点模式

在中国也使用上述配送模式，但着眼点不仅在发件方，也有收件方的需求。

例如，上海市崇明岛的某客户就是使用这种服务，对有机蔬菜进行宅配。有机蔬菜价格较高，以往在配送过程过程中曾发生腐烂、变色及沾水等问题。为了解决这些问题，考虑如何采用最佳的配送方法保证蔬菜品质，现在我们提供低温宅急便服务。贯彻品质管理，满足顾客需求和解决顾客困扰。通过提供这种附加值服务，营造双赢的效果。

今后能否满足市场需求的多样化和高度化，可以说顾客满意是关键，也是雅玛多的使命所在。

四、国际标准制定的工作

如前所述，小宗低温配送服务的市场向世界扩展，另外，以低温状态配送包裹的行为也存在着风险。例如，不充分的温度管理（使用损害的温度计、低温能力不够的冰箱）、配送过程在常温环境下长时间放置冷藏、冷冻包裹。如果整个行业不能得到消费者和社会的信任，市场无法发展，结果导致消费者无法享受低温配送服务的便利性。

从以上背景出发，有效方式是制定规定服务应有水准的规格，选择在较短时间内能够制定的规格种类，PAS（Publicly Available Specifications，公开式样书）能够不断确保中立性和公正性，与英国的规格制定机关 BSI（British Standards Institution，英国规格协会）致力于新规格的建立。如图 7-26所示。

图 7-26　国际标准所期待的意义

制定规格时，不仅日本宅配事业公司，还呼吁英国、中国相关企业、业界团体和有识之士也参与其中。来自中国冷链专业委员会的代表参加了讨论。经过多轮的国际会议和公开征询意见，2017 年 2 月，PAS 1018 得以发行。如图 7 - 27 所示。

规格名称	PAS1018：2017 Publicly Available Specification Indirect, temperature-controlled refrigerated delivery services-Land transport of refrigerated parcels with intermediate transfer-Specification（公共可用规范，间接温控冷藏配送服务，具有中间转移的冷藏包裹的陆路运输规范）
发行日期	2017年2月28日
PAS 1018的对象者	配送服务事业者
制定者	英国规格协会（BSI）
参加组织	英国、中国、日本等21个机关

图 7 - 27 PAS1018 相关内容

五、PAS1018 的概要

根据 PAS1018 规定，为提供使用车辆间换装的小宗低温配送服务，物流事业者应该实施的各种主要条件。例如，包裹从取件到最终目的地的配送环节、包裹的处理方法等。其他还有服务设计时，要正式规定对使用顾客进行商品说明时应公开的项目，包括配送据点和车辆的运输网络网点的配置、手册制作、记录员工教育的项目等。物流事业者应遵守的特定技术规格和温度范围，根据国家不同，已有的法令等内容，在 PAS1018 中不记述。

1. 认证的取得

PAS1018 发行后，雅玛多为了从客观视角追求进一步提高品质，包含位于上海开展低温宅急便的雅玛多，在各事业开展国，接受第三方机构的审查，取得了 PAS1018 认证。

2. PAS1018 的应用和 ISO 开发

推进 PAS1018 应用，各方利害关系者存在以下优势。

（1）预计物流事业者可通过应用本规格进一步提高品质。此外，对于今后开始提供小宗低温配送服务的事业者，该规格可成为指针之一，进行纲要性地确认必要的实施事项。物流事业者接受该规格认证审查时，对公司外部传达接受第三方认证的事实，可以更客观地表明服务品质。利害关系者的 PAS1018 普及的意义如图 7 - 28 所示。

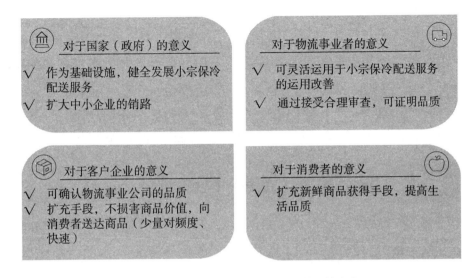

图 7 - 28　利害关系者的 PAS1018 普及的意义

（2）随着小宗低温配送市场的成熟，发出包裹的企业，可使用品质稳定的小宗低温配送服务，生鲜品的网上销售等各种商机变为可能。

（3）为少量多频度运送包裹，可以合理地进行运送和保管，其结果是可通过特许代理开展店铺等的饮食和零售商容易扩大区域。这意味着，对于难以安排大规模运输手段的中小事业者也能够扩大事业开展的可能性。

（4）消费者能够接受服务品稳定的小宗低温配送服务。随着应用这种运输方式的商业扩展，之前不能吃到产于某地的生鲜品等美味食材将贴近百姓身边，丰富多彩的生活成为可能。

现在，日本的国土交通省与 ASEAN 各国携手，致力于冷链物流的标准化和小宗低温运送的国际标准化，但在最后一公里部分，期待能够引用 PAS1018，今后在 ASEAN（东盟）各国应用 PAS1018 标准。

此外，平行推进以 PAS1018 为基准制定新的 ISO（国际标准化组织）工作。

ISO 是按对象领域，由各国专家构成的 TC（Technical Committee，技术委员会）进行审议制订，但并没有以小宗低温配送服务为对象的 TC。因此，在征得 BSI（英国标准协会）同意下，提议设置新的相应领域的委员会，进行 ISO 化的审议。2017 年，由日本 JISC（Japanese Industrial Standards Committee，日本工业标准调查会）向 ISO 中央委员会提出提案。之后由世界各国的代表机关进行投票，以中国为首的多数国家投赞成票，获得了批准，该新委员会将推进 ISO 制定的审议工作。

今后，还将通过扩大 PAS1018 应用，让各方利害关系者享受利益，小宗低温配送服务的健全成长目标是实现经济发展和世界各国的丰富多彩的生活。

案例十二：打通上下游、形成全供应链

招商美冷（香港）控股有限公司

一、基本情况

招商美冷（香港）控股有限公司（以下简称招商美冷）由招商局物流集团有限公司（招商物流）和 Americold Realty Trust（美冷）合资，招商物流控股的中国领先的综合性冷链供应链综合服务商，旗下有招商局国际冷链（深圳）有限公司、康新物流（天津）有限公司、维益食品（天津）有限公司、康新物流（哈尔滨）有限公司、深圳招商美冷供应链有限公司、招商美冷物流（武汉）有限公司、招商美冷物流（郑州）有限公司等 11 家经营公司，拥有广泛的客户资源和丰富的冷链物流项目运作经验，冷链物流业务网络覆盖国内主要省市地区。目前在国内主要城市拥有和管理 17 座冷库，面积达 17.1 万平方米；拥有自有温控车近百台，同时整合管理 2000 余台外协温控车，运输配送网络覆盖国内主要省市地区。

招商美冷作为中物流冷链委理事长单位，长期致力于推动行业的健康、快速、可持续发展工作，并发挥了应有的作用，还作为起草单位之一修改完善了《物流企业冷链服务要求与能力评估指标》（国家标准）和《冷链物流从业人员能力要求》（团体标准），积极推动冷链行业发展。近年，招商美冷荣获 2015—2016 年"中国冷链十佳综合物流服务商""中国冷链物流企业百强""中国食品物流 50 强企业"等殊荣。

依托双方股东的强大支持及在品牌、资本、网络、客户及专业经验等方面的资源优势，招商美冷正在平台化目标集中战略指引下推进实施"全国网络化仓干配综合冷链服务的成本领先战略＋进出口冷链服务的效率领先战略＋供应链服务的差异性战略"为三个业务发展子战略，形成"以全国仓干配综合冷链服务为主导，以进出口冷链和冷链供应链服务为两翼"的综合性供应链平台化商业模式，聚焦主营冷链业务发展并加大与冷链相关的高端产品贸易分销、贸易撮合、O2O 电商交易等供应链线上＋线下，物流＋商流综合业务延伸，实现智慧扩张和价值创造，致力于成为"中国领先的综合性冷链供应链平台运营商"。

二、股东介绍

（一）招商物流概况

招商局物流集团有限公司（以下简称招商物流）是国家 A 级央企招商局集团有限公司旗下发展现代物流业的核心企业，2000 年正式组建，注册资本 14.44 亿元，员工近万人。经过近二十年的高速发展，现已成为全国综合运营能力最强、资源配套最完善、品牌价值最高的第三方物流服务商。在全国建立自营物流网络，在主要城市均设有子公司。主营业务涵盖普货及冷藏仓储、运输、供应链服务及托盘租赁。

目前，在华东、华北、东北、西南、西北、华中、华南 7 大经营区域拥有全国性物流网络实体，在全国 150 多个城市设立了物流运作网点近 900 个，物流配送可及时送达全国 2000 多个城市，现已形成普货合同物流、公路快运、冷链物流、国际供应链物流、托盘共享租赁五大业务平台协同发展的格局。

（二）美冷概况

美冷总部位于美国亚特兰大，在全球拥有及管理 180 余座冷库设施，库容总量约 10 亿立方英尺（约 2830 万立方米），占全球库容总量的 12%，冷链业务遍布全球，在加拿大、澳大利亚、新西兰、阿根廷和中国均设有分公司，拥有员工 12000 余名，是全球最大的冷链企业及领先的温控仓储和物流运营商，在美国拥有最广泛的冷链物流网络。

美冷拥有专业的冷链物流服务管理和运营经验，致力于为客户提供综合的供应链解决方案。

三、招商美冷主要业务板块

招商美冷提供温控仓储、干线运输、区域及城市配送等一揽子冷链物流服务，同时也提供采购与分销、供应链金融等综合解决方案。通过高质量的冷链物流服务和业务创新，招商美冷将逐步增强对整个冷链的控制，成为供应链上的核心企业。

（一）温控仓储

招商美冷在全国主要城市经营管理17座冷库，均配备先进的设备及仓库管理系统，温控仓储业务温度区间分布广泛：包括冷藏仓库（0℃～5℃）、冷冻仓库（－25℃～－18℃）、恒温仓库（18℃～22℃）以及干仓。招商美冷具备全温控技术能力，致力于为客户提供优质的冷链服务。

（二）冷链运输＆配送

招商美冷拥有3吨、8吨、12吨、30吨等各类型号冷藏运输车辆，冷链运输网络覆盖国内主要省市地区，目前在哈尔滨、北京、天津、青岛、大连、苏州、上海、郑州、成都、武汉、广州、深圳、香港等地均拥有专业现代化的冷库可作为RDC（区域配送中心）进行区域配送。

（三）贸易业务

招商美冷在业务模式上不断追求创新，在专注冷链物流服务的同时，于2011年下半年尝试开展贸易业务，进一步将服务范围向供应链上下游延伸，从而加强了对整条供应链的控制。

招商美冷旗下具有肉类、海产品的进口资质和酒类流通许可证，为中国海关A类企业，提供食品的全球采购、进口代理和国内分销等一站式服务。

通过"线上微店＋线下配送"的商业模式创新，招商美冷增强了对进口冻品食品、红酒等自产地到国内终端销售的渠道和流向控制，同时有利于冷链物流业务向上下游业务的渗透，丰富了未来的业务形态和盈利模式，实现了物流业务和贸易业务的网络化有机融合和相互推动发展。

（四）其他服务

招商美冷还提供冷链物流增值服务、供应链金融服务、报关与报检及冷链信息传播、行业标准推进等公众服务。

四、主要客户案例

招商美冷与众多知名零售、连锁商超、餐饮服务、进出口贸易企业等均有合作。下面就招商美冷与几个代表性客户案例进行分享。

（一）项目背景

世界家居零售商巨头，在全球多个国家拥有分店，贩售平整式包装的家具、配件、浴室和厨房用品等商品。在中国大陆拥有多家商场及物流中心，目前中国已成为其最大的采购市场和业务增长最重要的空间之一，在其全球战略中具有举足轻重的地位。为发挥区域集中优势，客户在产品的全供应链整合上有较广泛的需求。招商美冷具备全供应链方案设计、实施、资源匹配、整合能力和在业界拥有良好的口碑及声誉，为双方合作提供了良好的契机。

（二）运作模式

招商美冷为客户提供冷链供应链综合服务，即"冷链物流 + 代办购销"，属于非垫资形式的"物流 + 商流"模式。与客户签订供应链服务合同，并按客户的统一安排与客户及其多家供应商签订三方购销合同。主要营运模式包括：①物流服务，为客户指定区域提供冷冻/冷藏/恒温仓储及门店配送服务；②代办购销服务，代客户向其供应商采购相关货品，按客户指令订单配送销售给客户在指定区域门店。

（三）全供应链解决方案支持

1. 专业的项目团队

根据客户的全供应链业务需求，招商美冷组建由商务、财务、仓储运营、运输管理、系统 IT 等专业人员构成的专业项目团队。

2. 客户需求信息量化分析

在项目启动前，对客户的所有进出流量数据进行分析、测算、演算。并严格按照客户的需求模拟库存及安全库存管理进行虚拟测试。有效保证了数据流、订单流等信息与实际操作的信息数据能够快速匹配。

3. SAP 信息系统的支持

根据项目特点、库存及周转的特殊要求，定制开发出了与客户需求契合度较高的 SAP（企业管理解决方案软件）WMS 模块及 TMS 模块，能够满足客户所有的商品采购、仓储及配送、自动计费、对账结算等管理的功能，为客户日常运营提供强大的信息化系统支持。如图 7 - 29 所示。

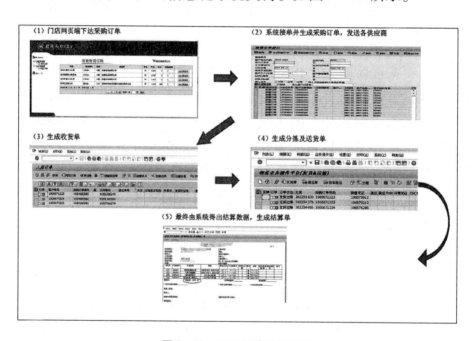

图 7 - 29 SAP 系统运用图示

总的来说，该项目是以 SAP 物流系统和互联网平台为基础的，打破传统仓储、运输和配送等基础冷链服务模式，集库存数据查询、订单接收确认、采购物流及卖场配送追踪和结算功能于一体的全供应链冷链物流项目。

目前，客户门店已全面使用由招商美冷开发的 SAP 仓储及结算系统，该系统具有查询库存、下达订单、收货确认、销售结算等功能，对仓储物流的操作性得到质的提升，更增加客户对招商美冷的黏性及信任，同时也可根据客户的需求随时进行系统调整及变更，时刻贴近客户，让其对招商美冷服务质量的满意度得到更高提升，同时也为拓展其他地区项目打下坚实的基础。

（四）项目意义及影响

该客户由于涉及全供应链服务，存在需求多样化、涵盖范围广的需求。因为准备充分，从最初的了解门店需求、制定流程到如今项目团队已熟练运作，仅用了不到一个月的项目正式运作时间，同时为项目定制的订单及结算系统，也大大地提升了操作便利性。为更好地提高服务质量及提升客户满意度，招商美冷定期进行门店拜访回顾。目前，各项KPI考核指标全部达标，各个业务板块的服务质量都让客户感到满意，该客户还诚邀招商美冷商谈其他区域合作的可能性。

该项目的成功运营充分发挥了招商美冷自身冷链网络资源优势和完备的贸易资质与供应链管理经验。与此同时，招商美冷将该项目典型的冷链增值服务和供应链商业模式的创新模式推广至其他客户，延伸同类型操作模式的客户需求。创新综合性的冷链供应链服务模式促使物流中心向集物流集散和交易功能的综合供应链信息平台转变，打通上下游，为招商美冷差异化发展提供新的思路和方向。

五、未来发展规划

作为"多温区、全产品"的大型综合性公共冷链服务商，招商美冷将在发展冷链物流的同时，积极开展采购与分销、供应链金融、电子商务等业务模式，为客户提供更好的冷链服务和更高的价值，全力保障民生和食品安全。同时，在未来几年内将致力于建立全国范围内的冷链网络，努力成为中国领先的冷链供应链综合服务商。

第八章　2017 年中国冷链物流企业人力资源情况

在我国冷链物流的高速发展时期，冷链物流人才短缺已成为制约冷链物流发展的瓶颈。人才是企业竞争力的核心，如何发挥企业的人才优势，加强竞争力，成为冷链企业发展的重中之重。为了解冷链物流企业的人力资源现状，2017 年，中物联冷链委对 2016 年中国冷链物流百强企业进行了人力资源情况专项调查。

一、冷链物流企业人力资源调查结果

调查对象是 2016 年中国冷链物流百强企业，调查结果从企业类型、岗位级别、男女比例、学历及专业背景、工资水平等方面呈现。按企业类型划分情况来看，民营数量占主导，达到 55%。从被调查企业总体的男女性别结构来看，整个冷链物流行业呈现出明显的男多女少的局面，男性占比 75%，女性占比 25%。如图 8－1 所示。

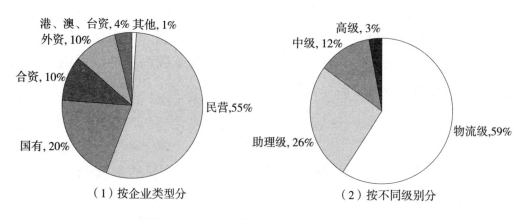

（1）按企业类型分　　　　（2）按不同级别分

图 8－1　2016 年冷链物流百强企业人力资源情况

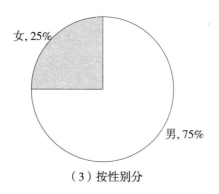

（3）按性别分

图 8 – 1　2016 年冷链物流百强企业人力资源情况（续）

资料来源：中物联冷链委。

从各岗位级别分别来看。在物流级从业人员中，男性所占比例是 92.5%，女性为 7.5%，差异相差悬殊。而在助理级从业者中，男女占比则发生了逆转，男性为 34.2%，女性 65.8%。可以体现出这一级别文职，窗口前台服务型性工作较多。而到中级再次回归男多女少的状态，男性为 70.76%。在高级从业者中，依旧男性维持压倒性优势，男性为 85.37%。体现出在管理层，女性从业者向上发展空间小。如图 8 – 2 所示。

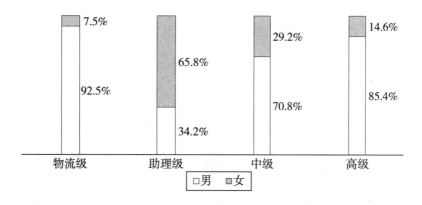

图 8 – 2　各级别性别占比

资料来源：中物联冷链委。

从不同学历背景来看，在物流级从业者当中，初中及以下学历拥有者占多数，为 67.54%。高中学历者为 33.15%，大学及大专毕业生则只占 9.32%。数据说明物流级从业者以中低学历为主；在助理级从业者中，以大学及大专学历为主，占 71%，高中学历者占 24.82%。初中及以下学历为 3.78%，研究生学历者仅有 0.39%；在中级从业者中，初中以下学历者略有提升，占 14.08%，我们分析认为这有着从物流级升到中级管理层，长年从事冷链物流行业的从业者群体导致的；在高级从业者中，硕士以上学历者比重增加，占 4.88%。但整体占比依然较少，证明冷链物流企业高管中高学历者依然缺乏。如图 8 - 3 所示。

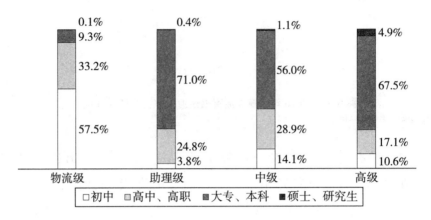

图 8 - 3　不同级别学历背景

资料来源：中物联冷链委。

根据统计数字，接受过高等教育的中、高级管理人员们中，接受物流相关专业教育的人占比较少，只有 18.02%。多数为其他无关领域。但管理专业人才较多，总体上占到了 30.72%。如图 8 - 4 所示。

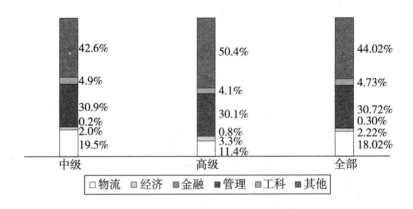

图 8 - 4　中、高级管理人员专业背景

资料来源：中物联冷链委。

凸显出，冷链物流领域人才同自身专业严重不对口的现状，这恰恰是我国在高等教育、职业教育中缺乏冷链物流相关科目设置造成的。

根据《2017 年国民经济和社会发展统计公报》的全国居民平均可支配

收入来看。冷链物流行从业者的平均薪资属于中间阶层。如表 8－1 所示。

表 8－1	冷链物流行从业者平均薪资水平		单位：元
物流员级从业人员	助理级从业人员	中级从业人员	高级从业人员
4000 以下	4000～6000	6000～8000	10000 以上

资料来源：中物联冷链委。

企业在用人招聘、内部培训情况，如表 8－2 所示。

表 8－2	冷链物流行人员招聘渠道及内部培训频次	
	招聘渠道	学习频次
物流级从业人员	人才市场	内部学习/每月一次
助理级从业人员	应届校招、人才市场	内部学习/每季度一次
中级从业人员	人才市场、特聘外招	内部学习、外聘讲师/每季度一次
高级从业人员	人才市场、特聘外招	内部学习、外聘讲师/每半年一次

资料来源：中物联冷链委。

二、冷链物流人才现状

"招人难、用人难"六个字概括出我国冷链物流行业的人力资源的现状。一方面是高等教育、职业教育开设冷链物流专业在时间上滞后于行业发展；另一方面是冷链物流行业特性所决定的，多学科、跨专业的系统，要求人员具备综合能力。如图 8－5 所示。

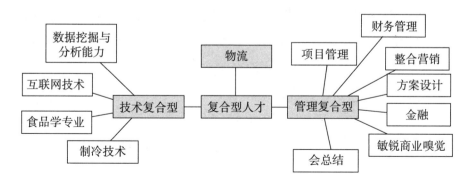

图 8－5　冷链物流复合型人才技能树

复合型人才需求决定了企业在人才培养上需要花费较长时间，冷链物流人才的缺乏也是影响企业快速发展的瓶颈之一。

三、冷链物流人才教育培养

资本的投入带来行业快速发展，对于人才的需求越来越高，越来越稀缺，中物联冷链委将支持本科院校和中高职设置冷链物流相关方向与课程，并大力开发在职人员培训课程，推动冷链专业教育和职业培训，形成多层次的教育、培训体系。

2017年5月9日，中国物流与采购联合会发布2017年第2号公告，批准发布团体标准《冷链物流从业人员能力要求》。标准规定了冷链物流从业人员的能力要求等级与主要职责、职业能力要求。适用于冷链物流从业人员的考核、评估、聘用、教育和职业培训。标准的发布实施将有助于优化冷链物流人才结构，规范院校专业教育制定相关课程，为冷链物流从业人员培训提供指导意见。

2017年7月，为落实《教育部办公厅关于做好高等职业学校专业教学标准修（制）订工作的通知》，结合《国家中长期教育改革和发展规划纲要（2010—2020年）》《国务院关于加快发展现代职业教育的决定》《国家教育事业发展"十三五"规划》的要求，中物联冷链委作为行业指导单位，参与高等职业学校冷链物流技术与管理专业教学标准制订的任务。2018年3月教育部高等学校物流管理与工程类专业教学指导委员会成立"冷链物流专业建设"工作组。

2014年，中物联教育培训部、中物联冷链委共同发起，在全国范围内开展"冷链物流校园行"公益活动，四年间共走进40所院校，8000余名师生参与，为推动冷链物流行业人才教育起到了积极作用。

经济快速发展，人民生活品质提高，促进冷链物流行业迅猛发展，市场、需求、技术、模式、标准等变得越来越快。持续学习贯穿于整个职业生涯，在职人员需要不断地进行知识迭代，以跟上企业及行业发展需要。

第九章　日本冷链物流概述

第一节　日本冷链发展史

日本应用冷藏技术的历史是比较早的，早在 1870 年，当时在横滨的牛肉商就开始使用天然冰建立冷冻库进行牛肉储藏。1899 年，在日本鸟取县米子市引进当时的美国技术，建立了日本第一个近代化的冷藏库用于储藏鲜鱼，并且在同美国的贸易中使用冷藏船。不过这一阶段，冷藏库仅仅是作为制冰业的副业而存在。而随着第一次世界大战的爆发，日本增加全球范围内粮食食品的需求。从政府到社会都对冷藏高度重视起来。

1919 年，当时的日本政府颁布了《水产冷藏辅助奖励金相关规则》，从政府层面支持冷藏业的发展，日本的冷藏业进入发展期。同年，在大阪市日本第一个专门用于冷藏的三层式冷藏库建立起来。而在消费者家庭这一环节上，1918 年三井物产开始进口美国的冰箱。不过日本尽管在冷藏技术应用的各方面均有所发展，但第一次世界大战前依然谈不上"冷链"这一概念。日本迎来冷链的发展还是在第二次世界大战结束后。

日语中出现"冷链"（ゴールドチェーン）一词最早是在 20 世纪 50 年代。1950 年，西欧各国向美国派出一支庞大的冷链技术调查考察队伍（U. S Cold Chain Study Expert Team），对美国的冷链体系进行调研取经。该考察队 1951 年归国后，发表了 *Cold Chain in USA* 的报告。"冷链"一词首见于该报告中，报告被日本学界引入翻译后，直接音译使用了"ゴールドチェーン"一词，日本人也第一次接触到这个概念。

第二次世界大战后，日本冷冻冷藏业在结合战前本国既有技术的基础上，大量引入美国的冷冻冷藏技术，开发自身的冷冻食品，比如在 1946 年后来发展成日本冷链产业重镇的日冷公司便成功开发出面向大众市场的冷冻果实（冷果），冷冻橘子和冷冻草莓获得了巨大的市场成功。

1957年，日本首艘南极考察船"宗谷"号起航，在该船上搭载的日本自产的冷藏系统为考察队提供了69种约20吨的冷冻食品，有力地保证了考察船和考察基地的生活食品供给。

在当时，尽管日本已经开始大力发展食品冷冻技术、规模性建设冷库，但在运输环节温控仍然是一片空白，冷链依旧是一个崭新的概念。1958年，日本企业正式在九州开始冷链建设的尝试。在这一年，福冈运输公司与矢野汽车公司成功合作开发了第一辆日本国产冷藏运输车"冷冻者1号"，填补了之前日本食品冷冻冷藏业在运输领域的技术缺陷。至此，日本诞生了一种可将食品进行冷冻、冷藏运输的崭新物流系统。

1964年，在东京召开的第18届夏季奥运会给日本的冷链快速发展带来了机遇。当时，东京筹备方要求奥运村的食堂能够满足来自全世界90多个国家7000多名选手不同的口味，为到达这一目的，需要提前从世界各国通过冷冻运输储藏大量的食材，最终东京奥运村食堂提供的饭菜获得了极高的评价。这在实践上证明了冷冻食品技术的优越性，冷冻食品的社会知名度由此上升。以此为契机，日本各食品生产厂商认识到了冷冻食品的便利性与品质维持性，冷链应用迅速地在业界普及。同时，随着家用电冰箱的普及，日本普通家庭对冷冻食品的需求也急速上升。在这之后，冷冻食品的生产量截至1973年第一次石油危机爆发，都维持在每年增长30%的增长速度。而以日冷为代表的日本冷冻企业开始尝试运用新的冷冻车技术，将冷冻食品与生鲜品直接配送到家庭。

20世纪60年代后，日本处于经济高速发展期，在国民收入倍增计划的影响下，日本人均收入大幅提升，伴随着生活水平的急速提升，日本民众对食品的要求也愈加地丰富起来。然而此时，由于经济发展，日本的人口向东京、大阪等少数大都市集中，来自农村的生鲜食品很难以新鲜的状态被送到饭桌上。面对这一矛盾，日本政府开始大力推进冷链发展。1965年1月，当时隶属于日本政府的科学技术厅调查委员会发表了一份题为《为改善食品生活体系进行食料流通体系的现代化的倡议》，也通称《冷链倡议》。在该倡议中提出"以提升日本国民体质为目的，改变日本人从来的饮食习惯，必须改善食料的流通体系"，"通过冷藏延长生鲜品的保持期，实现在全日本范围内的流通，提高日本人的饭桌生活质量"。以《冷链倡议》的发表为标志，在日本政府支持下，日本开始确立可以最大限度保证多品种生鲜食品品质的冷链体系。被日本业界视为进入"低温物流时代"。以产地的冷藏设备为起点，中间经过运输卡车的冷藏设备、零售商的冷柜，最终进入每个家庭的冰箱，"从产地到饭桌"一个无间断的冷链体系至此形成。《冷链倡议》发表50多年来，日本无论在饮食生活上，还是在物流基础建设上，以及在日本人的身体健康上，都有了长足的进步，可以说这份文件在日本冷链史上被视为拥有着里程碑式的历史地位。

1970年，以"人类的进步与和谐"为主题的世界博览会在大阪召开。在博览会上，各种应用冷冻食品的食堂、餐饮店，一改普通人对冷冻食品"味道不佳"的旧有观念，成功地对大众植入"快捷与美味可以共存"的印象。而在20世纪70年代的高速经济增长中，大都市的日本人生活节奏也加快，饮食习惯也发生了变化。日本兴起各类家庭餐厅，麦当劳、肯德基等西方快餐业也进入日本市场，快餐行业进入一个蓬勃发展期，与此相应对，餐饮业对冷链的需求也急速增加。1972年开始出现便利店这种新形式的店铺模式，更是对冷链有着极大的依赖性。日本冷链物流开始进入一个黄金时代。

但由于石油危机，日本人口增长率下降，以及日本人均卡路里摄取量减少等因素，进入20世纪80年代，日本国内的食品冷链物流业陷入一个低潮期。不过这个时期日本的冷链企业开始向国际进军。日本企业开始依靠自身的技术优势，向韩国、中国台湾以及东南亚地区进军。同时，随着日本粮食对外依赖度的增高，猪肉进口的放开，日本冷链业迅速地走出了困境，事实上这一时期对日本冷链技术的发展完善具有极其重要的影响。

进入20世纪90年代，微波炉的普及，使得日本的冷冻食品再次迎来一个新的高潮，外食产业也逐渐繁荣昌盛。城市居民对农村健康安全的生鲜农产品的需求上升，日本农业协同组合开始尝试直接通过冷链进行生鲜蔬菜、果品的销售。而中国、泰国、美国的海外食品也开始涌入日本市场。随着IT产业的发展，电子精细元件的冷链运输需求又开拓了新的领域。各个领域的繁荣发展，给日本冷链业带来了新的机遇。

进入21世纪，伴随着日本社会经济发展，除了食品以外，冷链技术也广泛应用于其他在运输、储存上需要温度管理的商品上，如药品、电子元件等。迄今为止，日本成功地建立起从产地到销地，全流通过程中无缝链接地维持完全温度管控的一整套体系，有效地保证食品的品质安全。同时，日本政府并没有止步，依旧推动规范化、环保化上的发展，例如推动低碳冷库的发展以及包装纸箱的标准化等。经过第二次世界大战后60多年的发展，日本成功地同美国、欧盟一起并列于冷链物流技术发达成熟国家的行列。

第二节　日本冷链物流现状综述

一、日本冷链物流的特点

在日本，需要冷链运输的领域相当广泛，并且基本上实现了100%的冷链运输。在日本，冷链物流也被称为"低温物流"。

经过30多年的发展，日本已经构建起从生产端到消费端，一整条完整的冷链物流系统。从衡量冷链物流产业发展的几个关键性技术指标（冷库容、入库量、存储量、营业用冷库量和自用型冷库量比率）的数据来看，日本冷链物流这几年均维持在比较平稳的发展水平上，这说明日本冷链物流已进入了平稳的发展期。

日本冷链物流无论是在技术、设备系统还是在运营管理、市场成熟度等各方面都处于世界领先水平。特别是近几年来，日本政府大力推进冷链物流聚集地的各种基础设施建设，在大中城市、港口城市对冷链物流设施进行了合理规划。另外，日本的商品配送中心一般都建有低温和常温仓库，同时进行食品流通加工、小包装分拣、电子商务配送、订单式食品配送等冷链物流相关业务。此外，日本由于其自身地理环境制约造成的典型性亚洲小农经济、无法建立大规模集团化农业模式，很难实现农产品冷链物流的组织化、集约化和规模化。为了解决分散的农产品结构，降低农户单独进入市场的交易成本，日本农业协同组合（简称日本农协，或Japan Agricultural Co-operative的缩写JA）为日本农产品冷链物流提供了合作平台。日本农协通过建立以中心批发市场为核心的农产品冷链物流体系，保障了城市生鲜农产品的供应和流通。

二、日本冷链物流的划分

从商品特性来分类，日本食品冷链物流划分为以下几个领域。

（一）农产品

根据日本产经省的定义，农产品具有如下性质。

（1）收获后依然维持生命活动。

（2）含有极多水分（水分极易流失）。

（3）可利用部位多种多样（根部、果实、叶、花等，依食材而异）。

（4）多品种（大部分品种极易腐烂）。

由于农产品其作为食品的特性，在运输过程中必须顾及温度、时间等各种要素。在日本，一般农产品均是在低温状态下进行流通。

（二）水产品

以金枪鱼等为首的海产品需要以超低温来维持其鲜度。在日本除了在渔船上需要以超低温（－70℃～－50℃）对水产品进行管理外，在陆地上依然需要进行必要的温度管理保证鲜度。随着日本海产品在全球范围内的出口，日本不仅仅是在国内，也要打造环球性的冷链运输体系。

（三）畜产品

日本的畜产品一般是在低温状态下进行运输、加工。但对于进口畜产品，更多是以冷冻状态进入日本国内，其中牛肉占了50％，猪肉占70％，鸡肉则占100％。这类冷冻畜产品一般是用于再加工。但经过解冻、再冷冻过程后，会有一定程度的品质影响。这也造成日本进口肉品比国产肉品价格便宜的原因之一。

（四）冷冻食品

对于冷冻食品，依据各国的法律、标准拥有不同的定义。在日本的定义为：

（1）加工过的。

（2）快速冷冻过。

（3）有适当的包装。

（4）保持在－18℃以下进行保存。

在日本冷冻食品生产、储存、运输、配送、销售各个阶段均需要维持在－18℃以下。并需要在一年之内维持最初的食品品质。现在，日本的冷冻食品主要是从中国与泰国进口。中国占了60%，泰国占了33%，其他国家为7%。

（五）熟食米饭类

该类食品多在常温状态下进行销售，保质期很短，但依然需要必要的冷藏管理。随着中食产业的逐渐发展，这一领域也开始逐渐被重视起来。

而日本的食品物流中心从温度的角度，将食品的分为3个类别与3大温度带。

第一类：干货食品。冷冻食品、冷藏食品和蔬菜水果以外的食品都归类为干货食品。包括面包、点心、方便面等食品。

第二类：冷藏食品。即在 -5℃ ~5℃保存的食品。包括芝士、牛奶、火腿、布丁、豆腐等在高温环境下容易变质的食品。

第三类：冷冻食品。即在 -20℃以下保存的食品。包括冰激凌、冷冻加工食品、冷冻鱼类、冷冻肉类等食品。

在日本，按照上述食品类别划分设置的物流中心温度带，称为三温度带。

日本的大型超市都有自己的冷链物流中心。但是，建设在地方的中小型超市大多没有自己独立的冷链物流中心，须在同一冷链物流中心里保存三温度带商品的情况较多。

日本冷库是对肉类、水产品、冷冻食品等食品在10℃以下进行仓储保管，并具有冷却设备而且可以隔热的仓库建筑。冷库温度带有4种分类方法，按照《日本冷库法》规定，以第一类分类方法为主。

第一类：7等级温度带的划分。目前，日本冷库85%以上均为F级冷库，并且以F1冷库最多，而C级冷库中又以C3级冷库居多。如表9-1所示。

表9-1　　　　　　　　日本冷库按7等级温度带划分标准

序号	等级	温度带	可储存商品
1	C3	-2℃ ~10℃	蔬菜、牛奶、鱼类肉类加工品、鸡蛋、生鱼、芝士、水果、调料
2	C2	-10℃ ~ -2℃	鲜鱼类、生肉类、乳制品、咸鱼、干鱼

序号	等级	温度带	可储存商品
3	C1	-20℃ ~ 10℃	冷冻面包、冷冻鱼类、加工肉类
4	F1	-30℃ ~ -20℃	一般冰激凌、黄油、冷冻食品、冷冻肉类、冷冻蔬菜
5	F2	-40℃ ~ -30℃	高级冰激凌
6	F3	-50℃ ~ -40℃	一般金枪鱼、一般生鱼片
7	F4	-50℃以下	高级金枪鱼、高级生鱼片

资料来源：中物联冷链委。

第二类：3 等级温度带的划分。包括了 SF 级、F 级与 C 级三个等级。如表 9-2 所示。

表 9-2　　　　　　　　　日本冷库按 3 等级温度带划分标准

序号	等级	温度带	可储存商品
1	C	冷藏	-20℃ ~ 10℃
2	F	冷冻	-40℃ ~ -20℃
3	SF	超低温	-40℃以下

资料来源：中物联冷链委。

第三类：4 等级温度带的划分。包括冷藏（-5℃ ~ 5℃）、冰冻（-3℃ ~ 0℃）、冷冻（-3℃）和定温（15℃前后）4 个等级。

第四类：8 等级温度带的划分。包括加温（20℃以上）、恒温（10℃ ~ 20℃）、制冷（-5℃ ~ 5℃）、冰温（-3℃ ~ 0℃）、微冷（-8℃ ~ -3℃）、冷藏（-20℃ ~ 10℃）、冷冻（-40℃ ~ -20℃）、超低温（-40℃以下）8 个等级。

在技术上，冷链物流的主要运输对象是冷藏、冷冻及生鲜食品，其保管、配送所需的仓库设施、车辆装载集装箱等设备都需要特殊定制。

日本冷链物流企业在低温状态下运输货物时，普遍使用冷冻车和保冷车两种设备。冷冻车搭载有隔热结构货架和制冷剂，一般采用机械冷冻方法对货物进行冷却。在运输过程中，安装在冷冻车中或货物内的记录器会实时监测温度。当温度发生大幅度变化时，工作人员能够通过记录器判断出故障发生的时间和原因。与冷冻车不同的是，保冷车不使用制冷装置，其本身就能够保持低温。保冷车内安装有 GPS（全球定位系统）和信息通信装置，可以发送车辆行驶位置和车门开关过程等数据。

除冷冻车与保冷车外，日本冷链物流的特别之处还体现在以下几方面：分冷冻、冷藏、恒温 3 个温度带进行分装配送；使用绝热性能和保护性能高的包装材料；具有按气味及其他商品特性进行分类处理的经验技术；误投、破损和拖延投递现象少；送货司机的交货态度佳等。这些技术和良好的服务品质成就了"世界最高水平的冷链物流配送"。

第三节　日本冷库的发展

2016 年，日本食品综合自给率已经下降到 38%。其中，蔬菜、水产品和肉类的自给率较高，分别为 84%、62% 和 58%；而谷物类和水果的自给率较低，分别只有 30% 和 41%。随着日本国民生活水平的提高以及饮食习惯的改变，水产品、肉食品、面食和水果的消费量逐渐增加。但是，日本的这些食品自给率较低，大部分须依赖进口解决。由于生鲜食品、冷藏冷冻食品业需求的增加，促进了日本冷链物流管理和技术的创新，同时也推动日本冷库行业的快速发展。

一、日本冷库的发展

日本的冷库按使用性质划分，可分为营业用冷库和自营冷库，冷链物流企业自用仓库占有的比例较小，大部分为营业用的公共仓库。1950—1970 年这 20 年，日本的冷库能力平均每年增长 14 万吨。到 1980 年，日本的冷库能力发展为 754 万吨。从 1970—1980 年，日本的冷库能力平均每年增长 41 万吨，年增长率为 7%。

截至 2016 年日本全国共有冷库数量为 3293 座，冷库容积达 4195 万立方米（1678 万吨）。其中，在国土交通省登记的营业用冷库 1897 座，占全部冷库数量的 57.6%；冷库容积 3692 万立方米（1477 万吨），占全部冷库容积的 88%。自营冷库 1396 座，占全部冷库数量的 42.54；冷库容积 503 万立方米（201 万吨），占全部冷库容积的 12%。由于日本冷库的规模化与社会化程度很高，近 30 年冷库企业减少了 12.7%，但冷库容积却增加了 108%。

从存储产品来看，日本冷链物流的主要入库品种依次为水产品、畜产品、农产品和冷冻食品。近年来，随着水产品大量外销中国、泰国等国家，导致日本国内水产品库容量呈下降趋势。同时，水产品产业结构也出现变化，而畜产品则呈现增长趋势。

由于日本冷链物流系统的不断优化，明显减少了在库商品的滞留时间，有效提高了冷链食品的周转速度。1989 年的货物年间周转数为 5.14 次，2015 年的货物年间周转数则提高到 6.3 次。日本的冷库布局也很有特点，即冷库主要分布在东京等 12 个大城市中。2016 年，12 个大城市冷库按容积量排序依次为东京（120 万吨）、大阪（102 万吨）、川崎（97 万吨）、福冈（56 万吨）、神户（54 万吨）、名古屋（51 万吨）、横滨（43 万吨）、船桥（35 万吨）、札幌（34 万吨）、仙台（19 万吨）、广岛（9 万吨）和松山（4 万吨），12 个大城市的冷库容积总和占日本全国冷库容积总量的 60%。此外，12 个大城市冷库的年均库存率也高于日本全国水平。

二、日本冷库的特点

日本的冷库除了有较高的专业技术水平和先进的专业设施外，同时也非常注重内部运行，寻求集约化、高效化的冷链物流管理，以确保安全营运，最大限度地降低差错率，提升企业品牌和信誉度。

（1）日本冷库的结构大多是多层仓库，实行梯级温度设置。由于日本国土资源紧张，受土地成本影响，单层冷库成本较大。目前，日本冷库大多设置是以 3~5 层、每层 5~7 米层高为主。根据储存商品和客户的不同需求，冷库各层的温度设置也不同。

（2）功能配置。日本冷库功能齐备，流程合理，全程实现无断链。日本冷库一般都包括存储区、流通加工区等基本功能分区，同时根据客户的需求，还有预冷区、解冻区等特殊功能分区。在流程设计上，充分考虑冷链作业环节的连续性和合理性。实行全程无缝式冷链管理，尤其是在容易出现断链的冷库作业环节，实现了冷藏车车厢与冷库装车站台的无缝衔接，既避免了冷链的断链，又提高了货物装卸效率。

（3）日本冷库的信息化水平很高。如日冷物流集团东扇岛物流中心，就已采用脸部识别系统和视频监控系统，有效地保证了冷库食品的安全性。同时，大量采用先进的自动化搬运设备、堆垛系统，不但有效提高了冷库的自动化程度，而且节约了大量的人力。

（4）由于日本将在2020年实施"脱氟利昂"政策，从制冷方式上看，日本以后将主要采用氨制冷、氨加二氧化碳制冷两种方式。

（5）日本是地震多发国，所以在冷库设计上特别注意强调防震性。受2011年的地震影响，日本的一些冷链物流中心已经采用了全新的抗震技术，抗震性能大幅提高。

（6）日本冷库制冷所消耗的能量大部分是电能，加上日本能源供应不足电费较高，日本冷库一直把节能降耗放在重要位置。目前，日本已通过减小冷风机的功率、推广使用新型保温材料、使用计算机实现自动控制冷库温度等方法，使得冷库温度有效地控制在合理的范围内，从而达到了节能的目的，冷库耗电量所占比例出现逐年下降的趋势。

三、日本冷库投资运营模式

目前，日本投资建设冷库的主体主要有三类。第一类是食品生产流通企业投资建设的自用冷库或冷库法人企业，另外还有原来食品经营企业转型的冷链物流企业；第二类是专业化的物流企业或冷链物流企业；第三类是各级政府与政策性银行以及大型商社等。为保障食品安全，有效利用资源，节约社会成本，日本各级政府不同程度地参与了许多大型仓库设施的投资，或提供土地、资金，或投资组建企业，日本政府投资的冷库设施均出租给私人企业经营。目前，日本冷库运营模式大体上分为两种：一种是冷库自营模式，另一种是冷库地产模式。除政府外，在日本投资冷库地产的还有一些没有经营经验但有投资实力的大型商社。政府投资公共仓储业，一方面，有利于有效利用社会资源，节约社会成本，避免在土地等稀缺资源方面的恶性竞争；另一方面，可解决企业一次性投资较大资金不足的难题，更好地满足市场需要。同时，政府只投资建库，不具体经营，也维护了正常的市场秩序。

（一）冷库自营模式

冷库自营模式，即由冷链物流企业负责从冷库规划、设计、建设到冷库投产后运营的管理模式。这种模式的关键是要具备冷库运营管理的行业经验，能够根据入库企业的不同物流需求，提供全程可靠的物流服务。

（二）冷库地产模式

冷库地产模式，即由日本政府、投资银行、物流企业等多方投资共同设立合资公司建设冷库项目，冷库项目完工后合资公司以资产租赁和日常管理为主营业务，采用物流地产模式向社会公开租赁冷库。在确定租赁客户后，合资公司按照客户需求，采用量身定制的模式为客户提供冷库地产服务。同时，为吸引企业入驻冷库，日本政府制定实施了相关优惠政策，如给予入驻企业优先使用港口集装箱集散站的政策倾斜。冷库租赁期有长期和短期之分，租金水平可以依据当地经济发展和土地价格等情况确定。

多年来，日本现有的两种冷库开始向流通型冷库转变。但是，目前一些为食品生产企业服务的食品原材料冷库，仍然作为储存型冷库发挥着作用。

四、政府及冷库协会的作用

日本政府通过各种法律对冷库实施管理，但不对冷库设施进行强制性年检。目前，与冷库有关的法律主要有《建筑法》（承重）、《消防法》（防火）、《仓库业法》（防火、隔热材料、卫生）和《高压安全法》（冷冻设施）和《日本冷库法》。其中，《日本冷库法》由冷库相关法律构成，是冷库业施行的规则及运用的方针。包括冷库的基准、防水防潮防灾、保温、防火、冷藏设施明细书和食品卫生法等内容。另外，对 C1 级、C2 级、C3 级、F1 级、F2 级、F3 级、F4 级冷库的冷却方式，直接及间接膨胀式的氨机，R22 机选型，保温层厚度，温度，风速，热流，盐水速度，温差和温度计放置地点数量等都有相关规定。

日本冷库协会成立于 1973 年，从日本冷冻事业协会内部的冷库部门分离出来，成为独立的社团法人。

在日本各都道府县都有冷库协会分会，所有地方协会与日本国内几乎所有的营业性冷库企业都是其会员，会员企业的库容占全国冷库库容的90%以上。

目前，日本冷库协会包括日本47个地区的48家正式会员单位及1386家赞助会员单位，会员单位的冷库容积共计2454万立方米。现有会员中90%以上为中小企业，由于更新换代能力弱，冷藏仓库会员企业所辖冷库的平均"库龄"为31年。

日本冷库协会每年都要进行相关调研，及时把需求反馈给会员单位，成为冷库企业和使用者之间沟通的桥梁。另外，经由日本国土交通省授权，多年来日本冷库协会及会员单位进行的冷库业数据统计，对日本冷链产业的发展起到重要的作用。

第四节　日本冷冻食品和外食产业的发展

1973年，以家庭餐厅（ファミリーレストラン）的出现为标准，日本首次出现了外食产业这一概念，日本的餐饮行业也进入产业化的发展阶段，摆脱了过去那种传统店铺的"待客式营业"阶段。到现在为止，日本外食产业是由提供食材、成品餐的企业与饮食店共同构成的。

在这其中可以分为两大营业集团：食品主体部门与饮料主体部门。

而食品主体部门则分为对外营业食品（零售）与集团食品（团餐）。

所谓食品主体部门就是包括传统的饭馆、现代连锁餐厅（家庭餐厅）、乌冬－荞麦面馆、寿司店、夜总会以及学校医院、公司食堂等。

而饮料主体部门则是咖啡厅、居酒屋、小酒吧等。根据统计，日本外事产业的市场规模在2013年便已经达到了25兆日元。其中食品主体占据了78.9%，饮料主体占据了21.1%。而在食品主体中，餐厅与食堂基本占据了市场规模的一半。

根据日本外事服务协会的统计，现阶段日本外事产业年消费材料已经超过10兆日元，原材料成本约占整体外事产业的38%，农产品消费量达到250万吨，强有力地促进了日本农业的迅速发展。

日本的外事产业发展同日本冷链产业的发展是不可分离的。大阪万博召开时期，首先出现了"中央厨房"的概念。当时ロイヤル（皇家）公司在九州福冈的工厂里对食品进行加工、调理、冷冻后，通过冷藏卡车，跨越 600 千米的距离，把食品送到大阪万博的食堂、餐饮店中。这一模式取得了极大的成功。而从这中央厨房引申出来的一元化经营模式直接促进了家庭餐厅在 20 世纪 70 年代的迅猛发展。之后学校、医院、大企业的食堂也开始导入中央厨房制度，进而产生了团餐产业。而伴随中央厨房模式的发展，卫生安全管理也愈加重要。现在日本所有的中央厨房依据日本的食品安全法规都导入了 HACCP（危害分析和关键控制点）管理制度。

第五节　日本冷链物流展望

日本尽管已经属于冷链发达国家，但也并没有停止发展与完善自身冷链技术的步伐。

现在日本的冷链业者，开始把目光集中在以下几个方面。

在技术上，日本开始着重于在于冷藏库和冷藏车的低碳技术发展以及促进运输厢体的标准化。

另外，随着日本对全球贸易的依赖程度逐渐加强，也开始走出去建立自己的全球体系。同时，也开始涉足线上电商领域。

2017 年 4 月 20 日，日本亚马逊宣布对收费会员推出生鲜食品配送服务，最快可当日送达。日本亚马逊推出该项业务与日本国内庞大的冷链市场是分不开的，仅 2016 年一年，日本国内冷链商品市场规模就达到 15500 亿日元，未来这一数字还将持续增大。

在国内市场发展态势良好的前提下，为了促进农产品、食品的出口，日本政府制定了 2020 年农、水产品及食品出口 1 万亿日元的目标，并为此建设了冷链物流网，普及冷冻、冷藏技术，支援冲绳机场建设等。在政府的助推下，拥有冷链物流技术优势的日本企业抓住机遇，纷纷开拓海外市场。

日本最大的冷链物流企业为日冷物流集团（ニチレイ），目前在世界排名第 5 位。该公司现有 79 座冷库，总库容接近 150 万吨，占日本冷库总库容的 10%。该公司在欧洲以及中国上海都建有大型冷链物流中心，其先进的冷链物流技术体系、精细化的管理水平和自动化程度，在日本都处于领先地位。日冷依靠强大的冷藏、冷冻专用物流中心，可把多家厂商的低温食品集中起来，再为各零售连锁店和外卖连锁店进行配送，客户可在网上随时查看货物的行踪。对于在装卸货期间的温度管理，日冷物流也把控得非常严格，因此商品变质的情况鲜有发生。

如今日冷对东南亚这块充满潜力的区域充满期待，计划在以越南和印度尼西亚为中心的东南亚国家联盟（ASEAN）发展冷链事业，并制定了2020财年冷链物流海外销售额增长到600亿日元、规模为现在3倍的目标。

大和运输（ヤマト運輸）作为日本最大的快递企业，以建设世界首个"不间断保冷、国际零担物流网络"为目标，正在实施"国际冷链宅急便"战略，意在构建覆盖全亚洲的冷链物流网络。截至目前，大和运输已在中国台湾、中国香港及新加坡、马来西亚、泰国等地提供了"国际冷链宅急便"服务。

大和运输以位于冲绳的物流枢纽为据点，以惊人的速度将日本的农产品、水产品等300余种生鲜食品运送到客户手中。具体过程以大和运输的香港网络为例：从日本各地机场出发的航空保冷集装箱在深夜到达冲绳机场后，经过保冷、通关、检疫等一系列流程，航班于清晨飞抵香港机场，香港大和运输从机场取货后为客户进行配送。无论在日本还是在香港，揽收和配送全程都使用保冷车、航空保冷集装箱、可动式冷藏箱等设备，可使冷藏温度保持在0℃~10℃、冷冻温度保持在-15℃以下，保证了不间断保冷的效果。因此，日本各地的生鲜食品等能够在次日以新鲜的品质到达香港。

日本邮政则开始打造自己的冷链EMS（邮政特快专递服务）体系。日本邮政于1996年开始提供"保冷邮件"服务，有着多年从事冷链物流的经验。目前，日本邮政在国内提供的"保冷邮政包裹"服务分为冷藏与冷冻两种。冷冻服务只针对企业，费用为普通包裹的基本费用+保冷费用。客户可在邮局窗口交寄，也可提前预约上门揽收。日本全国（部分地区除外）均为次日或第3天送达，并免费提供投递完毕通知和跟踪查询服务。

看准日本食品在全球范围内普及、人们对日本食材的需求量也随之增大的契机，日本邮政凭借多年从事冷链物流的经验，利用国际快递EMS网络，于2013年4月1日向中国台湾及新加坡等地推出了国际冷藏快递"Cool EMS"服务，将日本的新鲜食材投递到海外，开了跨国零担冷藏配送服务的世界先例。该项服务最初采用试运行制，因此日本仅有2家邮局可以办理该项业务，并且客户不能在窗口交寄，只能预约上门揽收，从接收货物到投递需 72 ~ 80 个小时，其间使用保鲜盒、保鲜剂能够使温度维持在 2℃ ~ 10℃。

由于业务开展顺利，日本邮政在 2014 年扩大了服务对象范围；增加了冷冻服务；调整了资费体系，由统一费用改为按国家和地域、尺寸、重量等标准定价；引入了大尺寸保冷容器，保冷容器的种类由原来的 2 种增加到 3 种；预约揽收时间也由原来的提前一周调整为提前 5 天。目前，"Cool EMS"服务已经遍布中国台湾、中国香港及新加坡、马来西亚、越南、法国等地，接受该项服务的邮局也由最初的 2 家增加到了 121 家。

日本邮政的 EMS 网络覆盖了世界上 120 个国家和地区，利用这一网络提供"Cool EMS"服务易于冷链网络的扩张，但也存在一定缺陷。如"Cool EMS"的服务质量会受到当地合作配送方服务水平的影响。在法国，与"Cool EMS"合作的 Chronopost 公司（邮政速递公司）对待包裹非常不谨慎，配送时多次出现货物破损、被盗、半途被退回的情况。如果日本邮政不采取相应措施制止此类事件发生，那么无疑会损坏自己的形象。

附　录

国家星级冷链物流企业名单

国家标准《物流企业冷链服务要求与能力评估指标》（GB/T 31086—2014）于 2015 年 7 月 1 日正式实施，为更好地推动冷链行业和企业的发展，保障生鲜农产品和食品消费安全，落实国家标准宣贯和实施，现已开展五批星级冷链物流企业评估工作。工作开展以来已经得到政府和企业的大力支持，已评出 55 家星级冷链物流企业；山东、泉州、赣州、大连等各地方政府也提出了相应的政策补贴，最高可达到 100 万元。

企业名称	类型	级别	批次
浙江统冠物流发展有限公司	综合服务型	5 星	1
上海郑明现代物流有限公司	综合服务型	5 星	1
荣庆物流供应链有限公司	综合服务型	5 星	1
上海领鲜物流有限公司	综合服务型	5 星	1
獐子岛锦通（大连）冷链物流有限公司	综合服务型	5 星	1
河南鲜易供应链股份有限公司	综合服务型	5 星	1
漯河双汇物流投资有限公司	运输型	5 星	1
新疆拓普农业股份有限公司	仓储型	5 星	1
辽宁省大连海洋渔业集团公司	仓储型	4 星	1
厦门万翔物流管理有限公司	仓储型	4 星	1
厦门正旸物流有限公司	综合服务型	3 星	1
獐子岛锦达（珠海）鲜活冷藏运输有限公司	运输型	3 星	1
赣州利友食品有限公司	仓储型	3 星	1
大连獐子岛中央冷藏物流有限公司	仓储型	5 星	2
安得物流股份有限公司	运输型	5 星	2

企业名称	类型	级别	批次
漳州大正冷冻食品有限公司	仓储型	5 星	2
云通物流服务有限公司	综合服务型	5 星	2
顺丰速运有限公司	综合服务型	5 星	2
福建省羊程冷链物流有限公司	运输型	4 星	2
福建信运冷藏物流有限公司	运输型	4 星	2
青岛福兴祥物流有限公司	仓储型	4 星	2
山东东方海洋科技股份有限公司	综合服务型	4 星	2
成都市汇翔实业有限公司	运输型	4 星	2
大连港毅都冷链有限公司	综合服务型	3 星	2
沈阳市天顺路发冷藏物流有限公司	运输型	3 星	2
青岛远洋鸿池物流有限公司	仓储型	2 星	2
成都市锦江区顺发拓展运业有限公司	运输型	2 星	2
靖海集团有限公司	运输型	5 星	3
宁波兴港货柜有限公司	仓储型	5 星	3
上海中外运冷链运输有限公司	综合服务型	4 星	3
郴州凯程医药有限公司	综合服务型	4 星	3
成都鲜生活冷链物流有限公司	综合服务型	4 星	3
上海锐拓冷链物流有限公司	综合服务型	4 星	3
郴州市义捷现代物流有限公司	仓储型	4 星	3
荣成市鑫汇水产有限公司	仓储型	4 星	3
资兴市达达农产品冷链物流有限公司	综合服务型	3 星	3
荣成广润水产食品有限公司	仓储型	3 星	3
荣成市连海渔业有限公司	仓储型	3 星	3
夏晖物流有限公司	综合服务型	5 星	4
山东喜地实业有限公司	仓储型	4 星	4
国营南昌肉类联合加工厂	仓储型	4 星	4
辉源（上海）供应链管理有限公司	综合服务型	4 星	4
九江市新雪域置业有限公司	仓储型	3 星	4
上海广德物流有限公司	综合服务型	5 星	5
北京二商东方食品集团有限公司	综合服务型	4 星	5

企业名称	类型	级别	批次
大连天宝绿色食品股份有限公司	综合服务型	4 星	5
大连铁越集团有限公司	综合服务型	4 星	5
福建浩嘉冷链物流股份有限公司	运输型	4 星	5
黑龙江昊锐物流有限公司	运输型	4 星	5
山东先锋物流有限公司	运输型	3 星	5
新余市东华龙货运有限公司	运输型	3 星	5
山东家家悦物流有限公司	仓储型	4 星	5
赤山集团有限公司	仓储型	4 星	5
舟山陆港物流有限公司	仓储型	4 星	5
德州飞马冷链物流有限公司	仓储型	3 星	5

资料来源：中国物流与采购联合会。

温度达标冷库名单

　　长期以来，由于缺乏有效监管、冷库用电成本高等原因，冷库运营企业往往在库温控制方面达不到标准，这对于规范冷库市场发展，保障货主权益非常不利。为此，国务院办公厅《关于加快冷链物流发展保障食品安全促进消费升级的意见》中明确指出，鼓励第三方认证机构从运行状况、能效水平、绿色环保等方面对冷链物流设施设备开展认证。在全国范围内开展温度达标冷库的认证，正是中物联冷链委认真贯彻国办文件精神的一项重要工作。

　　一方面要呼吁各级政府加强对温度达标冷库企业的重视，给予政策乃至资金方面的扶持；另一方面要向广大优质客户推荐优先选择温度达标冷库，通过市场手段鼓励越来越多的企业成为温度达标冷库，最终达到良币驱除劣币的目标。

　　以下列举部分中物联冷链委温度达标冷库名单。

序号	企业名称	达标冷库
1	京五环顺通物流中心	二层1号库、2号库、3号库 一层冷藏库
2	北京众惠供应链有限公司	1#冷冻库、3#冷冻库、4#冷冻库 2#冷藏库
3	大连铁越集团有限公司 大连城市物流共同配送中心	3号低温库
4	江苏极地熊冷链有限公司	二号冷冻库
5	杭州汉农供应链管理有限公司	1#冷冻库、2#冷冻库、冷冻库、冷藏库
6	广州长运全程物流有限公司	A5、B1
7	宁波兴港货柜有限公司	冷库A
8	南京宏华物流有限公司	3号冷冻库
9	南京美务物流有限公司	1#冷冻库
10	苏州嘉鲜冷链物流有限公司	1、2、3、4、5、6、7号冷库
11	深圳招商美冷供应链有限公司 康新物流（哈尔滨）有限公司	3号冷藏库、3号冷冻库
12	上海金国物流有限公司	2#冷冻库
13	上海中外运冷链物流有限公司	4号冷藏库，5号冷冻库
14	希杰荣庆物流供应链有限公司	3号冷库
15	郑州华夏易通冷链物流有限公司	2号冷冻库
16	北京中冷物流股份有限公司	南5号冷冻库
17	重庆雪峰冷藏物流有限公司	重庆冷冻库
18	佛山华雪冷链物流有限公司	冷冻2号库、冷藏5号库
19	海南罗牛山食品集团有限公司	2号冷冻库
20	杭州松朗冷链物流有限公司	2层冷冻库
21	南宁壮宁食品冷藏有限责任公司	壮宁冷冻库
22	西安领鲜物流有限公司	冷冻库
23	厦门万翔物流管理有限公司	冷冻库
24	云南煌家冷链物流有限公司	昆明凉亭物流中心冷冻库
25	云通物流服务有限公司	冷冻库
26	中盛统一冷链基地	冷冻库A库、B库、C库
27	漳州大正冷冻食品有限公司	B幢3号库

序号	企业名称	达标冷库
28	上海领鲜物流有限公司	冷冻库
29	厦门正旸物流有限公司	冷冻库
30	夏晖物流有限公司	冷冻库 1、2
31	北京易冷供应链管理有限公司	一期 2 号冷冻库，三期 3 号冷冻库
32	海南星冻供应链科技有限公司	冷冻库 A 库、B 库
33	佛山市粤泰冷库物业投资有限公司	冷冻库

注：本名单持续更新，欢迎申报认证。

资料来源：中物联冷链委。

CCLC 冷藏车认证平台已认证冷藏车改装企业名单

截至目前，CCLC 冷藏车认证平台已认证车辆接近 15000 台，认证冷藏专用车厂商 12 家，参与认证评估工作的冷链物流企业超过 50 家。

序号	企业名称
1	镇江飞驰汽车集团有限责任公司
2	镇江康飞汽车制造股份有限公司
3	中集车辆（山东）有限公司
4	华晨专用车装备科技（大连）有限公司
5	河南新飞专用汽车有限公司
6	河南冰熊专用车辆制造有限公司
7	重庆庆铃专用汽车有限公司
8	宁波凯福莱特种汽车有限公司
9	沈阳华晨专用车有限公司
10	北京北铃专用汽车有限公司
11	青岛中集冷藏运输设备有限公司
12	青岛雅凯汽车工贸有限公司

资料来源：中物联冷链委车辆认证中心。

部分地区冷链物流政策摘要

发布时间	部门	政策名称	概要
2015	赣州	《关于加快建设赣州区域性物流中心的实施方案》《赣州市本级物流发展专项资金管理暂行办法》	星级冷链物流企业享受与 A 级同等政策，一星、二星、三星、四星、五星级的冷链物流企业，在评定当年由受益财政分别给予 5 万元、10 万元、20 万元、30 万元、40 万元的资金奖励
2016 - 12 - 14	福州市人民政府办公厅	《福州市促进现代物流业（含快递业）加快发展的若干措施》	对被评为四星、五星级的冷链物流企业，分别给予 30 万元、50 万元一次性奖励；对升级企业给予补差奖励
2017 - 01 - 09	泉州市人民政府办公室	《泉州市人民政府办公室关于促进冷链物流加快发展的实施意见》	对新建低温物流园区、集中区和中转基地，市商务局按不高于投资额 20%、最高 500 万元并按进度予以补助；对在园区内建设冷库的，由市商务局按不高于投资额 20%、最高不超过 150 万元予以补助 另对购置冷藏运输工具、建设改造冷库设施、批发市场建设低温物流区等方面均有不同程度补助
2017 - 7 - 19	大连市港口与口岸局大连市财政局	《大连市物流业发展专项资金暂行管理办法》	3A 级以上物流企业（同等级国家星级仓储企业）。被评为国家 3A、4A、5A 级的物流企业（同等级国家星级仓储企业），分别给予 10 万元、20 万元、30 万元奖励（各层级奖励只补差，不累加）
2017 - 11 - 08	济南市人民政府	《济南市人民政府关于调整补充济南市加快物流业发展若干政策的通知》	对新评为国家三星、四星、五星级的冷链物流企业，分别给予 10 万元、50 万元和 100 万元一次性补助

资料来源：公开信息整理。

全国进口肉类指定口岸/查验场名单

直属局	指定口岸/查验场	类别	冷链查验和储存一体化设施	专用冷库容量（吨）	综合进口能力（万吨）
北京局	首都机场口岸	空港			
	北京平谷国际陆港	公路	北京京津港国际物流有限公司	9600	16.64
深圳局	蛇口口岸	海港	招商局国际冷链（深圳）有限公司	3000	18.30
			招商局国际冷链（深圳）有限公司	7000	3.35
	盐田口岸	海港	深圳市保惠物流有限公司	3500	58.64
			深圳市瑞源冷链有限公司	11000	54.42
			深圳市锋润锋投资有限公司同乐冷冻库	2000	23.60
	大铲湾口岸	海港	深圳市顺记冷链物流有限公司	2000	14.00
	海吉星指定查验场	公路	深圳市海吉星国际农产品物流管理有限公司	6000	26.32
	友信莪锋指定查验场	公路	深圳市友信莪锋实业有限公司友信冷库	5000	18.30
	中粮集团（深圳）指定查验场	公路	中粮集团（深圳）有限公司中粮冷库	6000	28.76
湖南局	湖南岳阳城陵矶水运口岸	河港	岳阳海仑国际物流发展有限公司	2000	8.52
	湖南（红星）进口肉类指定查验场	公路	湖南红星北盛冷冻食品有限公司	2000	15.70
	郴州进口肉类指定查验场	公路	郴州市义捷现代物流有限公司	2800	13.70

直属局	指定口岸/ 查验场	类别	冷链查验和储存 一体化设施	专用冷库 容量（吨）	综合进口 能力（万吨）
厦门局	厦门东渡码头口岸	海港	厦门夏商水产集团有限公司 东渡冷冻厂	500	1.70
			厦门万翔物流管理有限公司 冷链物流中心	800	10.22
			厦门旺墩冷冻仓储有限公司	2000	3.41
			厦门港海沧集装箱查验服务 有限公司	500	7.37
	厦门海沧码头口岸	海港	中盛统一粮油工业（厦门） 有限公司	3000	10.22
			太古海投冷链物流（厦门） 有限公司	2000	10.22
宁波局	宁波北仑港口岸	海港	宁波兴港冷链物流有限公司	3100	15.68
			太古冷链物流（宁波）有限 公司	16000	35.20
			招商局物流集团宁波有限 公司	6000	13.30
	宁波梅山口岸	海港	浙江蓝雪食品有限公司	10000	10.10
福建局	马江口岸	海港	福州开发区福鑫实业有限 公司	1000	1.66
	泉州港石湖港区口岸	海港	闽台农产品市场有限公司	18000	16.83
	福州长乐机场口岸	空港	元翔（福州）国际航空港有 限公司	10	0.40
珠海局	湾仔口岸	海港			
浙江局	温州口岸	海港	温州状元岙国际码头有限公 司冷库	176	4.66
	舟山港综合保税区进 口肉类指定口岸	海港	舟山港综合保税区舟保物流 有限公司	17000	10.22
	义乌铁路口岸进口肉 类指定查验场	公路	义乌市陆港铁路口岸发展有 限公司	500	6.76

直属局	指定口岸/查验场	类别	冷链查验和储存一体化设施	专用冷库容量（吨）	综合进口能力（万吨）
四川局	成都铁路口岸	公路	成都现代物流投资发展有限公司	3000	11.98
上海局	上海口岸	海港	上海同华冷链物流有限公司冷链查验点	18000	58.93
			上海联和冷链物流有限公司冷链查验点	12000	47.15
			上海大宛食品有限公司冷链查验点	35000	39.60
			上海洋山保税港区物流服务有限公司冷链查验点	2000	25.93
			中外运普菲斯物流（上海）有限公司冷链查验点	4000	30.64
			上港集团冷链物流有限公司冷链查验点	4480	30.12
			上海外联发国际物流有限公司冷链查验点	3600	4.71
			上海长兴润稼农产品批发市场冷链查验点	10000	15.00
	机场口岸	空港	上海机场浦虹国际物流有限公司冷链查验点	30	4.32
	西郊指定查验场	公路	上海西郊国际农产品交易有限公司冷链查验点	3000	25.93
河南局	郑州指定查验场	空港公路	郑州新郑综合保税区仁宏投资管理有限公司冷库	20000	46.41
	漯河指定查验场	公路	河南双汇投资发展股份有限公司万吨冷库	10000	43.28
	焦作进口肉类指定查验场	公路	河南德众保税物流中心有限公司	5000	30.50
重庆局	重庆两路寸滩保税港区口岸	河港	重庆港腾供应链管理有限公司查验点冷库	100	3.39

直属局	指定口岸/查验场	类别	冷链查验和储存一体化设施	专用冷库容量（吨）	综合进口能力（万吨）
山东局	黄岛前湾港口岸	海港	青岛联合华通贸易有限公司	25000	14.85
		海港	青岛师帅冷链物流股份有限公司	20100	20.00
		海港	青岛港怡之航冷链物流有限公司	50000	64.64
		海港	青岛远洋鸿池物流有限公司	5000	18.62
		海港	青岛新大地冷藏有限公司	8000	16.75
		海港	青岛天驰仓储有限公司	14000	28.27
		海港	青岛冠宇生态农业有限公司	8000	16.16
	烟台港口岸	海港	烟台安德水产有限公司冷藏厂	3000	6.70
		海港	烟台嘉鸿食品有限公司	4000	5.85
		海港	烟台龙大食品有限公司	5500	6.71
	威海港口岸	海港	威海金琳水产有限公司	7000	6.81
	石岛新港口岸	海港	石岛新港港务股份有限公司	500	8.52
		海港	荣成泰广进出口有限公司	1500	10.22
	潍坊综合保税区进口肉类指定口岸	海港	山东中沃优达物流有限公司	2000	18.00
辽宁局	大窑湾口岸	海港	大连毅都集发冷藏物流有限公司	1400	20.30
			大连经济技术开发区金山水产有限公司	1300	16.92
			恒浦（大连）国际物流有限公司	1500	13.53
			大连獐子岛中央冷藏物流有限公司	3000	20.30
			大连港毅都冷链有限公司二期	35000	39.60
			大连宝泉食品有限公司	15000	9.24
	鲅鱼圈口岸	海港	营口港盖州物流有限公司	800	5.35
	沈阳桃仙机场口岸	空港公路	毅都（沈阳）冷链物流发展有限公司沈阳冷鲜港查验点	1200	20.00

续　表

直属局	指定口岸/查验场	类别	冷链查验和储存一体化设施	专用冷库容量（吨）	综合进口能力（万吨）
天津局	天津口岸	海港	泰达行（天津）冷链物流有限公司进口肉类冷链查验和储存一体化设施	30000	73.21
			天津东疆港大冷链商品交易市场有限公司进口肉类冷链查验和储存一体化设施	25000	48.95
			天津港强集团有限公司进口肉类冷链查验和储存一体化设施	3500	9.98
			天津海吉星农产品物流有限公司	10000	25.10
			天津滨海新区海鼎宏农副产品冷链有限公司	10000	37.65
			天津金三国际物流有限公司	20000	54.38
			天津港首农食品进出口贸易有限公司	25000	33.94
江苏局	南京口岸	河港	南京元亨食品有限公司冷库	10000	9.08
			江苏省食品集团有限公司冷藏分公司冷库	5000	28.97
			太古冷链物流（南京）有限公司	6880	13.20
	连云港口岸	海港	连云港外贸冷库有限责任公司	3000	11.92
	镇江口岸	河港	江苏天缘物流有集团公司	6000	18.86
			镇江港国际集装箱码头有限公司	300	11.05
	张家港口岸	河港	苏州金麦穗食品有限公司冷库	6000	9.11
			张家港保税港区港务有限公司	4000	9.90
	太仓口岸	河港	太仓港口岸集中查验服务中心有限公司	1153	7.40
	苏州高新区综合保税区进口肉类指定查验场	公路	苏州综保通达供应链有限公司冷库	4500	9.50
	无锡高新区综合保税区进口肉类指定查验场	公路	无锡高新物流中心有限公司	526	5.15

直属局	指定口岸/查验场	类别	冷链查验和储存一体化设施	专用冷库容量（吨）	综合进口能力（万吨）
广西局	北海港口岸	海港	北海保通食品股份有限公司冷库	10000	9.09
	钦州保税港区	海港	广西钦州保税港区亿隆进出口贸易有限公司冷链物流项目1号冷库	8000	13.03
黑龙江局	黑龙江大庄园指定查验场	公路	黑龙江大庄园肉业有限公司	135000	8.32
内蒙古局	二连浩特进口肉类指定口岸	公路	二连浩特市汇通冷链查验和储存一体化设施	2000	3.33
广东局	南沙新港口岸	海港	广州中可诚贸易有限公司	3000	26.01
			广州海新冷冻仓储有限公司	6000	52.01
	番禺莲花山港口岸	河港	广州市番禺区沙头新昌冷库	3000	9.01
			广州市南沙区盛业冷冻仓库	2000	6.66
			广州市番禺区新昌冷库	12000	14.68
	佛山口岸	河港	佛山市鼎昊冷链物流有限公司	2000	30.30
	汕头口岸	海港	汕头市冷冻厂	1640	3.85
			大洋冷冻工贸总公司	800	3.85
			广东辉源机械有限公司	2000	12.85
	湛江港中海集装箱码头口岸	海港	湛江虹宝水产开发有限公司冷库	3300	5.70
			湛江南方水产市场经营管理有限公司	5000	13.86
	虎门港口岸（东莞（国际）货柜码头）	河港	东莞（国际）货柜码头有限公司冷库	4460	6.68
	新会港口岸	河港	江门大昌慎昌食品加工仓储有限公司大昌慎昌冷库（B2库）	800	8.32
	中山港外运口岸	河港	金涛（中山）果蔬物流有限公司	500	8.52

直属局	指定口岸/查验场	类别	冷链查验和储存一体化设施	专用冷库容量（吨）	综合进口能力（万吨）
广东局	广州白云国际机场口岸	空港	广州新运国际货运代理有限公司冷库	30	5.00
	南海港货运口岸	河港	佛山市南海区大沥桂江冷库储存配送有限公司	2700	15.44
	黄埔口岸	海港	广州鼎丰水产品食品开发有限公司冷库	2000	14.52
			广东太古冷链物流有限公司3号冷库	4000	22.34
	江门外海外贸码头口岸	河港	江门市蓬江区远洋冷冻厂有限公司	3000	8.24
	惠州港荃湾港区	海港	惠州大亚湾富利冷藏有限公司	3000	10.38
	广东潮州三百门码头	海港	潮州港三百门港务有限公司	1600	17.57
海南局	洋浦港口岸	海港	海南雷马国际贸易有限公司	3000	6.81
吉林局	长春兴隆综合保税区进口肉类指定查验场	公路	长春兴隆生活服务有限公司	3000	7.86
陕西局	西安陆运口岸	公路	西安国际陆港保税物流投资建设有限公司	4000	15.00
			西安国际陆港中纽冷链物流有限公司	10000	20.00
安徽局	马鞍山口岸	河港	马鞍山瑞泰保税物流有限公司	10000	15.00
	芜湖口岸	河港	安徽江海通供应链管理有限公司	2000	13.00
湖北局	武汉阳逻港进口肉类指定口岸	河港	武汉新港阳逻港保税园区开发管理有限公司	830	5.20
	武汉东湖综保区保税物流园指定查验场	河港公路	武汉金宇综合保税发展有限公司	30000	40.90
云南局	景洪港（关累码头）进口肉类指定口岸	河港	勐腊新洋源商贸有限公司	3800	25.00

直属局	指定口岸/查验场	类别	冷链查验和储存一体化设施	专用冷库容量（吨）	综合进口能力（万吨）
甘肃局	兰州新区综合保税区进口肉类指定查验场	公路	兰州新区综合保税区开发建设有限公司	474	7.60
	甘肃（武威）国际陆港进口肉类指定查验场	公路	甘肃（武威）国际陆港管委会	3400	13.00
山西局	大同进口肉类指定查验场	公路	大同国际陆港港务有限公司	2500	10.00
新疆局	阿勒泰塔克什肯进口肉类指定口岸	公路	青河县青能进出口有限公司	900	4.60
	老爷庙进口肉类指定口岸	公路	新疆惠通国际贸易股份有限公司	580	4.00

资料来源：国家质量监督检验检疫总局。

全国进口冰鲜水产品检验检疫口岸名单

直属局	口岸名称	类别	配套备案存储冷库	冷库总库容（吨）/指定仓库容（吨）
北京局	首都机场口岸	空港	北京空港宏远物流有限公司冷库	210/30
			北京泰格瑞迪科技有限公司冷库	13/13
			北京瑞博行商贸有限责任公司冷库	5.5/5.5
			北京坤岳昊商贸有限公司冷库	16/6
			寰宇地平线（北京）贸易有限公司冷库	35/18
			北京东隆联合国际贸易有限公司冷库	15/15
			北京三叶明诚商贸有限责任公司冷库	35/9
			中国农发食品有限公司冷库	74/8

直属局	口岸名称	类别	配套备案存储冷库	冷库总库容（吨）/指定仓库容（吨）
天津局	天津机场口岸	空港	天津宝鲜物流有限公司	10000/300
			天津空港华宇航空货运站有限公司	100/100
			天津空港货运有限公司	100/100
			中国国际货运航空有限公司天津运营基地	100/100
	天津东疆保税港区口岸	海港	天津东疆港大冷链商品交易市场有限公司	10000/100
辽宁局	大窑湾港口岸	海港	大连港毅都冷链有限公司	50000/1000
			大连獐子岛冷藏物流有限公司	50000/700
	沈阳机场口岸	空港	沈阳空港物流有限公司	150/150
			宜正国际仓储管理（沈阳）有限公司	1000/1000
	大连机场口岸	空港	大连国际机场集团有限公司	1000/1000
吉林局	珲春口岸	陆路	珲春兴阳水产有限公司	20000/500
	圈河口岸	陆路	珲春兴阳水产有限公司	20000/500
	图们公路口岸	陆路	图们中兴水产有限公司	6000/1000
	长春兴隆综合保税区	陆路	长春兴隆生活服务有限公司冷库	300/300
黑龙江局	哈尔滨太平国际机场	空港	黑龙江省机场管理集团有限公司货运销售分公司	3/3
	同江口岸	河港	同江丰林达进出口贸易有限公司	150/150
	绥芬河口岸	河港	绥芬河市鑫东燕经济贸易有限公司	3000/3000
	抚远口岸	河港	抚远江海港国际仓储有限公司	150/150
	饶河口岸	河港	饶河佰益佳边民互市商务服务有限公司	400/400
	虎林口岸	陆路	虎林市口岸服务站冰鲜冷库	300

直属局	口岸名称	类别	配套备案存储冷库	冷库总库容（吨）/ 指定仓库容（吨）
上海局	浦东国际机场查验场站口岸	空港	上海机场实业投资有限公司	200/100
			上海大众交通国际物流有限公司大众查验场站	1000/600
	上海西郊国际贸易中心查验场站口岸	空港	上海西郊国际农产品交易有限公司	28000/580
			上海名联冷冻仓储有限公司	60000/3600
江苏局	南京禄口国际机场	空港	南京禄口空港国际货运有限公司	2250/750
	苏州高新区综合保税区	陆港	苏州综保通达供应链有限公司	5000/800
	徐州观音国际机场	空港	徐州观音机场冰鲜水产品冷库	400/120
	常州奔牛国际机场口岸	空港	常州国际机场进口冰鲜水产品专用冷库	10/10
浙江局	舟山港综合保税区	海港	舟山港综保区监管冷库	20/20
	杭州萧山国际机场口岸	空港	杭州萧山国际机场航空物流有限公司	240/180
	温州龙湾国际机场	空港	温州航空货站有限公司水产品储存冷库	27.57/27.57
宁波局	宁波空港口岸	空港	宁波翔鹰投资有限公司机场货站分公司	20/20
安徽局	合肥空港口岸	空港	合肥空港进境水产品备案冷库	500/150
福建局	平潭港口岸澳前港区	海港	福州金富琳食品有限公司	515/305
			福建省平潭县中港食品有限公司	1500/1500
			福建海皓贸易有限公司	500/500
	福州机场长乐口岸	空港	福州名成水产品市场有限公司	150000/1796
			元翔（福州）国际航空港有限公司	10/10
	泉州石井口岸	海港	福建闽台农产品市场有限公司	18000/1500
				18000/1500

直属局	口岸名称	类别	配套备案存储冷库	冷库总库容（吨）/ 指定仓库容（吨）
福建局	福清南清屿	海港	福清市贸旺水产发展有限公司	800/200
	漳州港口岸东山港区	海港	福建东山东海岸公共保税仓有限公司冷库	67000/3000
				67000/3000
				67000/3000
				67000/3000
			东山县天元水产食品有限公司冷库	10000/300
			东山县海旺水产冷冻有限公司冷库	8250/150
	长乐松下口岸	海港	福州开发区福鑫实业有限公司冷库	70000/800
	霞浦三沙口岸	海港	福建钦龙食品有限公司	3000/30
厦门局	厦门东渡口岸	海港	厦门万翔物流管理公司冷库	40000/1000
	厦门机场口岸	空港	厦门万翔物流管理有限公司	40000/1000
山东局	荣成龙眼港口岸	海港	荣成泰广进出口有限公司冷库	3000/800
	青岛口岸	海港	青岛天驰仓储有限公司	50000/2000
	威海口岸	海港	威海金琳水产有限公司冷库	20000/120
	荣成石岛口岸	海港	石岛集团有限公司第一冷藏厂	4000/300
		海港	荣成泰广进出口有限公司冷库	3000/800
	青岛机场口岸	空港	中外运（青岛）空港物流有限公司冷库	10/10
	威海机场口岸	空港	威海海纳食品有限公司	3000/200
	烟台机场口岸	空港	烟台国际机场集团货运销售有限公司冷库	10/10
	济南机场口岸	空港	济南机场有限公司冷库	30/30
河南局	郑州机场口岸	空港	河南紫鼎食品有限公司	10000/300
			河南民航客货服务中心	30/30
			河南众品生鲜物流有限公司	30000/1500
			雏鹰农牧集团股份有限公司	25000/1250

直属局	口岸名称	类别	配套备案存储冷库	冷库总库容（吨）/ 指定仓库容（吨）
湖北局	武汉航空口岸	空港	武汉天河机场货站	200/200
湖南局	长沙黄花国际 机场口岸	空港	湖南空港实业股份有限公司	500/300
			湖南普丰冷链股份有限公司	8000/1500
广东局	广州白云机场口岸	空港	广东太古冷链物流有限公司 1 号库	300
			广东广远渔业集团有限公司冷库（冰鲜金枪鱼中转自用冷库）	5
			上海纯尔贸易发展有限公司自用冷库	30
			广州白云国际物流有限公司国际货站冷库	80
			广州市盈旺食品有限公司自用冷库	42
			上海澳班贸易有限公司自用冷库	30
			广州远洋渔业公司（1 号冷藏库，自用）	120
			广州拜尔空港冷链物流中心有限公司 2 号库	205
			广州纯尔贸易有限公司自用冷库	50
			广州市富田菊餐饮有限公司自用冷库	3
			广州白云机场股份有限公司航空物流服务分公司冷库 3－5 号库	825
			中国服装股份有限公司自用冷库	20
			深圳市南北进出口贸易有限公司自用冷库	58
			广州市海创贸易有限公司自用冷库	5
	揭阳潮汕机场口岸	空港	汕头市冷冻厂	13295/600
	佛山顺德陈村口岸	陆路	佛山国通海峡冷冻链管理有限公司一号冷库	3000

续　表

直属局	口岸名称	类别	配套备案存储冷库	冷库总库容（吨）/指定仓库容（吨）
深圳局	深圳湾口岸	陆路	中粮集团（深圳）有限公司	20000/3000
	文锦渡口岸	陆路	深圳市瑞源冷链服务有限公司	8000/1300
	深圳机场口岸	空港	深圳市友信崧锋实业有限公司友信冷库	50000/3000
	蛇口港口岸	海港	招商局国际冷链（深圳）有限公司	20000/3000
	皇岗口岸	陆路	深圳市瑞源冷链服务有限公司	8000/1300
珠海局	横琴口岸	陆路	珠海市隆盛冷冻仓储有限公司冷库	6000/2000
广西局	水口口岸	陆路	广西龙州鸿惠边贸市场服务有限公司水口冷库	1000/1000
	友谊关口岸	陆路	广西凭祥综合保税区卡凤区冷库	100/100
	东兴口岸	河港	东兴市坚信贸易有限公司冷库	50/50
	南宁机场口岸	空港	广西民航产业发展有限公司南宁机场货站冷库	10/10
四川局	成都双流国际机场口岸	空港	中外运（成都）空港物流有限公司冷库	180/180
			成都博大运通货运代理有限责任公司冷库	20000/120
重庆局	重庆江北国际机场口岸	空港	顺锦和水产品商贸行	33/33
			重庆中百仓储超市有限公司	10000/1569.6
			重庆空港航空地方服务有限公司冷库	300/300
			重庆凯尔国际冷链物流发展有限公司	100000/726
云南局	畹町口岸	陆路	瑞丽市畹町经济开发区海丰有限责任公司冷库	180/100
	河口口岸	陆路	河口滇越货场物流有限责任公司冷库	800/800
	天保口岸	陆路	国营天保农场冷库	100/100
	磨憨口岸	陆路	西双版纳中劲投资有限责任公司冷库	485/485

直属局	口岸名称	类别	配套备案存储冷库	冷库总库容（吨）/指定仓库容（吨）
陕西局	咸阳机场口岸	空港	西安海硕餐饮管理有限公司冷库	100/50
			顺景发国际贸易（北京）有限公司西安冷库	30/30
甘肃局	兰州中川机场口岸	空港	甘肃省民航航空物流有限责任公司冷库	132/132
新疆局	喀什机场口岸	空港	喀什伊克萨克商贸公司	800/300
	吉木乃口岸	陆路	吉木乃县野马经贸有限公司	200/200
			吉木乃县宏泰商贸有限责任公司	800/800
			新疆安达物流有限责任公司	10/10
	乌鲁木齐国际机场口岸	空港	乌鲁木齐国际机场国际监管冷库	8/8
	塔城巴克图口岸	陆路	新疆天鸿泰安贸易有限公司水产品存储冷库	380/380
			新疆永盛国际物流有限责任公司水产品存储冷库	18450/2250
	霍尔果斯口岸	陆路	伊犁恒信国际贸易物流有限责任公司霍尔果斯分公司	14960/14000
	其拉甫口岸	陆路	喀什牧峰生物科技有限公司	10000/3000

资料来源：国家质量监督检验检疫总局。

2017 年度中国餐饮集团百强榜

一、2017 中国正餐集团 50 强

排序	集团名称
1	杭州饮食服务集团有限公司
2	上海杏花楼（集团）股份有限公司

续　表

排序	集团名称
3	山东凯瑞餐饮集团
4	外婆家餐饮集团有限公司
5	广州酒家集团股份有限公司
6	小南国餐饮控股有限公司
7	重庆陶然居饮食文化（集团）有限公司
8	北京华天饮食集团公司
9	蓝海酒店集团
10	中国全聚德（集团）股份有限公司
11	宁波白金汉爵酒店投资有限公司
12	丰收日（集团）股份有限公司
13	广东东江饮食集团
14	上海避风塘美食有限公司
15	南京古南都投资发展集团有限公司
16	眉州东坡餐饮管理（北京）有限公司
17	南京大惠企业发展有限公司
18	绍兴咸亨集团股份有限公司
19	安徽同庆楼集团
20	唐宫（中国）控股有限公司
21	洛阳餐旅（集团）股份有限公司
22	厦门市舒友海鲜大酒楼有限公司
23	宁波石浦酒店管理发展有限公司
24	成都大蓉和餐饮管理有限公司
25	望湘园（上海）餐饮管理股份有限公司
26	新荣记餐饮服务公司
27	杭州张生记酒店管理有限公司
28	武汉湖锦娱乐发展有限责任公司
29	浙江向阳渔港集团股份有限公司
30	北京旺顺阁餐饮管理有限公司
31	武汉艳阳天商贸发展有限公司
32	广州市炳胜饮食集团

排序	集团名称
33	长沙饮食集团有限公司
34	西安饮食服务（集团）股份有限公司
35	上海老城隍庙餐饮（集团）有限公司
36	湖南徐记酒店管理有限公司
37	武汉市亢龙太子酒轩有限责任公司
38	狗不理集团股份有限公司
39	新世纪青年饮食有限公司
40	北京便宜坊烤鸭集团有限公司
41	温州云天楼实业有限公司
42	重庆和之吉饮食文化有限公司
43	耀华饮食集团
44	江苏小厨娘餐饮管理有限公司
45	重庆阿兴记产业（集团）有限公司
46	西安大益膳房酒店管理有限公司
47	四平李连贵饮食服务股份有限公司
48	成都红杏酒家有限责任公司
49	上海柒麟餐饮有限公司
50	杭州楼外楼实业集团股份有限公司

二、2017 中国火锅餐饮集团 20 强

排序	集团名称
1	四川海底捞餐饮股份有限公司
2	北京黄记煌餐饮管理有限责任公司
3	内蒙古小尾羊餐饮连锁有限公司
4	呷哺呷哺餐饮管理有限公司
5	重庆德庄实业（集团）有限公司
6	四川香天下餐饮管理有限公司
7	重庆刘一手餐饮管理有限公司

排序	集团名称
8	重庆五斗米饮食文化有限公司
9	北京新辣道餐饮管理有限公司
10	重庆鲁西肥牛餐饮文化发展有限公司
11	河南巴奴餐饮企业管理有限公司
12	重庆朝天门餐饮控股集团有限公司
13	河南百年老妈饮食管理有限公司
14	北京东来顺集团有限责任公司
15	浙江凯旋门澳门豆捞控股集团有限公司
16	四川昊铭餐饮投资管理有限公司
17	上海俤妹餐饮管理有限公司
18	四川蜀九香企业管理有限公司
19	东莞市冠菌餐饮管理有限公司
20	成都大龙燚餐饮管理有限公司

三、2017 中国快餐集团 10 强

排序	集团名称
1	真功夫餐饮管理有限公司
2	味千（中国）控股有限公司
3	永和大王餐饮集团
4	北京庆丰包子铺
5	上海世好餐饮管理有限公司
6	安徽老乡鸡餐饮管理有限公司
7	宁波海曙新四方餐饮管理有限公司
8	常州丽华快餐集团有限公司
9	北京嘉和一品企业管理有限公司
10	哈尔滨东方众合餐饮有限责任公司

四、2017 中国团餐集团 10 强

排序	集团名称
1	河北千喜鹤饮食股份有限公司
2	北京健力源餐饮管理有限公司
3	合肥蜀王餐饮集团
4	快客利集团
5	上海麦金地集团股份有限公司
6	深圳市德保膳食管理有限公司
7	宁波康喜乐嘉餐饮管理有限公司
8	南京荣邦餐饮投资管理发展有限公司
9	上海博海餐饮集团有限公司
10	广东好来客餐饮管理有限公司

五、2017 中国休闲餐饮及西餐集团 10 强

排序	集团名称
1	浙江两岸食品连锁有限公司
2	厦门豪客来餐饮管理有限公司
3	江苏水天堂餐饮管理有限公司
4	王品集团
5	济南东方豪客餐饮管理有限公司
6	厦门豪享来餐饮管理有限公司
7	五十七度湘餐饮管理有限公司
8	上海赤坂亭餐饮投资管理有限公司
9	权金城企业管理（北京）有限公司
10	迪欧餐饮集团

资料来源：中国饭店协会。

安通控股
Antong Holdings

股票代码：600179
"运贸融+科技" 一体化的综合物流整合商

关于安通
ABOUT ANTONG

　　安通控股股份有限公司（股票代码：600179）扎根中国集装箱多式联运物流产业，布局全球流通领域，现已发展成为多层次、广覆盖、独具特色的现代综合物流服务企业。公司基于流通领域四大流（物流、商流、资金流、信息流）构建闭环经营模式，打造综合物流及供应链服务平台，为客户提供具有安通特色的"运、贸、融"一体化综合服务。

安通冷链
ANTONG COLD CHAIN

　　安通冷链以"库"为核心，加快"仓干配一体化"建设步伐，利用公司多式联运的模式基础，打造更加立体的冷链物流服务；扩大对冷库的建设投入，捆绑基础业务海运，延伸贸易、金融板块，构建多维一体供应链；通过一站式仓储、运输、配送服务，实现货物运营流程无缝对接，实现企业高效、系统运转及货物安全快捷运行，全方位为客户打造贴心服务。

　　冷库可为食品生产商、加工商、经销商、分销商、商超机构、餐饮商家等客户提供肉制品、副食品、海产品、果蔬菜等产品的低温、保鲜、恒温食品的专业冷链仓储、装卸、产品分拣等服务。可按吨、按方及不定期零租、整租等方式，满足客户个性化的冷链服务需求。同时提供冷链干线专线、零担、整车，城市配送运输服务全程直达、便捷安全，按时到达收货地，着实为客户提供细致周到的运输解决方案及高效稳定的冷链运输服务。

开设冷库：山东1号库、山东2号库、上海1号库、广州1号库

库网点覆盖：
　　青岛、上海、广州、沈阳、大连、哈尔滨、长春、北京、廊坊、津、潍坊、济南、西安、郑州、太仓、南京、武汉、成都、厦门、州、泉州、宁波、杭州、深圳、佛山、东莞、海口、南宁、北海、明、贵阳等。

业务联系
（全国）丛女士：13701386341
（华南）杜女士：13823697827
（山东）车先生：18560687523
（华东）王女士：15921849210
（西南）韩先生：13697516221
（东南）张先生：15375792850
（华北）李先生：18630816442

 400-866-5656　　 www.antong56.com

全网平台 专业服务

关于我们

唯捷城配2014年成立于厦门，2015年7月在上海开启全网城配建设。

截至2018年2月，唯捷城配仓配一体化服务网络已覆盖国内20余座城市，连锁餐饮、连锁零售、快消品、生鲜、果蔬等民生消费领域在服务客户近千家。

公司分别于2015年12月、2016年12月完成Pre-A轮、A轮融资，在资本的助力下，唯捷城配发展迅速，仓配产品服务体系日臻成熟。2017年7月，由公司自主研发的"天穹"智能城配系统，完成3.0版本的迭代，将助力更多客户降本增效、物流供给侧水平升级。

配送服务

常温配送： 各种车型满足货物属性需求

冷链配送： 提供微型冷车、大型冷车等不同车型；
可代收、保价

精准　高效　灵活　经济

实地调研、定制化的服务方案设计、全流程实时监控跟踪

仓储服务

专业的仓储专家进行现场管理工作，执行7S管理制度；合理的仓库分区布局，满足客户个性化仓储需求；拥有先进的仓储管理系统，为客户提供拆箱、贴标、打包、拆零拼箱等服务。货架、叉车、托盘及装卸平台均采用国内外领先品牌

常温仓储：

提供常温仓储服务，满足客户多样个性化仓储需求

冷藏仓储：

提供各温区冷藏仓储服务，满足客户不同产品对存储温度的多样需求

三大业务类型

● **连锁餐饮:** 中餐、西餐、咖啡等食材仓配服务

● **连锁零售:** 连锁店、商超、便利店等仓配服务

● **B2B电商平台:** 快消品、食材、果蔬等线下仓配服务

智能系统

天穹仓配系统　　　大数据中心

天宝司机App　　　　　　　　　结算中心

天眼监控中心　　客户管理中心　CRM

天枢调度中心　　　　　　　　　订单管理中心　oms

荣誉资质

《餐饮冷链物流服务规范》行业标准达标企业　　2017年度中国餐饮物流优质服务商

2017金鼎奖中国连锁餐饮优秀服务商　　2017中国城市配送品牌企业

ISO9001:2015质量管理体系　　道路运输经营许可证

电话：400-838-5656

官网：www.weijie.com.cn

emali：service@weijie.com.cn

地址：上海市青浦区华徐公路685号
世界（南区）A栋7楼

扫一扫
关注唯捷城配公众订阅号

吉林省中冷物流有限公司
Jilin Province Cold chain Logistics Co.,Ltd

吉林省中冷物流有限公司成立于2007年，并取得"中冷物流"商标使用权，公司专注于冷链物流行业，是城市共同配送冷链（仓储）试点企业，是吉林省甩挂运输试点企业，是东北地区最早开展现代冷链物流资源整合、物流集成化管理的第三方冷链物流企业。

公司为客户提供干线运输、仓储托管、城市配送等专业的冷链物流服务，冷藏干线运输网络覆盖全国，实现产品从"产地—配送中心—终端销售"全程冷链的一站式对接服务。

公司拥有专业的冷藏运输车队，自有冷藏车62辆，可利用的社会冷藏车源达800多辆，运营冷库面积12000平方米，通过移动业务管理系统、定位系统、温度监控系统、移动视频监控系统，实现全程可视化管理。

中冷物流，冷行天下，专注冷链，全程服务，是"中冷人"不变的服务承诺。

城市冷链配送服务
生产企业日配：为食品生产销售企业提供7×24小时市内、省内冷链配送服务
商超日常配送：为大型商超提供7×24小时冷冻、保鲜、常温仓储配送服务
酒店餐饮配送：为市内酒店、连锁餐饮企业提供按时控温配送服务
应急冷链配送：为客户提供7×24小时应急冷链配送服务

冷链干线运输服务
冷藏整车运输：提供东北地区到全国各地整车冷藏运输业务
冷藏拼车运输：提供东北地区到全国各地拼车冷藏运输业务
干线冷藏专线： 长春 ⇌ 沈阳 ⇌ 哈尔滨
　　　　　　　 东北 ⇌ 天津、北京
　　　　　　　 东北 ⇌ 无锡、苏州、上海
　　　　　　　 东北 ⇌ 成都、重庆
　　　　　　　 东北 ⇌ 广州、深圳

冷冻保鲜仓储服务
公司拥有12000平方米标准的多温仓库，设有冷冻、冷藏、恒温仓储库区，为生产加工、销售代理、连锁餐饮、连锁商超、生鲜电商等企业提供仓储托管、城市配送、全国转运等服务。

地址：长春市绿园区西新工业集中区　　电话：0431-87882226
邮箱：ccL56@126.com　　　　　　　　　客服：400 0431 856
网址：www.ccL56.com　　　　　　　　　公众微信号：ccL56-com

中冷物流微信公众号　　中冷物流客服微信号

招商美冷
CHINA MERCHANTS AMERICOLD

致力成为中国领先的综合性冷链供应链服务商
To Become the Leading Integrated Service Provider of Cold Chain Supply Chain Solutions in China

愿景（MISSION）

品牌 全国第一
Brand NO.1

经营管理设施 全国前三
Property & Facility Ownership Top 3

收入 全国前三
Revenue Top 3

领先的
Leading

普通温控仓储
Normal Temperature-Controlled Storage

国际采购与分销
International Procurement & Distribution

保税温控仓储
Bonded Temperature-Controlled Storage

代理报关与报检
Customs Clearance & CIQ Agent Service

冷链服务
Cold Chain Solutions

供应链服务
Supply Chain Service

供应链金融
Supply Chain Financing

冷链运输与配送
Refrigerated Transportation & Distribution

贸易撮合
Trade Matching

冷链物流增值服务
Cold-Chain Logistics Value Added Services

仓库资源 (Warehouse Facilities)
全国经营管理十七座冷库，建筑面积约二十万平方米。
Operate and Manage 17 Warehouses in China. The Construction Space is Around 200,000 Square Meters.

运输资源 (Transportation Resource)
全国可控各类冷链车辆近五千台。
Controlled Over 5,000 Refrigerated Trucking Resources Accross China.

信息技术 (Information and Technology)
先进的信息系统与全过程温度监测技术。
Leading Information System and Temperature Detection Technology in All Process.

−25℃～−18℃
冷冻仓

0℃～5℃
冷藏仓

18℃～22℃
恒温仓

招商美冷（香港）控股有限公司 **CHINA MERCHANTS AMERICOLD (HK) HOLDINGS CO.,LTD.**
深圳招商美冷供应链有限公司 **SHENZHEN CHINA MERCHANTS AMERICOLD SUPPLY CHAIN CO.,LTD.**
电话/Tel：0755-26801788　　网址/Web: www.cmac.com.hk
地址/Add：深圳市南山区海上世界太子路22号金融中心16楼
16TH Floor, Finance Center, No.22, Taizi Road, Nanshan, Shenzhen,518067,PRC.

· 招商美冷公众号 · 舌尖上的招商美冷
www.cmac.com.hk

权威认证：CCLC冷藏车认证平台

CCLC冷藏车认证平台是由中国物流与采购联合会冷链物流专业委员会依据《道路运输食品冷藏车功能选用技术规范WB/T1060－2016》，组织开发的国内唯一一家冷藏车认证平台，并命名为"真冷平台"。

真冷面向货主企业、第三方冷链物流企业、冷藏专用车厂商、政府监管部门等行业主体，旨在通过平台认证服务，整合优质冷藏车资源，净化冷藏车市场，提高优质冷藏车的使用率，使得各方实现共赢，推动冷链物流行业规范发展。

截至目前，真冷平台认证车辆接近12000台，认证冷藏专用车厂商12家，参与认证评估工作的冷链物流企业近50家。

认证流程

新车认证

新车出厂，专用车厂商上传出厂信息报告，系统自动审核通过，生成电子版认证报告及实体标。

三年内（包含三年）车辆认证

①物流企业提供车辆信息；

②物流企业上传车辆信息与车辆出厂信息报告关键字匹配后，系统自动审核通过，生成电子版认证报告及实体标。

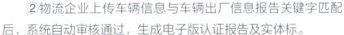

三年以上（不包括三年）车辆认证

①CCLC指定冷藏车检测机构对车辆性能进行检测，符合标准的，生成检测报告，由检测机构上传检测报告；

②物流企业上传车辆信息与检测报告关键字匹配后，系统自动审核通过，生成电子版认证报告及实体标。

领先的冷链全产业
国际展览会

即刻预订展位请联系

刘丹丹：13693264171　ldd@lenglian.org.cn
陈玉勇：17091006609　cyy@lenglian.org.cn

2019/5/14-16
上海新国际博览中心

www.chinacoldchainexpo.com

　　开利运输冷冻通过完整的产品线和售后服务，以帮助改善及提升陆路及海运中的货物温控而受到冷冻运输及冷链行业关注。通过过去几十年的努力，开利运输冷冻已经成为行业的佼佼者，为全球客户提供技术先进、节能、环保且可持续发展的独立和非独立制冷机组和半挂车冷冻冷藏系统。

非独立机组

独立机组